Gabriele Wohmann
Die Schönste im ganzen Land

Gabriele Wohmann

Die Schönste im ganzen Land

Frauengeschichten

Piper
München Zürich

ISBN 3-492-03815-8
© R. Piper GmbH & Co. KG, München 1995
Gesetzt aus der Walbaum-Antiqua
Gesamtherstellung: Offizin Andersen Nexö, Leipzig
Printed in Germany

Inhalt

Das unbekannte Gesicht

Aber nachher vergaß sie es wieder. Da war doch etwas Wichtiges, fragte sie sich, während sie die drei Vogelbäder mit frischem Wasser füllte. Es hatte nichts mit den kleinen Aufträgen zu tun, die man sich stumm selbst erteilte, im Haushalts- und Büro-Programm, dessen Einzelnummern variabel waren. Manchmal fand Beatrix sich selber beispielsweise an Brunos, ihres Bruders, Arbeitstisch, oder auch in der Küche, vor ihrem oder vor seinem Bett, geschickt von einem Befehl aus dem eigenen Kopf: Sie stand vor der Biedermeierkommode im Eßzimmer still, gehorsam, aber weiter reichte die Order nicht. Was habe ich hier Dringendes erledigen wollen?

Bruno zu fragen half dann auch nicht. Es ging ihm selber oft genug genauso, und es kam vor, daß sie gemeinsam ihren kleinen, des Ziels beraubten Abkommandierungen nachforschten. Ach, wie vieles im Zusammenleben doch stets erfreulich blieb. Beatrix prägte sich das ein. Heute war nicht ihr Tag, dieses Zusammenleben mit dem Bruder grandios zu finden. Kein inwendiges Feierstündchen, gewiß nicht. Großer Kummer über kleines Pech. Ein prinzipielles Pech – oh nein, Beatrix wünschte nicht, daß es sich offenbarte. Und sie brauchte auch jeweils nur inständig an ihrer beider liebe Eltern zu denken, um diese Lebensübereinkunft mit Bruno wieder herzhaft zu bejahen. Das Erhebliche, das ihr vom Vormittag her partout nicht mehr einfallen wollte, es hatte etwas mit den Eltern zu tun, oder? Oder damit, täglich gemeinschaftlich hier

7

unten weiter herumzubosseln. Beatrix grunzte ein bitteres Lachen in sich hinein: Herumzustümpern, hatte sie zuerst denken wollen. Sogar ihren Selbstgesprächen obwaltete ein fürsorglicher Zensor, eine Art Anwalt der Freundlichkeit.

Trixi, so rief Bruno heute nicht nach ihr. Aber nach dem Aktenordner »M – P« suchte er trotzdem, er vergeudete sich ja bereits. Auch die Konzertagentur betrieben sie gemeinsam. Mit einer ordentlicheren, womöglich als Sekretärin ausgebildeten Kraft, mit einer weniger leichtfüßigen Person als seine Schwester es war, dachte Bruno, käme er besser voran. Schwester Leichtfuß. Ha ha, daß ich nicht lache. Sie begreift den Ernst der Lage nicht, will nicht, sie wiegelt ab. Heute war die Verstimmung zwischen ihnen wieder aus dem kleinen Kern der Unvernunft gewachsen. Immer streute Beatrix dieses Saatgut aus. Um 22 Uhr 05 gibts *Das unbekannte Gesicht*, Bruder Bruno, und wir kennens zwar, selbstverständlich, aber wenn du bedenkst, daß Cineasten zum Beispiel einen Film wie diesen nicht oft genug anschauen können, sicher bis zu zehn, zwölf Mal ... es handelt sich um einen Kultfilm, verstehst du?

Lustiges Koboldgesicht seiner kleinen Schwester. Als Kind, wenn sie Busfahrer und Schaffner spielten, hatte sie dieses Gesicht aufgesetzt, sobald sie gegen die Regeln verstieß. Im verkehrten Augenblick klingelte, Quatsch mit dem Geld machte. »Unbekanntes Gesicht«, von wegen, murrte er. Wenn wirs doch kennen. Wie du wissen solltest, liegt die Last der Mehrwertsteuerabrechnung auf mir, und das ist nur ein einziger Posten. Ich habe hundert Sachen zu tun. Daß du das nie begreifst. Rumtrödeln, ganze Abende vertun, macht mich verdammt nervös, wie oft ich dir auseinandersetzen muß, daß ich das nicht länger mitmache.

8

Ah, richtig! Genau das! Ihr war eingefallen, daß heute, an einem Freitag, sein Ovomaltine-Tag war. Und es gehörte zu den Lieblingsriten im übergreifenden Ovomaltine-Ritus, daß Beatrix ihren Bruder, der an sein Glück nicht dachte, dran erinnerte: am besten in einem ungünstigen Moment irgendeiner leidigen Rührigkeit, von der Bruno im Gleissystem seiner Alltagsbelagerungen hin und her getrieben wurde. Im Revier aus Schreibtischbelangen, Haushaltsproblemen. Wieviel weniger problematisch schien doch, mit ihm verglichen, ihr ganz im Innern, ob nun der Backofen völlig verrostete oder nicht, oder ob die Belege fürs letzte Quartal vollzählig waren, oder doch dieser eine, kleine, blöde Wisch von einer Portoquittung fehlte. Oh, armer Bruno. Mittendrin zu rufen: Heut hast du Ovomaltine-Tag! Das räumte meistens den Ausdruck von neuralgischem Gram auf Brunos Gesicht ab. Kult-Zuruf! Liebesruf! Gewiß vernahmen ihn, eingeäschert oder nicht, die lieben Eltern, denn eine Antwort, eine nicht ortsfeste Rührung bemächtigte sich der Dauertochter Beatrix, als die sie sich dann empfand, als Brunos Schwester, in einem Taumel, der durch ihre Milde entstand.

Wars das? Das Exzeptionelle, das sie sich hatte einprägen wollen? Sie schwiegen sich durch diese alltägliche Hantelei, wie für immer mit Stummheit gestraft, in der Bannmeile einer wabbligen ekelhaften Kränkung.

Alter Krakeeler. So hätte sie mich nicht nennen sollen, fand Bruno. Irgendwie mußte er jetzt, ohne seine Schwester anzusprechen, die Korrespondenzunterlagen für die Sommerakademie in Wetzlar finden. Oder in Marburg? Wo genau fand die statt? Hofgeismar? Nein, nach Hofgeismar vermittelten sie die Musica-Antiqua-Leute, Antiqua? Oder Antica? An Tagen mit Draht zu Beatrix kam er schneller voran. Für manche Sachen hatte sie das bessere Gedächtnis.

Das wars, erinnerte sich Beatrix, und die Wucht des Beträchtlichen machte sie fast beklommen. Bruno saugte mittlerweile den Fußboden, sämtlichen Behausungen kleiner Insekten wütend hinterher. Weil er seine Stimme nicht aus sich herausbrachte, um Beatrix nach der Auflistung im Ordner »Z« zu fragen, machte er sich auf dem Hausarbeitsgebiet zu schaffen. Sofort verspürte er aber auch hierbei das Bedürfnis, seine Schwester einzuweihen: Soeben war von ihm schon wieder eine neue Verschimmelung entdeckt worden. Die Befugnisse waren nie voneinander abgegrenzt worden, und trotzdem galt als ausgemacht, daß, bei Mißständen im Haushalt, Verrottungen, Lässigkeiten vom Bad bis in die Küche und in allen Zimmern, immer Beatrix die Schuld traf. Schwester Sündenbock, Schwester Leichtfuß. Bruno stöhnte verhältnismäßig laut, als er die trostlose Schuhparade unten aus dem muffig riechenden Kleiderschrank seiner Schwester an ihr vorbei auf den Balkon abtransportierte. Er fand, sein Gestöhn, gebunden an den Anblick, den er mit ihrem schandbaren Material, schlecht gepflegten Gehhilfsmitteln bot, und sein kurzschrittweise hämmerndes Getrappel auf diesen nützlichen Botengängen stelle den Gegenwert zu einem Textbeitrag dar, oder vielmehr: pur akustische Mitteilung … das könnte Beatrix durchaus, bei ein bißchen gutem Willen, in solchem Stöhnen erkennen.

Ja, sie merkte, daß Bruno einen Anbahnungsversuch machte. Aber Beatrix fürchtete sich vor jeglicher Muffelei. Muffig, das Wort war zu ihr vorgedrungen, er hatte es vor sich hingeschimpft, beim Ausräumen ihrer Schuhe. Muffkopf, sagte nun sie, halblaut. So fing man an, wieder das Sprechen zu lernen. Aber ihr Einfall war so grandios, der Einfall war das A und O, ausschlaggebend, und daß man es selbst in der Hand hatte, zu entscheiden, ob es das ewige Leben nun gab oder nicht, das belud einen Menschen mit höchster Verantwortung. Beatrix ging das Gedankengebilde wieder durch: Wenn ich ihm nun zurufe, heut ist dein Ovomaltine-Tag, dann gibt es das ewige Leben. Wäre wenigstens fest verabredet, daß wir um 22 Uhr 05 *Das unbekannte Gesicht* sehen, ich zögerte nicht, ich riefe sofort, meine Stimme schwänge sich auf, ich lieferte meinen göttlichen Anteil, beziehungsweise das Indiz, wußte Beatrix.

Guten Willens bist du ja bereits, lobte sie sich, als sie sich der Zubereitung des Abendimbisses erbarmte und Tomaten schnitt.

Bruno gab mehr und mehr zu erkennen, daß er ihre Nähe suchte. Es war ihm langweilig geworden, von einem neuen Schimmelbefall zu berichten. Und was sonst noch so anlag. Am vernünftigsten, er machte sich an die Steuer. Doch innerhalb dieses Ressorts und beim Phänomen der äußersten Aufraffung zum Allerschrecklichsten bedurfte er seiner Schwester, ihres Mitleids, da brauchte er sie, und zwar als Trixi.

Also zockelte er zu ihr in die Küche, und weil gerade die Schublade offenstand, in der sie Küchenbesteck und brauchbare Korken, den Korkenzieher und diverse Dosenöffner aufbewahrten, fand er mühelos den Weg in einen nächsten Mißstand.

Bruno räumte sämtliche Utensilien aus der Schublade und grunzte: Seit Jahren nicht gereinigt worden, dieses Ding da. Er meinte die Schublade und war entschlossen, sie ausgerechnet jetzt mit neuen Papiereinlagen auszufüttern. Der ganze Kram, Messer, Öffner, Korken, Gabeln, Beatrix überblickte es gar nicht, schob sich in ihren Tätigkeitsbereich.

Stört ganz schön, knurrte sie.

Sie redeten zwar, aber miteinander eigentlich nicht.

Jeder von ihnen hatte seinen Phantompartner. Beide verlangte jedoch nach dem wahren Mitwisser, fürs eigene Leid. Beatrix wollte flehen: Laß mich den Ovomaltine-Satz sagen. Erwähne du zuerst, daß wir *Das unbekannte Gesicht* sehen wollen. Bruno hoffte, er brächte das heraus: Gnade mit meinen Nerven! Hilf mir doch mal dabei, endlich Ordnung in diesen verdammten Laden zu bringen. Bruno schnipselte Papier zurecht für die Schublade. Dann verlor er die Lust und erklärte seinem Vertrauensgespenst: Werd das Auto waschen, allerhöchste Eisenbahn.

Beatrix murrte ihrem Mitgeist zu: Hauptsache, das Auto ist sauber. Benutzen muß mans ja nicht erst. Wie lang war es her, daß sie das letzte Mal eine kleine Fahrt gemacht hatten? Die grundsätzliche Idee müßte wieder einmal zwischen ihnen beiden verhandelt werden: ob nämlich das Leben, im Ganzen betrachtet, erheiternd oder bestrafend zu sein habe.

Ich müßte *Ovomaltine-Tag* rufen können, so verkürzt müßte es doch gehen! Beatrix ahnte, daß sie Gott aufs Spiel setzte. Daß es ihn womöglich also tatsächlich nicht gab.

Fettspritzer, hier, die sämtlichen Kacheln sind voll mit diesen gelben Pickeln, und das ist nichts anderes als altes Fett. Diesmal hatte Bruno aber Beatrix selber angesprochen.

So viel ich weiß, steht nicht *Zutritt verboten* an der Küchentür, antwortete Beatrix ebenfalls direkt.

Die Ersatzpartner wurden nicht mehr gebraucht, aber war das ein Fortschritt? Wo endeten diese Garstigkeiten? Sie hatten sich doch so lieb, kein Zweifel an dieser Grundvoraussetzung war gestattet.

Sie enden, wenn ich es bestimme, dachte Beatrix.

Hat sie etwa geheult, fragte sich Bruno.

Beatrix stieß einen leisen Fluch aus und kehrte mit

dem Tablett zurück, auf dem ein Strafproviant – wer will schon schlemmen, wenn er den Sinn des Lebens nicht spürt? – zum Sommerplätzchen auf dem Balkon verfrachtet werden sollte. Über den ganzen Balkon verteilt standen ihre eigenen Schuhe, die im Neunzehn-Uhr-Licht entsetzlich verkommen aussahen. Und von den Pergolabalken herunter, ebenfalls aussätzig, hingen ihre Röcke, Hosen, Blusen, Kleider. Lauter Patienten. Den Balkon konnte man nicht betreten. Quarantäne, der I-Bau einer Klinik für die Leute mit den ansteckenden Krankheiten.

Bruno wurde klar, daß er allein nicht weiter käme. Hilf mir, Trixi, wie früher, den ganzen Krempel wieder zu verstauen, wie das Spielzeug früher. Verfluchter Stolz. Morgen – ach nein, morgen war Samstag, da könnte er nicht alle diese verfluchten Handwerker wieder telephonisch herbeizutrommeln versuchen. Kaum an den Fingern beider Hände abzuzählen, wie vieles anstand. Insekten, feindliche unbekannte Arten, fraßen sich durch holzverkleidete Sockel. Die Pergolabalken mußten gestrichen werden. Der Schimmel überzog die Badezimmerwand da, wo die Kacheln aufhörten, und wo Beatrix, in ihrer Spaßmacher-Laune, über dem Aufkleber FRAUEN KÖNNEN MEHR ein rotes Herz mit weißem Kreuz im Zentrum angebracht hatte. Die Schweizer Fahne in Herzform. GRÜEZI wuchs seitlich aus dem Herzen heraus. Dir ist hoffentlich klar, daß man an dieser Stelle nicht mehr putzen kann und was für Folgen das hat, wollte Bruno seiner Schwester nachher mitteilen. Er fand sie im ledernen Clubsessel, in ihrem Sessel. Sie legte gerade die Fernseh-Illustrierte aus der Hand, gab sich beiläufig.

Beatrix hatte noch einmal die Inhaltsbeschreibung von *Das unbekannte Gesicht* gelesen. Eins der Standphotos gab Humphrey Bogart mit weißverbundenem

Gesicht wieder, er stand zwei Männern gegenüber, vermutlich Gangstern, und sah unheimlich aus.

Woher die Todesverachtung stammte, und woraus der triumphale Risikogeist sich speiste, sie wußte es nicht, aber sie belauschte sich erleichtert beim Ruf in die richtige Richtung:

Freitag! Ovomaltine-Tag!

Klang ein bißchen kränklich, aber immerhin. Es gab Gott, wenn auch in Bandagen, und im Augenblick glich er dem vermummten Humphrey Bogart auf dem Standphoto.

Aha, sagte Bruno.

Mehr, mehr, weiter weiter, spornte er sich an.

Gute Aussichten, sagte er.

Freitag, sagte sie.

Dein Lieblingstag, sagte er.

Wollen wir den Kram auf dem Balkon noch hängen lassen, oder soll ich dir reinräumen helfen, fragte sie.

Laß, ich mach schon, sagte er.

Bruno sah seiner Schwester dabei zu, wie sie, mit einem gegen ihr Naturell gerichteten, viel zu poker-spielhaften Gesichtsausdruck ihre eingezuckerten Pflaumen in Dickmilch rührte und gleichzeitig löffelweise verschmauste. Ernstes Gesicht, zu einer Süßspeise. Er räusperte sich und fragte: Ist doch mit Bogart und Laureen Bacall, oder?

Was denn? fragte Beatrix, die es wußte.

Den letzten sogenannten Kultfilm haben wir auch ein paarmal gesehen, sagte Bruno. Ja ja, machte Beatrix. Die Sache ist die, man erkennt immer erst währenddessen irgendwelche – sagen wir mal – Topoi wieder, sagte Bruno.

Ovomaltine-Tag, sagte Beatrix.

Gott, allmählich unbandagiert, gab es, und für Freitage gehörte sich das auch so.

Das Pilotenprojekt

Irgend jemanden fand Ria Büchner immer, Frauen bevorzugte sie übrigens, Frauen ihres Alters, die ebenfalls einen erwachsenen Sohn haben könnten. Spätestens in den Warteräumen vor den Abflug-Gates entdeckte Ria Büchner bestimmt eine Person, die sie in eine Unterhaltung verwickeln könnte. Dann war der Weg zu ihrem Lieblingsthema gebahnt. Schließlich befand man sich in einem Flughafengebäude und hatte einen Start vor sich – oh, wie sehr Ria die Starts liebte, bewundernd und unheilsbewußt. Nach ein paar Allgemeinplätzen über das Fliegen kam Ria Büchner rasch damit heraus: Ich bin eine Pilotenmutter. Über meinen Sohn schon beinah eine Angehörige dieser Luftfahrtgesellschaft. Beachtlich verbilligte Tickets. Das Wort *Ticket* hatte Ria Büchner gern.

Das hilft mir, die Welt kennenzulernen, fuhr sie fort, diesmal blickte sie ins bereitwillig beeindruckte Gesicht eines weiblichen Fluggasts, der – wie angenehm – sogar Rias Hilfe brauchte. Der weibliche Fluggast zeigte Ria den Eindruck *No Smoking* auf seiner Bordkarte.

Ich hatte ausdrücklich *Raucher* gesagt.

Ja, die Computer! Gehen Sie doch ruhig nochmal zum Check-in-Schalter, die ändern das dort. Bedenken Sie, wir haben ungefähr zehn Flugstunden vor uns, das kann lang für Sie werden, wenn Sie Raucherin sind. Zeit genug, wirklich. Ich hüte Ihr Gepäck. Ria Büchner genoß sich selber um ihrer guten Ratschläge willen. Wie viel Weltkundigkeit, Beeinflussung durch Erfahrung von ihnen ausging, das empfand sie wie eine vollkommene Blutzirkulation im ganzen Körper. Besonders heute mittag war sie stark von ihrer eigenen Gelassenheit beeindruckt, denn die Frau, der sie zuredete und beistand, litt erkennbar unter Reisefieber.

Hier in San Francisco sind die Entfernungen ja überschaubar. Ria beriet die heutige Partnerin: Selbst durch die Paßkontrolle käme sie ungeschoren durch zum *desk*, hin und zurück, kein Problem. Ria redete weiter: Außerdem werden wir – wenn sie auch dort überm Schalter drei Uhr als Abflugzeit stehen haben – mit sicher einer Stunde Verspätung zu rechnen haben. Beim Herflug war irgendwas mit dem Wetter über Island, Grönland. Und wir sind nicht ausgebucht. Sehen Sie, ich fliege *stand-by*, das muß man in Kauf nehmen bei der Preisermäßigung, aber man hat mich diesmal sofort zum Warteraum durchgelassen, ich habe sofort meine Bordkarte gekriegt. Also, gehen Sie ruhig, sicher ist sicher, die Raucher-Sitze sind ja etwas knapp, lassen Sie sich einen Platz im Rauchersektor geben. Und nochmals erwähnte Ria die circa zehn Flugstunden, die bevorstanden, dann aber auch den Rückenwind, wobei sie eine Regenwand aus nördlicher Richtung dazumogelte. Sie lachte und spürte wieder ihren vertrauenerweckenden, sich sämtlicher Gefahren bewußten Habitus.

Die Frau mit dem Reisefieber ging schnell zurück durch die Paßkontrolle zum Schalter, zusätzlich versorgt mit Rias Worten: Wenn wir in L. A. wären, würde ich Ihnen geraten haben, den Nichtrauchersitz in Kauf zu nehmen. Aber hier, es ist ja fast heimelig im Airport von San Francisco, anders als auf dem Kennedy oder, wie gesagt, in L. A.

Ria Büchner nannte Los Angeles nie Los Angeles, immer L. A. Und selbstverständlich ließ sie beim Internationalen Flughafen von New York – sie sagte stets New York City – den Zusatz Airport weg, Kennedy, das wars. Sie erwähnte auch gern Sharja, ohne Hinweis auf Dubai. Sharja, das ist eigentlich Dubai, konnte sie dann en passant ergänzen, es ist der Flughafen von Dubai. Anflug, Sinkflug, Steigflug, die Turbulenz, der gesammelte Ernst in der Stimme des Flugkapitäns bei der Durchsage »Wir starten« – Ria Büchner verehrte die Fachsprache des fliegenden Personals. In den Gefilden des Flughafens von San Francisco fühlte sie sich besonders wohl. Animiert von der rötlichen Tönung der Innenausstattung kam es ihr in den Sinn, der Frau mit dem Reisefieber und mit der nun richtig ausgestellten Bordkarte vom grandiosen Erlebnis der Morgenröte auf einem Flug in Richtung Osten vorzuschwärmen.

Sollte auf diesem Flug zufällig mein Sohn der Pilot sein – Ria gestaltete auf ihrem Gesicht, das nicht völlig ihrem Geschmack entsprach, ihr zu behäbig, etwas zu pausbäckig-übergesund war, ein vielversprechendes Lächeln – wäre also mein Sohn der Pilot, heute, dann könnte ich Ihnen leicht das Schauspiel der Morgenröte von der Pilotenkanzel aus verschaffen, so etwa ab südlichem Island … und es ist nicht nur diese einzigartige Rotverfärbung des Himmels, noch aufregender finde ich, daß man von unserer Höhe aus, immerhin 32 000 Fuß, deutlich die Erde als Kugel erlebt. Phantastisch.

Ria seufzte und erzählte, wie wenig durchschaubar allerdings für sie die Dienstzeiten und Flugrouteneinsätze ihres Sohnes seien. Sie strahlte. Die heutige Partnerin machte ideal mit, schauderte, als fröstelte sie, vor Bewunderung, ausgemalter Ekstase.

Aber über die drei in der Pilotenkanzel dürfen Sie nicht enttäuscht sein, sagte Ria. Immer ziemlich desillusionierend, wissen Sie, die hocken da nach ihren ungefähr 8 000 Kilometern reichlich leger rum, in Strümpfen, Füße hochgestellt, der Eindruck entsteht, als hätten die Piloten und der Ingenieur mit dem Fliegen überhaupt nichts zu tun, das hat mich früher aufgeregt. Die Instrumente, all diese blinkenden Symbole, Radar, nun ja, die Technik scheint alles zu erledigen.

Ria Büchner versank in ihre Träumereien. Auf ihre Phantasie war Verlaß. Ihr Mann, ein Gymnasiallehrer, führte in ihren Augen ein langweiliges Leben, aus dem keinerlei Erzählstoff zu holen war; auch teilte er ihre Begeisterung für die Luftfahrt nicht, litt nicht unter dem Körper, Geist, Seele vereinnahmenden Krankheitsbild des Fernwehs, und er haßte diese *stand-by*-Flüge mit ihren nervenstrapazierenden Ungewißheiten, dem Warten bis zuallerletzt: kam man an Bord oder mußte man wieder abziehen, zurück in eine fremde Stadt, sich auf Hotelsuche begeben – er verabscheute das. Mein Mann dreht durch: Das war noch die interessanteste Mitteilung, die der in seinem Alltag geduldige Pädagoge mit dem törichten Hobby »Gartenarbeit« abwarf.

Weil Ria Büchner, in der vorfeministischen Zeit aufgewachsen und zur Ehefrau eingefroren, ihre eine einzige Existenz bald wie eine Hohlform empfunden hatte, trieb es sie, der Sohn war noch klein gewesen, schon früh dazu, diese Leere zu füllen, und zunächst hatten Töpfereien und anderen Bastelarbeiten und eine Mitgliedschaft im Kulturforum »Aktive Frauen« auch genügt. Dann nicht mehr. Nach einer Flugreise – Kurzstreckenflug, Inland, sie selber als normale Touristin, es war ihre erste Flugreise – imponierten ihr die mutigen Männer, die vor dem Einsteigen der Passagiere mit abgeklärtem, introvertiertem Gesichtsausdruck durch die Absperrung gingen: Piloten. Schon den

Himmel und das ungeheuerliche Wagnis in den Physiognomien.

Die Reisefieberfrau hörte erstaunt und voller Respekt Rias Berichten von den ständigen Trainingspflichten zu, von den regelmäßigen Gesundheitskontrollen, den harten Bereitschaftsdienstzeiten der Piloten. Vom problematischen Familienleben der Piloten. Von der Schwierigkeit, einen Kreis der Freunde und der Bekannten bei der Stange zu halten. Piloten gehörten nun einmal nicht ganz auf die Erde und nicht ganz zur übrigen Menschheit, diesem Bodenpersonal.

Manchmal will ich lieber gar nicht wissen, was für Flüge mein Sohn hat, erzählte Ria, zum Beispiel, wenns um Cargo geht, um Hilfsmittel in die Dritte Welt, um Arzneien und Lebensmittel für Katastrophengebiete. Sie haben dort die unzulänglichsten Bedingungen, marode Landepisten und Startbahnen, wissen Sie, kein Radar, keine Fluglotsen. Furchtbar. Sichtflug und so weiter. Ria seufzte, lachte aber dazu. Bedauerlicherweise wußte sie, daß ihr rundes Gesicht gesund gerötet war. Mitten drin in einer Geschichte von zwei Dosen Bier, mit denen man ihren Sohn in Bahrain erwischt hatte – aber in seinem Hotelzimmer – und für die er hatte Strafe zahlen müssen – strengstes Alkoholverbot in Bahrain – und mit Fortsetzungsplänen angefüllt war Ria, als leider die Lautsprecheraufforderung zum Einsteigen ihre Epik unterbrach. Die Maschine hatte während ihrer Wartezeit, Schnauze mit Pilotenkanzel dem Warteraum 50 zugekehrt, ehrfurchteinflößend jenseits der großen Fensterscheiben gestanden, und man hatte dem Catering zusehen können. Der Tag war dunstig, und es gab einzelne Wolken, auch ziemlich viel Wind.

Keine Bange, die schaffen uns da schon durch, sagte Ria Büchner zur Gefährtin dieses Flugs Nummer 455 von San Francisco nach Frankfurt, zu dem Ria Rhein/ Main sagte, und auf dem dann geschah, was noch nie zuvor geschehen war – absolut entsetzlich. Hätte ich doch diese nette, so wundervoll nervöse und interessierte Frau nicht dazu überredet, ihre Bordkarte umzutauschen, dachte Ria, als es zu spät war und ihre Zuhörerin neben ihr in der Reihe D, Mittelblock, des Jumbo Boeing 747 saß und noch während der Film über die Sicherheitsinstruktionen ablief Folgendes miterlebte: Der junge Steward, der plötzlich neben Rias Platz stand und sich halb zu ihr hinunterbeugte, sagte: Hallo! Was für ein Zufall!

Ja, was für ein Zufall, antwortete Ria etwas lahm. Ihr Herz mußte bis hinauf in die Speiseröhre gerutscht sein. Wie gehts, wie stehts. Ria gab sich abgebrüht und neutral freundlich, erfreut auch. Noch brauchte nichts Auffälliges zu passieren. Da aber sagte der Steward, und zwar mit kräftiger Stimme: Mir gehts bestens, Mama, und dir?

Mir auch, antwortete Ria, der speiübel geworden war.

Wieder mal die Golden-Gate-Bridge bestaunt? Na klar. Und nicht runtergesprungen. Im Verlauf des kleinen Palavers kam Ria auf keine Idee, wie die Lage noch zu retten wäre. Die Reisefieberfrau blickte zum Steward auf und hörte zu, worauf sie ja, nach allem glücklichen Vorangegangenen, ein gewisses Anrecht besaß. Sähe er mir nur nicht so ähnlich. Er hat meine Pausbacken. Ria war wütend, aber fest entschlossen, sich auf der Pilotenseite zu halten.

Ich muß weiter, erklärte der Steward. Bis später. Machs gut, Mama. Enjoy your flight. Bald gibts die ersten Drinks und ein paar Cashews dazu, na, du kennst dich ja aus.

Was die Reisefieberfrau mit der von nun an wirklich

verkehrten Bordkarte sagte – irgendwas Nettes über diesen jungen Mann und seine schicke Uniform – das bekam Ria kaum mit. Sie nennen mich alle Mama, erklärte Ria, alle, die meinen Sohn, den Piloten, kennen.

Dann schloß sie die Augen, um den Schwindel unter Kontrolle zu bringen.

Leichen im Keller

Oh wirklich, ich erlebe nicht viele Tage wie diesen, das müssen Sie mir glauben. Heute gefällt mir alles, und ich höre in mir eine erstaunt frohlockende Stimme, die mir sagt: Ich fühle mich wohl, hier ist es schön, mir geht es gut.

Sidonie merkte, daß sie ein wenig überdreht war. Aber das Wohlwollen der sieben anderen Frauen, deren diskret überraschtes Lächeln, beschützte und ermutigte sie. Und wie gut plötzlich ihr Englisch war, ausnahmsweise nicht nur die Aussprache, für die sie ohnehin gelobt wurde. Heute hatte sie sofort die Vokabeln bereit, die sie brauchte, die Vokabeln schienen ihr wie freundliche Insekten zuzufliegen. In der englischen Sprache überschwenglich und sehr persönlich zu reden: Nie hätte sie, vor dieser beinah glückseligen Mittagsstunde, sich dieses Talent zugestanden.

Sogar dieses spezielle Wetter heute gefällt mir, erzählte Sidonie der Professorin aus Harvard. Die anderen Frauen konnten ihre leise und pausendurchsetzte Unterhaltung fortsetzen und gleichzeitig auf Sidonies Bemerkungen achten. Es ist mir nämlich eigentlich zu sonnig. Ich bin eine Liebhaberin des Schattens. Sonne mit Bewölkung, dagegen habe ich nichts, auch nichts gegen Schwüle, obwohl sie nicht sehr bekömmlich ist. Sidonie lachte. Aber heute stört mich das grelle Licht gar nicht.

Die Kiefernnadeln glänzten, in den Laubbäumen bewegte ein leichter angenehmer Wind die Blätter, und der Rasen in der Mitte des Gartens leuchtete hellgrün, er sah fast künstlich aus. Wiesen habe ich eigentlich lieber, aber heute bin ich sogar für einen so niedrig geschnittenen Rasen wie diesen hier. Rasen, natürlich außer in England, sind ziemlich affektiert und außerdem gegen die Natur, oder nicht?

Die anderen Frauen lächelten nach der Art einer Spezialduldsamkeit für Sidonie, und sie wußten ein paar Kommentare. Solche Frauen sind an jedes Wellental im Auf und Ab einer Konversation gewöhnt und können sich kultiviert anpassen, dachte Sidonie, und der erste Sonderling, den sie erleben, bin ich auch nicht. Aber alle würden sich viel lieber endlich nur noch über ihre Publikationen unterhalten.

In den mit blaßblauem Velours überzogenen Polstermöbeln lagerten die drei Inderinnen wie sehr große Schmuckstücke. An ihren farbigen Saris gab es ständig irgendwas, das schon wieder abrutschte, zurechtzuzupfen. Wie geduldig die Inderinnen waren. Und wie höflich, auch gegenüber dem Sommertag. Doch war es ja nicht zu heiß in der kleinen Lounge im Gästehaus des Auswärtigen Amts. Sidonie gewann von sich, wie sie den andern gleich in einem dieser wundervoll bequemen großen weichen Sessel saß und ab und zu einen Schluck von ihrem Apéritif nahm, den Eindruck der Teilhabe an einer Luxuswelt, abgehoben von sämtlichen Niederungen alltäglicher Seufzer und Belästigungen, den üblichen Sorgen entronnen. Ja, es handelte sich um Teilhabe, um nicht mehr und nicht weniger. Weder hatte sie selber sich in ein Luxuswesen verwandelt, noch war sie bloß eine Zuschauerin. Sie gehörte hier jetzt dazu, als Partnerin, zwar ein Fremdkörper, aber ein Fremdkörper war sie gern. Am liebsten hätte sie die Arme ausgestreckt und gerufen: Ich möchte bleiben! Ich möchte den drei indischen Politikerehefrauen nicht bloß bis kurz über den Espresso nach dem Mittagessen hinaus Gesellschaft leisten. Ich könnte es einrichten, meinen Aufenthalt auszudehnen, ich könnte die Rheinfahrt miterleben und auch das Abendprogramm.

Sidonie fragte sich: Wie mache ich mich bei der Frau vom Protokoll beliebt? Man sollte mich für immer hier im Gästehaus engagieren.

Ich bewundere Sie sehr, sagte Sidonie zur jungen blonden Frau vom Protokoll. Mit wieviel Takt Sie uns leiten und jede einzelne berücksichtigen! Sie wirken dermaßen freundschaftlich, ja Sie geben sich so, als seien Sie selbst ein wenig schüchtern. Ein wenig ungelenk scheinen Sie sich der vorgeschriebenen Rituale zu erinnern, ah, nun die Apéritifs, hier die Näpfchen mit den Nüssen und Mandeln, die sehen übrigens exotisch aus, diese Mandeln …

Sie waren unterwegs, von der Lounge ins Nachbarzimmer, das Speisezimmer mit dem langen Tisch, gedeckt für die acht Frauen. Ich mache das gern, sagte die Frau vom Protokoll.

Ich könnte es nicht so gut wie Sie, sagte Sidonie, aber in diesem Gästehaus wäre ich gern fest angestellt. Brauchen Sie keine Gesellschafterin? Besser: eine Art Clown?

Sidonie lachte, aber sie hatte es ernst gemeint. Nur: falsch angefangen. Ich erheitere die andern mit allem, was ich zum Besten gebe. Sie haben viel Geduld mit mir, sie sind alle wohlerzogen, sie haben alle viel erlebt, sind weit herumgekommen, auch die Orientalistin, die Harvard-Professorin, die India-Asia-Expertin, und natürlich die Frau vom Protokoll. Nichts verwundert sowieso die Inderinnen. Wahrscheinlich muß man über ein gutes Dutzend Leichen stolpern und eine Gruppe Verhungernder verscheuchen, die dich anbetteln, ehe man in die voluminösen klimatisierten Wohnungen im Hochparterre gelangt, die diese drei Inderinnen bewohnen.

Oh nein, leider noch nicht. Leider bin ich noch nie in Indien gewesen, antwortete Sidonie, wobei sie ihrem Gesicht einen schmerzlichen, sehnsüchtig nach Indien verlangenden Ausdruck verordnete, der Stimme Leidenschaft.

Ihr Gegenüber am Eßtisch – das ist doch kein Eßtisch, das ist eine Tafel, korrigierte Sidonie die erste unwillkürliche Ortsbeschreibung – hatte gefragt, die älteste der drei Inderinnen und offenbar die wichtigste Person, zu deren Ehren das Damenprogramm stattfand. Sidonie hatte vergessen, welchen Rang ihr Mann innehatte. Verkehrsminister? Gesundheitsminister? Sidonies Gegenüber an der Eßtafel schrieb jedenfalls Bücher. Und Sidonie müßte wahrscheinlich leider von jetzt an über Literatur sprechen.

Ich hoffe, Sie kommen sehr bald nach Indien, sagte die literarische Inderin, Sie sollten im Frühjahr kommen, im Februar, alle Gewächse sind dann ganz wundervoll. Ich war schon einmal in Indonesien, erzählte Sidonie, froh über diese Erinnerung. Djakarta, Yogyakarta, dann noch auf Bali, aber alles leider sehr kurz.

Mit Indonesien beeindruckte Sidonie keine der Frauen. Alle waren überall gewesen. Die bücherschreibende Inderin berichtete von ihrer Initiative für junge unbekannte Schriftsteller. Weil ihr Englisch wie ein gutturaler weicher Dialekt aus einer portugiesischen Provinz klang, bekam Sidonie nicht alles mit. Offenbar gab die indische Schriftstellerin auf Kosten des Ministeriums ihres Mannes Anthologien heraus, in denen Anfänger publizieren konnten, und diese Anthologien wurden verschenkt. Ob Sidonie von ähnlichen Förderungen in ihrem Land wisse? Was sie selber tue, um anderen über die Hürden vor einem Debüt hinwegzuhelfen? Oh, ich tue nichts, ich tue überhaupt nichts Gutes, rief Sidonie. Sie lachte, um, wie vorher, die anderen damit anzustecken. Falls es nicht gerade das einzig wahre Gute ist, was man tun kann, nämlich keinen dazu zu ermuntern, sich auf einen so schrecklichen Beruf wie den des Schriftstellers einzulassen.

Sidonie lachte wieder, die andern lächelten und waren entgegengesetzter Meinung. Keine Gefahr von Streit und Mißstimmung! Sanftmütig vielmehr klang der allgemeine Protest. Für die Hauptinderin gab es keinen schöneren Sinn des Lebens als den: Gedichte zu schreiben. Überhaupt, die Kunst, sie ist das Höchste, warf eine der anderen Inderinnen ein, und die dritte, die Jüngste und Hübscheste, bekannte, ohne dabei die Ruhe zu verlieren, ihre Musik sei die Quelle, aus der ihr Dasein sich speise. Sushila beherrscht fünf verschiedenartige Saiteninstrumente, erläuterte die literarische Inderin, während Sidonie herauszufinden versuchte, ob der rote Punkt, das Merkmal ihrer Kaste, aufgemalt oder ein Schnipsel aus einem Papierlocher war. Aber wie wurde der kleine rote Punkt an die Stirnhaut gepreßt? Festgeklebt? Beim Schwitzen müßte er sich verschieben. Als fremder Papierbestandteil könnte er abfallen. Gewiß war er nicht aufgemalt, dann wäre er dauernd verschmiert.

Neben ihrem Gedeck fand Sidonie zwei Karten. Sie griff die eine und las halblaut: Ghungat Ke Pat. Jagi Janata. Sagar Tat Par. Khel Ghar. Mera Pariwer. Kathputli. Laut und fröhlich sagte sie: Und dann noch Nishvas! Wenn das nicht vielversprechend klingt!

Die Frau vom Protokoll versuchte, über die India-Asia-Expertin hinweg, Sidonie etwas mitzuteilen, das offenbar wichtig war, aber Sidonie wollte schnell noch den Inderinnen schmeicheln: Nishvas! Das wird das Dessert sein. Ich liebe indisches Essen. Schon wegen der interessanten Gewürze. Und überhaupt, ich habs gern, wenn ich was vollkommen Unbekanntes essen kann.

Hier, diese hier ist die Menukarte, sagte die India-Asia-Expertin leise und hielt Sidonie die zweite von den beiden Karten hin. Laut und an alle gerichtet erklärte die blonde junge Frau vom Protokoll: Jeder von Ihnen findet eine Liste der Bücher, die Frau Bashin veröffentlicht hat, neben seinem Teller. Dank und Bewunderung und Aufmerksamkeit im Kammerton, und Sidonie rief: Und diese Liste liest sich wie eine Speisekarte, jeder Titel ein indisches Gericht! Wie klangvoll! Dagegen meine eigenen Titel, Moment, ich habe ja einen Prospekt mitgebracht, hier bitte.

Sidonie war zum ersten Mal in Sorge um die Harmonie, durch die sie sich bisher beherbergt gefühlt hatte. In ihrer Nervosität warf sie ihren Prospekt einfach schräg über den Tisch. Höflich nahm die Orientalistin das Faltblatt in die Hand.

Wie deutsche Küche liest sich das nicht, aber vielleicht für indische Augen, sagte sie heiter und ließ Sidonies Prospekt reihum gehen. Gerettet! Sie alle hier sind wirklich richtige Damen und weltläufige dazu, empfand Sidonie. Dankbar entspannte sie sich. Die Gefahr war gebannt.

Deutsche Titel, deutsches Essen. Sehr schade, daß wir deutsch essen.

Ich hoffe, es wird Ihnen trotzdem schmecken, sagte die Frau vom Protokoll, und in diesem Augenblick begannen zwei Kellner, die Vorspeise zu servieren. Sie trugen weiße Handschuhe. Auch im Speisezimmer ging der Blick durch die geöffneten hohen Verandatüren in den festlich ausgeleuchteten Garten mit seinen Angeboten an Grün und beweglichen Lichtflecken zwischen Schatteninseln.

Die Speisenden gabelten eher beiläufig, ausgenommen Sidonie, die sich für jeden Bissen interessierte, und behandelten parallel zum Thema Übersetzungen die Probleme der Vielehe. Sidonie sagte: Ich könnte hier bei Ihnen einen Fauxpas nach dem anderen machen, Sie aber würden darüber weggehen. Sie sind alle so gnädig, derart liebenswürdig, ich nehme an, das ist es, was man Noblesse nennt. Und das Essen! Ich weiß wohl, denn Sie tun das nicht, wenn ich das Essen auch nur erwähne, mache ich einen hinterwäldlerischen Eindruck, aber das Essen ist, wie alles andere, seit ich hier bei Ihnen bin, exquisit, nur schrecklich wenig.

Als die Suppe kam, eine rötliche Consommé, auf der ein winziges weißgrüngesprenkeltes Kissen schwamm, das undefinierbar, aber köstlich schmeckte, kommentierte Sidonie: Diese Suppentassen! Wie aus meiner einstigen Puppenküche! Winzig! Die schriftstellernde Inderin, Frau Bashin, wollte von Sidonie wissen: Was sind Ihre Themen?

Gefürchtete und verhaßte Frage. Doch im Bestreben, ihrer Fragestellerin nicht zu mißfallen, verbot Sidonie sich bis auf einen leichten Seufzer die Unhöflichkeit, mit der sie im allgemeinen den Leuten eine Abfuhr erteilte. Problems between people, you know. Neurotic people. No so called normal people, because I don't like them and they are not ... die englischen Vokabeln, wohin waren sie abgeschwirrt, diese freundlichen Insekten, die ihr zuflogen, so bald es nicht um Literatur ging. Weil die Harvard-Professorin wußte, was Sidonie zu sagen beabsichtigte, vervollkommnete sie die Auskunft. Diese Liebenswürdigkeit rief in Sidonie das Bedürfnis nach einem neuen Schwall der Huldigungen hervor.

Wie reizend Sie alle sind. Und mir gefällt es, mir geht es gut, was, wie erwähnt, bei mir keine Selbstverständlichkeit ist. Mache ich mich eigentlich ein bißchen lächerlich? Aber nicht doch, aber nein, ganz und gar nicht! Ringsum der Widerspruch, den Sidonie als zärtlich empfand. Ich bin ein bißchen albern, das kommt vor, wenn ich mich wohl fühle. Neurotic people, ha! No need to learn about them!

Alle anderen fanden nun auch, es gebe Anlaß, sich zu bedanken.

Beim Hauptgericht, Zanderfilets in einer Umrandung verschiedener Gemüse, wurde es Sidonie zu warm. Vielleicht auch vom Wein, sie trank schon ihr zweites Glas. Am besten gefielen ihr die violetten Bandnudeln, und sie sagte es, und erst daraufhin bemerkten die anderen Frauen, was sie aßen, wie hübsch es aussah.

Wie ein Gemälde, der Maler ist bereits eine Spur wahnsinnig geworden, diese Farbkombination, der weiße Fisch, die bunten Gemüsesorten durcheinandergewürfelt, und dann das Violett, sagte Sidonie. Könnte ein ganz später Van Gogh sein, mit einem Bild aus dem Irrenhaus.

Sie interessieren sich für die bildende Kunst? fragte die musikliebende Inderin.

Nicht übermäßig, antwortete Sidonie, womit ich meine: Ich bin auf diesem Gebiet nicht besonders beschlagen.

Auf welchem Gebiet schien sie in den Augen ihrer Tischgenossinnen aber überhaupt besonders beschlagen zu sein? Ich müßte jetzt einmal etwas ernsthafter werden. Ginge es mir nur nicht so über die Maßen gut!

Indische Frauen finde ich wunderschön, sagte sie zur Musik-Inderin. Die schmale Kopfform, die ernsten Gesichter, dunkle vielversprechende Augen. Und in diesen komplizierten Saris: unendliche Geduld! Bei ihrer Gesprächspartnerin war der Überwurf, der die

linke Schulter bedecken sollte, schon wieder ver-
rutscht, und ein enges weinrotes Leibchen kam zum
Vorschein. Es reichte nicht bis zum Rockbund. Sidonie
sah die braune Haut der Inderin über einem kleinen
Fleischwulst. Die Inderin bedankte sich für das Kompliment an die Adresse der indischen Frauen.

Männern, finde ich, steht das Indische nicht so gut.
Die charakteristischen Merkmale machen Männer
irgendwie schmalzig, ich weiß nicht recht, und unheimlich, das Tiefgründige, das die Frauen verschönert
und schmückt, es stört mich bei den Männern. Ich
kränke Sie doch nicht?

Indische Männer sind hier in Europa sehr gefragt,
sagte die Inderin, die keine Gedichte schrieb und nicht
auf Saiteninstrumenten spielte. Man muß auf sie aufpassen.

Als einzige bedankte Sidonie sich nach jedem Ser-
viervorgang bei den Kellnern, was diese aber eher zu
stören schien. Ja, bitte, ein Glas nehme ich noch. Sie
hätte gern ihre Jacke ausgezogen, aber weil ihre Bluse
nicht gebügelt war, unterließ sie es. Es wäre auch schade
um die Kontrastkonstellation gewesen, schwarze Hose,
weiße Bluse, schwarze Jacke. Sidonie stach gut von den
anderen ab, auch die Kleidung erhob sie in einen Son-
derstatus. Die westlichen Gäste trugen neutrale Som-
merkostüme.

Sie essen ja nie Ihre Teller leer! Sidonie blickte in die
Runde und mit gespielter Strenge auf die Teller. Sind
Sie nicht hungrig? Schon wieder eine ziemlich provin-
zielle Frage, vermutlich, aber diesen Teller hier würde
ich am liebsten sogar noch ablecken! Ich liebe Desserts!
Aus was für einem Traummaterial mag dieser ideale
Schaumkringel sein? Ein Schlagrahmeis. Liegt er nicht
wie ein Rettungsring um diese wundervollen Himbee-
ren? Sie wollen das wirklich nicht aufessen?

Sidonies indische Nachbarin zur Rechten verstand den Wink nicht, sie überreichte Sidonie nicht ihren Teller mit den Dessertresten, sondern lächelte, was sie auch vorher getan hatte. Zu viel, zu viel, klagte sie freundlich.

Natürlich, sagte Sidonie, es würde keinem Verhungernden in Ihrem Land nützen, wenn Sie diesen Teller nicht halb voll zurückgehen ließen.

Oh gewiß, nein, das würde es nicht, stimmte die Inderin zu, wobei ihre ausgeglichene Mimik sich nicht veränderte.

Sie sind im Frieden mit sich selber, stimmt das? fragte Sidonie.

Ich denke schon, ich hoffe es, erwiderte die Inderin.

Und es ist nicht einmal ein fatalistischer Frieden, stellte Sidonie fest. Wie erstaunlich!

Die anderen Frauen am Tisch hörten von nun an zu. Sidonie fuhr fort: Das wohlproportionierte Benehmen in dieser Geselligkeit steckt an. In meinen sogenannten Künstler- und Literatenkreisen geht man grobschlächtig miteinander um. Jeder andere aus diesem Milieu, jeder außer mir, würde Sie nun mit Fragen nach Ihrem Überbevölkerungsproblem quälen, nach Ihrem Kastensystem, nach den Slums, mit einem Wort: nach der Gerechtigkeit.

Sidonie hielt inne, sie überlegte nervös: Aber was mache ich denn da? Indem ich die Geschmacklosigkeit anderer zitiere, lasse ich ja ebenfalls jedes Feingefühl vermissen. Aufraffen, eine Wendung zum stillen schönen Rhythmus der vergangenen Augenblicke finden!

Diese Kollegen finde ich aufdringlich, ich finde sie ganz gräßlich, rief Sidonie. Ich halte mich an das chinesische Sprichwort: Geh dreimal durch dein Haus, ehe du die Welt verändern willst. Sidonie lachte. Ich habe schließlich selber ein paar Leichen im Keller.

Wie eigenartig, wie befremdlich! Die Tischgenossinnen hatten sich, während Sidonies kleiner Ansprache, über etwas anderes unterhalten. Und doch bei den ersten Sätzen noch gelauscht. Was war geschehen? Mit unterdrückter Lautstärke, so als solle Sidonie ausgeschlossen werden, erklärte die junge Protokollfrau den anderen etwas auf englisch. Ja, das war die englische Sprache. Die schöne englische Sprache, ein unentbehrlicher, schwer wegzudenkender Beitrag zum dauernden Gelingen von Wohlgefühl und Glück dieser Sommerstunden. Doch warum verstand Sidonie beinah kein Wort? Die Protokollfrau wandte sich Sidonie zu: Sie hatten zuletzt deutsch gesprochen. Ich habe kurz übersetzt. Geht es Ihnen nicht gut? Sie machen einen aufgeregten Eindruck? Keine Sorge, ich habe Ihr Interesse an Indien herausgestellt.

Und laut, für alle Frauen, bat sie daraufhin zurück in die Sessel und Sofas der Lounge.

Die Harvard-Professorin erzählte: Ich sprach mit Frauen, die sich durch die Polygamie keineswegs gedemütigt fühlten. Im Gegenteil. Nach ihrer Ablösung als Nummer Eins waren sie recht erleichtert, gewisse Pflichten der Ehe loszuwerden. Sie wissen schon.

Sidonie lachte laut heraus: Nur zu begreiflich! Und ob wir wissen, nicht wahr?

Das war jetzt wieder das gute alte Englisch, und die Vokabeln, diesmal üppig wie Schmetterlinge, flogen ihr zu. Oh ja, sehr gern, Espresso bitte. Ich riskiere es. Ein wahrhaftiger Klassiker, dieser Sommertag. Ich hätte nicht von mir gedacht, daß ich klassische Sommertage genießen könnte. Es muß mit dieser Eleganz der Zimmer, des Gartens, der mit Schatten gut genug versorgten Beleuchtung zusammenhängen. Auch Ihrer aller Umgangsstil ist elegant, er ist alles andere als dilettantisch, keine Pfuscherei. Und sogar der Espresso bekommt mir. Sie sehen ja, wie ruhig ich in diesem absolut phantastischen Sessel sitze. Der Espresso treibt nicht wie sonst meinen Herzschlag auf Tempo 200! Oh, ich rede schon wieder zuviel! Das tut mir leid. Das macht Ihre Nachsicht mit mir. Your kindness, your extreme kindness. Tolerating neurotic people.

Die junge blonde Frau vom Protokoll blickte auf ihre Armbanduhr, stand auf, trat vor Sidonies Sessel und sagte: Jammerschade, aber Ihr Fahrer wartet. Wenn wir ihn nicht am Abend noch brauchten ...

Ich verstehe, sagte Sidonie. Jetzt machte ihr Herz den häßlichen wohlbekannten Hochsprung und übertrat das Tempolimit.

Beim Verabschieden kam es zwischen Sidonie und jeder Anwesenden zu höflichen Varianten von Verabredungen. Wenn Sie je in Köln sind, müssen Sie mich besuchen. Wir sehen Sie doch in Indien? Rufen Sie mich an, falls es Sie nach München führt. Ich kann mir gut vorstellen, daß sich mit dem Department of Germanic Languages etwas organisieren läßt: Wir sehen uns in Harvard. Noch heute abend frage ich meinen Buchhändler nach einigen Ihrer Titel. Denken Sie dran: Sie sollten Indien im Februar erleben! Wir werden Langusten essen in Boston!

Sidonie lächelte reihum. Zum Hauptgast, der schriftstellernden Frau Bashin, sagte sie: Mit der Liste Ihrer Veröffentlichungen gehe ich in ein indisches Restaurant, mit Ihren appetitanregenden Titeln. Nishvas, Khel Ghar ... ich bin gespannt. Gut möglich, daß man mir doch etwas serviert.

Sie ist witzig, nicht wahr, sagte die Frau vom Protokoll und geleitete Sidonie, die eine kleine Verbeugung versuchte und allen Frauen für das Ideal klassischer Sommerstunden dankte, mit sanftem Druck der rechten Hand auf Sidonies Schulter ins Vorzimmer, von da auf die Schwelle zwischen den weitgeöffneten Türflügeln des Gästehauses.

Es war so angenehm luftig, sagte Sidonie. Ich bewundere Sie sehr und ich beneide Sie nicht weniger um Ihr Amt in diesen gepflegten Szenerien, um Ihre Arbeit mit lauter taktvollen, höflichen Menschen, ich könnte es nicht so gut, das, was Sie machen ...

Sie würden es anders machen. Dort drüben, der dort, das ist Ihr Wagen. Die Protokollfrau ging noch bis zur schwarzen, blankpolierten Limousine mit. Die Fahrt wird heiß, aber zu Haus können Sie sich erfrischen. Sie wohnen schön? Ihre Adresse klingt danach. Ulmenhof-Allee.

Ja, es klingt gut. Klingt nach Laub und Schatten. Auf Wiedersehen.

Auf Wiedersehen. Die Hand der Frau vom Protokoll war kühl. Wir werden Sie nicht vergessen, wenn wieder was ist. Gute Fahrt. Alles Gute.

Sidonies Fahrer sagte: Ich bin ein Bulle. In meiner Freizeit fahre ich fürs Auswärtige Amt. In meinem Beruf fallen viele Überstunden an, daher die Freizeit, und die nutze ich. Aha, sagte Sidonie, ohne recht zu verstehen. Das finde ich fleißig.

Es ist nicht mehr die stille Welt des Gästehauses, dachte Sidonie, aber es ist auch noch nicht meine Welt. Noch bin ich nicht bei den Leichen in meinem Keller. Und sie beschloß, die Fahrt zu genießen. Sie lobte die Polizei. Setzen Sie mich am Charlottenpark ab, den Rest gehe ich zu Fuß. Ich wohne da drin, in diesem Park.

Kompliment, sagte der Polizeibeamte. Sie sind eine Dolmetscherin? Das nicht gerade, antwortete Sidonie. Heute war ich als Spitzengast eingeladen, weil der indische Hauptgast Bücher schreibt, und das tue ich auch.

Sidonie hatte einen langen Fußweg vor sich, fast bis

zum anderen Ende der Stadt, aber obwohl es in den Straßen nach Abgasen stank, laut und zu heiß war, fand sie, die Bewegung tue ihr gut. Sie mußte ihre Eindrücke sortieren. Sie mußte tief hinuntersteigen, beim Aufstieg im Wohnblock. Ulmen gab es in der Ulmenhofstraße keine einzige. Tief hinunter beim Aufstieg in die stickige Mansardenwohnung, in der klassische Sommertage ein ganz gewöhnlicher Schrecken waren.

Staatsbesuche und ihre Delegationen kamen und gingen. Auf eine Lobeshymne an die Adresse der Frau vom Protokoll kam keine Antwort. Doch plötzlich im August, fast einen Monat nach dem Mittagessen mit den Inderinnen, traf ein Brief vom Auswärtigen Amt ein, und während Sidonie ihn aufriß, plante sie: Diesmal wähle ich die Kombination Braun/Rot. Im Couvert befand sich ein dünnes Blatt Papier. Der Computer kündigte Sidonies Bankverbindung ein Tagegeld an. »Vielen Dank und bis bald«, hatte er daruntergesetzt, der liebe Kerl. Am Gruß des Computers fand Sidonie etwas Tröstliches. Immerhin, inmitten all der wunderschönen Unverbindlichkeiten, jemand hielt den Kontakt.

Die Frau vom Gleis 4

Das Alter der Frau auf dem Bahnsteig war nicht leicht zu bestimmen. Ihre Gehweise, und weil sie in sehr aufrechter Haltung, allerdings mit hochgezogenen Schultern, trotz des dicken Wintermantels einen schlanken Eindruck machte, verjüngte sie vielleicht, denn im Gegenwind – ich sah sie nun von vorne – erkannte ich, daß sie doch älter sein mußte. Alle Leute auf dem Bahnsteig genossen die Sonnenwärme an diesem frostigen trockenen Hochdrucktag Ende Oktober, sie streckten ihre Gesichter mit zurückgelegten Köpfen ins Licht; die Frau aber, die ich beobachtete, mied beim schnellen Hin- und Hergehen Gleis 5 und bevorzugte am Gleis 4 den Schatten. Diese Frau, Objekt meiner Observierung, erinnerte mich an jemanden, und sie hat ihrerseits, zuerst vorsichtig, dann mit vermutlich unwiderstehlichem Interesse, zwei andere Personen beobachtet. Weniger die junge Mutter, mehr das kleine Kind, ein Mädchen mit großen, im dicken Gesichtchen tief sitzenden und darin wie blanke Murmeln in ihren Mulden geborgenen Augen. Nicht ganz so stark wie kleine Knaben auf Bahnhöfen war das Mädchen von durchfahrenden Güterzügen, von Eilzügen, die an der Station hielten, und vom Rangieren einer Lokomotive gefesselt. Als die Frau, die ich observierte und die ihrerseits das Kind studierte, sich plötzlich einen Ruck gab, um mit der Mutter des Kindes zu sprechen, war ich zum Glück gerade auf ihrer Höhe, verstand also, was sie sagte: Sie haben ein ganz wundervolles Kind. Die junge Mutter hörte auf zu Lächeln und zog das

Kind an sich. Ihr Blick ging an der Frau vorbei in die Ferne.

Das Kind hat einen absolut ergreifenden Hinterkopf, ich meine, dieser Scheitel am Hinterkopf, der treibt mir die Tränen in die Augen, sagte die Frau.

Die junge Mutter beugte sich über das kleine Kind, tief hinunter, und gab ihm auf die kurze Stirn einen Kuß, den Kopf vornüber.

Es ist herrlich. Es ist unübertrefflich, sagte die Frau.

Ich weiß, ich weiß. Die junge Mutter klang ungeduldig.

Die Frau, der meine Aufmerksamkeit galt, entschuldigte sich und rückte ihr Gepäck einige Meter von der Mutter und dem Kind weg.

Irgendein Problem mit ihren Lippen machte ihr zu schaffen, sie zog einen Stift aus der Tasche und fuhr sich über die Lippen, die sie dann einzog, später sah ich sie mit einem Taschentuch vorm Mund. Ich würde ihrem Mann, für den ich die Frau beschattete, berichten: Es ist nichts mit ihr los. Sie verhält sich so weit ganz korrekt. Nichts Auffälliges, keine Geheimnisse. Aber ich wäre ganz anderer Meinung. Warum hat die Frau beim Umsteigen vor zwei Stunden in einer Bahnhofsunterführung plötzlich geweint? Fast war das kein Weinen, doch zu wenig, um es als Weinen zu bezeichnen, und sie sah dabei erstaunt aus, sie hatte offensichtlich keinen aktuellen Grund für Tränen.

Ich brauchte dringend Ruhe vor ihr und gab deshalb, als der verspätete Zug endlich einlief und sie wie ich einstiegen, das Observieren auf. Sie wie ich – ich setzte mich immerhin so, daß ich sie im Großraumwagen schräg über den Gang hinweg sehen konnte – versenkten uns in Zeitungen. Wir beide stiegen am Zielbahnhof aus. Der Mann, der die Frau abholte, und die Frau, die ich beobachtete, schienen sich nicht besonders gut zu kennen. Aber warum dann, wenn das so war, haben sie sich geküßt? Ein flüchtiges Küssen wie nach langer Eingewöhnung, freundliche geistesabwesende Routine. Ich war den beiden in der Menschenmenge auf der Treppe hinauf zum Querbahnsteig näher als irgendwer sonst und hörte ihren Dialog. Der Mann fragte:

Was ist denn mit deinem Mund los?

Was soll damit los sein? fragte die Frau zurück.

Knallrote Lippen, sagte der Mann, nicht geschminkt, aber knallrot.

Vor lauter Mißtrauen und Unglück hörte er sich grob an.

Die Lufttrockenheit, der entsetzliche Wind auf den Bahnsteigen, das kommt von dieser furchtbar trockenen Luft und dem Nordostwind, schon seit gestern, erklärte die Frau. Jetzt war sie ein bißchen übereifrig.

Warum hast du die Lippen nicht eingecremt? fragte der Mann.

Hab ich ja, sagte die Frau.

Sieht aus wie nach dauerndem Küssen, sagte der Mann.

Die Frau antwortete mit einem Zischen.

Sie waren mittlerweile, wie ich, bis zum Zeitungsstand vorgedrungen. Ihre Gesichter erstarrt in Feindseligkeit. Die Frau sah jetzt nicht mehr jung aus, sie war alt vor Angst. Der Mann blickte erbittert von ihr weg, und so böse, als rede er mit der Frau, verlangte er seine zwei Zeitungen.

Von nun an wären die beiden, im Auto, in der Wohnung, lange Zeit sehr einsilbig. Die Frau würde, gepreßt von schlechtem Gewissen, wenn der Mann, beim Zeitunglesen unkonzentriert, ab und zu einen traurigen argwöhnischen Blick auf sie richtete, ein paar Sachen auspacken, die sie für ihre Weiterreise nicht brauchte, alles hastig und wie heimlich, und die Reisetasche unter die Mäntel in der Garderobe schieben, als müsse sie versteckt werden. Die Frau würde den Eindruck machen, sie wolle sich in Sicherheit bringen, was so wenig Sinn ergibt wie ihr schlechtes Gewissen, für das ich keinen konkreten Hinweis gefunden habe. Sie würden sich beide überwinden und beim Tee wieder miteinander sprechen. Beim Nacherzählen fast jeder Minute der zweieinhalbtägigen Abwesenheit käme mir in diesem Tatsachenrapport jeder Satz gelogen vor.

Es gibt aber den Abendfrieden, das Biertrinken, den versöhnlichen kleinen Rausch, die Fernsehnachrichten, glücklicherweise mit, großzügig berechnet, drei Katastrophen, und dann ist Ehe doch etwas Schönes, oder nicht?

Die Frau, die ich nun wieder observierte und die im Bericht von ihrer Reise Wort für Wort die Wirklichkeit geschildert hatte, fühlte sich plötzlich wohl. Nur die kleine Angelegenheit vom beobachteten Kind und von den paar Tränen in der Unterführung hatte sie schließlich unterschlagen. Folglich hatte sie, ihr Mann verdächtigte sie zu Recht, die ganze Wahrheit unterschlagen. Alle ihre geheimen Gedanken in jeder Minute. Aber es war friedlich, jetzt, Bier und später Weißwein verjüngten uns, mein Mann sah wie ein Bräutigam aus, als ich sagte:

Ist es nicht widersinnig und stupide, diese Tradition, daß Männer und Frauen sich für ein ganzes Leben zusammentun? Die Ehe? Ist sie nicht auch komisch, die Ehe? Ich habe unterwegs eine Frau beobachtet.

Na und?

Ich war wie ein Detektiv hinter ihr her. Sie sah verdächtig aus, aber es war nichts mit ihr los, sie hat sich nichts zuschulden kommen lassen. Und trotzdem, wie die andern hat sie sich auch nicht verhalten.

Ihre Lippen brannten plötzlich wieder stark, wie

nach einem Wettbewerb im Dauerküssen. Das sagte ich nicht. Ich sagte: Verdammter Ostwind. Im Hotel hatte ich ein viel breiteres Bett, sagte ich zur Strafe für meinen Mann, der gerade im Badezimmer festgestellt hatte: Deine Mundwinkel, die sind doch regelrecht entzündet.

Oh ja, kein Wunder, rief ich. Mich zu beobachten, diese Frau mit einem prinzipiellen, doch namenlosen Problem, hatte ich jetzt keine Zeit mehr. Das kommt vom chronischen Lügen.

Mach dich nicht über dich selbst lustig, empfahl mir mein Mann. Wer einmal lügt ...

Diese Frau, die ich beobachtet habe, ich denke, daß es Zeiten gab, in denen sie nicht nur Mütter mit kleinen wundervollen Kindern ansprach. Sie sah nach altem Belastungsmaterial aus. Wer einmal gelogen hat, dem glaubt man nicht, weil er nie mehr die Wahrheit spricht, sagte ich.

Für die Nacht haben wir uns trotzdem sehr nett verabschiedet. Durch ein Stockwerk voneinander getrennt, das Einschlafen vor mir, dachte ich und wurde furchtbar wach davon, was aus mir würde, allein, nach dem Tod meines Mannes, hier in diesem Bett, beim Sterben. Ich schlich mich zu ihm hinauf, ich lauschte an seiner Tür, er schlief schon, und mich überkam Mitleid mit ihm. Aber weil er irgendwelchen Überschwang jetzt von mir überhaupt nicht gern hätte, habe ich mich wieder davongestohlen. Ich werde morgen etwas Nettes über die Ehe sagen, ich werde weiterreisen und vorher etwas schrecklich Nettes über die Ehe sagen, nahm ich mir vor. Und dann wird die Ehe doch wieder etwas Schönes sein, habe ich recht?

Frau Milan
hat zwei Verabredungen

Aber Frau Milan! Das ist ein Irrtum! Mit mir sind Sie verabredet und nicht mit Frau Günther. Erkennen Sie mich denn nicht? Ich bin doch die Pepita. Ich bin die Tochter von Frau Günther. Und sie ist tot, meine Mutter ist tot.

Pepita stand immer noch auf der Schwelle von Frau Milans Wohnung. Sie sprach laut und deutlich, ein Wort vom anderen abgesetzt, wie zu einer Ausländerin. Frau Milan, die erst nach dem zweiten Klingeln geöffnet hatte, schien ihr nicht zu trauen, von der Verabredung nichts zu wissen und bis eben noch auf ihrem Ruhelager gelegen zu haben, denn ihre grauen fasrigen Haare waren zerzaust. An ihren merkwürdig plumpen Schuhen, vielleicht Schuhen ihres vor vielen Jahren gestorbenen Mannes, hingen die Schnürsenkel lose herunter. Wieder behauptete Frau Milan – aber nun gab sie immerhin Pepitas sanftem Druck nach und ließ sie in die Wohnung – sie erwarte Frau Günther zum Tee und deshalb könne sie Pepitas liebenswürdiger Einladung, mit ihr zu kommen, leider nicht folgen.

Pepita hatte nach dem Tod ihrer Mutter beschlossen, sich dann und wann ein wenig um deren wenige noch lebende Freundinnen zu kümmern, und ihre Wahl war auf Frau Milan gefallen. Mit ihr wollte sie den Anfang machen. Ihre Erinnerungen an Frau Milan lagen nicht sehr weit zurück und sie waren vorteilhaft. Frau Milan hatte sich beneidenswert gut gehalten, sie war eine Dame geblieben und klar im Kopf, ein schmerzender

Kontrast zu Pepitas Mutter, deren letzte Lebensjahre in einem Nebeldunst der Verwirrungen und Wahnvorstellungen dahingegangen waren, zuletzt in einem Pflegeheim.

Lars hielt nichts von Pepitas Idee, die sie wieder hervorkramte, nachdem endlich die heruntergekommene Wohnung seiner Schwiegermutter renoviert, verändert und für Pepita und ihn bewohnbar gemacht war. Er hatte genug von uralten Leuten, die nicht mehr richtig tickten und an deren Elend und Schwachsinn er dauernd teilnehmen sollte, wenn es nach Pepita ginge. Ihn ermüdeten ihre Erzählungen vom Pflegeheim, von der Mama Günther, ihren wechselnden, gleichwohl einförmigen Torheiten, und von deren Leidensgefährtinnen, ehemaligen Damen, das gesellschaftliche Umfeld seiner Schwiegermutter, lauter Professorenwitwen, alle über neunzig.

Pepita sah sich in Frau Milans Wohnzimmer um. Sie hatte die alte Dame schließlich so weit herumgekriegt, daß sie bereit war, kurz mitzukommen. Lars wird triumphieren, dachte Pepita und betrachtete den kleinen runden Tisch, der für Frau Milan und ihren toten Gast, Pepitas Mutter, gedeckt war: mit einem altmodischen fleckigen Tischtuch und schlecht abgewaschenem Geschirr. Alles sah unappetitlich aus, die vielen Kissen, die alten Blumentöpfe. Nun hat es auch diese *grande dame* erwischt, konstatierte Pepita ohne jede Schadenfreude. Die alten Zeiten drängten zurück an die Oberfläche, Leidenszeiten der täglichen, eigentlich vergeblichen Bemühungen um ihre Mutter, an die im muffigen verstaubten Wohnzimmer der Frau Milan mit seiner ungepflegten Einrichtung so furchteinflößend alles erinnerte: Pepita wäre nicht darüber verwundert gewesen, wenn sie plötzlich vor ihr stände, die wirre Greisin, ihre wieder auferstandene Mutter, mit der schief aufgesetzten Perücke und dem mißtrauischen Gesicht, und Unsinn, vermischt mit Vorwürfen, vor sich hin reden würde.

Frau Milan erschien, bereit zum Ausgehen, aber die Schuhe hatte sie immer noch nicht zugebunden. Frau Milan! Ihre Schuhe! Pepita rief mit ihrer sanften wohlklingenden Stimme. Sollten Sie nicht andere Schuhe anziehen? Diese hier passen Ihnen nicht. Ich werde Ihnen helfen.

Lars fände ihre Umgangsformen sinnlos, vergeudete Noblesse, unterwürfig. Aber in Pepitas Augen blieb Frau Milan auch im abgewrackten Zustand dieses Nachmittags die respektgebietende souveräne Dame aus guten Tagen.

Und war etwa Pepitas Aufwand wirklich ohne Wirkung, nur absurd, nur eine Groteske, das Theaterspiel mit einem Gespenst? Frau Milan erkannte zwar vermutlich Pepita immer noch nicht als die Tochter ihrer guten Freundin, der Frau Günther, aber sie hörte auf, eine Chimäre zu sein, als Pepita das Auto vor der Jugendstilvilla parkte, in der vor der Übersiedlung ins Heim ihre Mutter im Parterre residiert hatte, über sich die Mieter der zwei höhergelegenen Etagen. Hör zu, Lars, sie erkannte das Haus! Sie trat mit mir ein und prüfte die Wohnung, sie war ganz klar und begriff, wo wir uns befanden. Alles sähe aber anders aus als früher, so viel größer und eleganter, und ich mußte an ihre eigene düstere Wohnung denken, so wie Mami zuletzt hauste, vollgestopft und ungelüftet. Sie hat das also mitgekriegt, Lars.

Es wirkt jetzt größer, weil wir alles weiß tapeziert haben, liebe Frau Milan, und natürlich hat sich auch die Einrichtung verändert, erklärte Pepita. Sie saßen im Zimmer mit den blauen Möbeln. Auch hier ein gedeckter Tisch, aber adrett, hübsch und sehr manierlich, bester Geschmack. Auf einer Platte schienen die erlesenen Törtchen regelrecht zu leuchten. Pepita freute sich über ihr Werk. Frau Milans Wahrnehmungsgabe funktionierte. Kam diese Einladung nicht einer Reanimation gleich? Frau Milan erkannte alles wieder, sogar einzelne Möbelstücke, obwohl die, frisch aufgearbeitet, viel besser aussahen als früher; den Durchblick zur Veranda, das Klavier, den Blick in den Garten: Frau Milan begrüßte alte Bekannte.

Kaum auf ihrem Sessel sitzend, griff sie sich sofort eines der Törtchen, wobei sie die kleine silberne Serviergabel verschmähte, sie griff mit den Fingern zu, packte den Teller, hielt ihn dicht unter ihr Kinn und fing an zu futtern. Der ziemlich widerwärtige Anblick riß Pepita wieder aus der Welt des guten alten Stils, von der sie viel hielt und in der sie sich heimisch fühlte. Sie sah ihrem Gast neugierig und entsetzt zu. Frau Milan war schon beim zweiten Törtchen. Sie hatte keine Zeit mehr für Konversation, auf die Pepita, gerade noch froh über die Reinkarnation der einst bewunderten, immer würdevollen Freundin ihrer armen Mutter, über ihre Rückverwandlung zur feinen alten Dame, bei der Vorbereitung dieser Geselligkeit eingestellt war. Vorhin, als Frau Milan zu dieser Einladung Vertrauen gefaßt und die Szenerie im Gedächtnis wiedergefunden hatte, fand Pepita endlich, es habe sich gelohnt, sorgfältig gekleidet und geschminkt und gut frisiert vor Frau Milan zu erscheinen. Aber beim Zuschauen, wie diese Ex-Dame mittlerweile das dritte Törtchen verschlang, wobei ihr entging, daß sie fettige Finger und einen verschmierten Mund bekam und Krümel auf ihren Rock und auf den Teppich bröckelten, da mußte Pepita wieder an Lars und an seine Warnung denken: Alles vergebens. Gib sie auf, die Alten. Ein für allemal. Ich rate es dir im Guten: Gib sie auf.

44

Frau Milan opferte ein paar Minuten, um festzustellen, wie schön sie es jetzt hier habe, die liebe Frau Günther.

Aber Frau Milan, rief Pepita samtig energisch. Frau Günther ist vor anderthalb Jahren gestorben. Meine Mutter, die Frau Günther, sie lebt nicht mehr. Sie ist tot.

Sie hat es wunderschön hier, sagte Frau Milan.

Frau Milan! Pepita sprach höflich und entschieden. Frau Günther ist tot. Mein Mann und ich, wir leben jetzt hier.

Frau Milan schüttelte den Kopf und stellte den Teller ab.

Frau Milan, sagte Pepita. Sie selber waren auf der Beerdigung meiner Mutter. Sie lächelte ihren Gast an, freundlich, aber auch ein bißchen streng. Sie fühlte sich wie bei einer Unterrichtsstunde. Wie gern sie der alten Frau helfen wollte. Sie wäre am liebsten mit irgendwelchen Gerätschaften in den wackligen Kopf da dicht gegenüber eingedrungen, wie zum Putzen, ja, sie hätte dort gern saubergemacht, umgeräumt, Ordnung geschaffen. Sie erinnern sich doch an die Beerdigung meiner Mutter! Es war ein warmer Tag, und Sie hatten wunderschöne Blumen für ihr Grab.

Welches Grab? Frau Milan untersuchte mit umherschweifenden Augen die verbliebenen Törtchen auf der Platte.

Das Grab meiner Mutter, Frau Milan. Pepita trennte wieder ein Wort vom nächsten ab. Diese Unterhaltung fand in einer Fremdsprache statt.

Ihrer Mutter? Frau Milan schaute Pepita argwöhnisch an.

Pepita wurde unter diesem Blick ein wenig unheimlich. Plötzlich war sie für ihren Gast eine Fremde. Eine betrügerische Fremde, die ihr wahrscheinlich nicht wohlwollte.

45

Wo haben Sie mich hingebracht? Wo bringen Sie mich hin? Was soll ich hier? Frau Milan wurde unruhig.

Wir sind hier in der ehemaligen Wohnung Ihrer guten Freundin, der Frau Günther, erklärte Pepita geduldig. Ihre Höflichkeit konnte sie auch nicht aufgeben. Und zu ihrer Geduld zwang sie sich nicht einmal. Sie kostete sie gar keine Überwindung. Vielmehr trieb der Ehrgeiz sie an, Frau Milan zu überzeugen. Außerdem blieb diese noch in ihrem Verfall für Pepita die einst verehrte Ehefrau und Witwe des Mathematik-Professors Milan, eines namhaften Kollegen von Pepitas namhaftem Professoren-Vater. Diese Dinge zählten für Pepita, sie hatten mit dem Respekt vor stilvollen Traditionen zu tun.

In Frau Günthers Wohnung? Frau Milan stand auf. Gut, daß Sie mich an Frau Günther erinnern. Es tut mir leid, aber nun muß ich mich verabschieden. Ich bin mit Frau Günther verabredet. Es tut mir wirklich leid, aber ich muß sofort weg.

Aber Frau Milan, Sie sind mit mir verabredet, mit mir! Setzen Sie sich doch wieder. Sie haben noch gar keinen Tee getrunken, und vielleicht möchten Sie auch noch ein Törtchen essen.

Pepita würde Lars erzählen, daß außer der kurzen Wiederkehr der Erinnerungen auch Frau Milans altgewohnte Umgangsformen durchgeschlagen hätten. Ich habe ihr etwas gegeben, Lars, vielleicht nicht viel, nicht nach deinen Maßstäben viel, aber es waren diese Erkennungszeichen hier in der Wohnung und ihre Rückkehr zu den gepflegten Manieren. Für sie war es nicht wenig, Lars.

Sehr unmanierliches Teetrinken allerdings. Frau Milan hatte sich wirklich noch einmal in den Sessel gesetzt, sechs Zuckerstücke in den Tee geworfen, nicht umgerührt und gierig am heißen Getränk geschlabbert. Tee floß links und rechts aus den Mundwinkeln übers Kinn und tropfte auf ihr dunkelblaues Kleid. Der Stoff sah staubig aus, und es waren Flecken drauf.

Aber nun ists wirklich höchste Zeit für mich. Frau Milan rappelte sich wieder hoch, sie stemmte sich aus dem Sessel und schritt der Tür entgegen.

Warum müssen Sie denn schon gehen? Frau Milan, Sie sind doch erst eine halbe Stunde bei mir.

Pepita wußte nicht, welches Gefühl sie stärker bestimmte: das der Traurigkeit oder das der Erleichterung über Frau Milans Trieb, das Zusammensein zu kürzen. Es lag nicht an mangelnder Ausdauer, Ausdauer hätte Pepita noch besessen, aber sie begann einzusehen, daß, zumindest im Augenblick, nicht viel zu machen war.

Ich sagte Ihnen ja, ich erwarte heute Frau Günther zum Tee, erklärte Frau Milan. Es tut mir leid, aber ich habe immer noch eine Menge gesellschaftlicher Verpflichtungen.

Sie gab sich hoheitsvoll. Pepita wollte sie in der kleinen Zeitspanne ihres Stolzes nicht unterbrechen. Sie sagte: Gut, Frau Milan, fahren wir zu Ihnen zurück.

Auf ihrem Heimweg stellte Pepita sich das trübe Wohnzimmer mit den schmuddeligen Arrangements für Frau Milans toten Gast vor. Und wer weiß, vielleicht erschien es ja tatsächlich, dieses zerfranste Phantom, Pepitas verwirrte Mutter, grabeskalt und verwest und in ihrem Denken boshaft gegen alle, die um sie waren, alles Feinde, Verfolger, Diebe, ja, vielleicht erschiene dieser Pfropfbastard als Hirngespinst der Frau Milan in ihrer verwackelten Welt zwischen staubigen Möbeln. In der Geistesdämmerung, umzingelt von Ängsten. Pepita erschauerte. Tu mir das nicht an, Mutter, sagte sie vor sich hin. Komm nicht wieder. Es zog sie in ihre wundervolle Wohnung, in der nur die verwirrte Frau Milan sich an frühere schöne Stunden erinnerte. Pepita hatte mit Lars' Hilfe dafür gesorgt, daß sie sich nicht an die früheren Zeiten erinnerte.

Ach, Aufatmen dort! Arme Frau Milan! Zurück zwischen die hellen Wände, schnell zurück, in die stilvolle Sauberkeit, nichts wie dorthin! Aber kurz vor der Einmündung in ihre Straße drehte Pepita und fuhr den ganzen Weg zu Frau Milan zurück. Aus Neugier? Aus Mitleid? Wieder klingelte sie an Frau Milans Wohnungstür, wartete, klingelte ein zweites Mal, und aus Erfahrung drückte sie jetzt den Knopf lang, ziemlich unhöflich lang.

Frau Milan, immer noch in den großen schweren Schuhen mit nun wieder herabhängenden Schnürsenkeln, stand mit fragendem Ausdruck in der halb geöffneten Tür, hinter sich die dunkle Wohnung, von der ein Geruch wie aus den alten Polstern in einem Nahverkehrszugabteil ausging. Wer denn Pepita sei, bitte? Um was es gehe? Fremde lasse sie nicht ein, und sie spende nichts, nicht an der Tür. Sie spende per Überweisung.

Aber Frau Milan! Wir waren doch eben noch zusammen! Wir waren bei mir zu Haus, in der ehemaligen Wohnung meiner Mutter, Ihrer verstorbenen Freundin Frau Günther, rief Pepita freundlich und bestimmt und wieder mit der überdeutlichen Aussprache.

Ich erwarte Frau Günther zum Tee, sagte Frau Milan.

Sie ist tot. Sie wird nicht kommen. Pepita lächelte. Es war ein trauriges Lächeln, das ihr leicht gelang. Es stammte aus den schwierigen Zeiten mit ihrer Mutter. Frau Milan! Glauben Sie mir doch. Frau Günther wird bestimmt nicht kommen. Ich möchte nicht, daß Sie umsonst warten.

Plötzlich lockerte sich etwas in Frau Milans Gesichtsmuskulatur. Pepita mußte an den Wetterbericht denken. Bewölkung mit gelegentlichen Auflockerungen. Ein Kulissenschieber schien das Satellitenbild umzuräumen. Pepita wollte sich freuen, denn es sah so aus, als begänne Frau Milan zu verstehen.

Tot? Frau Günther? fragte Frau Milan.

Ja, ja, liebe Frau Milan, antwortete Pepita eifrig, und nun wollte sie außerdem auch Stolz empfinden. Es war ihr doch wahrhaftig gelungen, im armen alten Gehirn dieser Dame Ordnung zu schaffen. Aber ach, von wegen: Freude, Stolz! Stattdessen machten traurige, enttäuschte, betrogene Augen Pepita Angst, und sie fühlte sich schuldig. Denn so sah Frau Milan ihre ungebetene Besucherin an: traurig, enttäuscht, betrogen. Wie furchtbar unglücklich waren demnach die seltenen kleinen Momente, in denen die Verwirrtheit der Aufklärung weichen mußte. Wie unsicher! Die Verwirrtheit war gnädig, brutal die Aufklärung.

Pepita sagte schnell: Vielleicht kommt sie ja noch.

Das ist anzunehmen, antwortete Frau Milan. Schon sah sie nicht mehr ganz so aus wie jemand mit Angst vorm Glatteis. Sie sagte: Verabredet ist verabredet, nicht wahr?

Aber ja, Frau Milan, ganz gewiß.

Pepita versprach Lars, die Alten zu vergessen. Sie habe mehr als ihre Pflicht getan, meinte Lars. Aber diese Anziehungskraft! Schauder der Wißbegier! Pepita notierte: Frau Professor Schütz. 97 Jahre alt. Und nun noch Straße und Telephonnummer. Welcher Termin? Donnerstag in drei Wochen für ihre Weltranglistenzweite.

Die letzte Ruebli-Torte

»Es ist leider die endgültig letzte gewesen, damals im Weihnachtspäckli. Ich war in sämtlichen Filialen und habe schließlich sogar mit der Herstellerfirma telephoniert. Sie haben die Produktion eingestellt. Schluß, aus, basta. Verdammtes Pech. Solche Idioten. Es tut mir leid, Dir Deinen Dauerwunsch nie mehr erfüllen zu können ...« Noomi machte eine Pause. Sie las Leopold den Geburtstagsbrief ihrer Schwester vor, und an dieser Stelle übermannte sie die Empörung.

Sind die verrückt geworden, dort in der Firma? Warum hören sie mit so etwas Gutem einfach auf? Es ist nicht nur eine köstliche, es ist auch eine sehr praktische Ware. Man hatte immer was zum Anbieten im Haus, bei unerwartetem Besuch und überhaupt. Unerwarteter Besuch kam selten, und wenn, dann wurde ihm nichts zum Essen vorgesetzt. Den Leuten Spirituosen einzuschenken fiel Noomi am leichtesten. Schon Kaffee überforderte sie, obwohl es sich immer nur um Pulverkaffee handelte. Noomi war keine gute Gastgeberin, aber nicht aus Geiz. Sie konnte die Ruhe nicht bewahren, sie überbot sich in Bekundungen der Freude, machte Komplimente: Wie herrlich, euch hierzuhaben, und wie gut seht ihr aus! Lieber Himmel, womit bloß könnte ich euch traktieren, ich habe nichts im Haus, aber was ist mit ein paar Drinks? Leopold war in die düstere Schattenwelt der Erinnerungen an Noomis übereifrige Unfähigkeit als Hausfrau weggesunken, und dann hörte er ihr wieder zu: Überall Rückschritt, wohin man sieht. Hemden und Blusen muß man wieder bügeln, die Frauen sollen sich wie in früheren Zeiten abrackern, und ihre Kuchen selber backen sollen sie auch. Was ist mit Emanzipation, mit gewonnener Zeit für den Geist, mit Feminismus und all dem hochtrabenden Gefasel?

Reg dich ab. Mach nicht gleich Gesellschaftskritik draus. Leopold meinte es gut, indem er Noomi dämpfen wollte.

Noomi klagte: Sie war so wundervoll. Sie sah so niedlich aus, sie war einmalig und außerdem aus der Schweiz. Man hatte etwas Besonderes, etwas, das es hier nicht gibt.

Lies weiter vor, sagte Leopold. Und eine hast du ja noch in der Küche.

Sie verfällt in diesem Monat, jammerte Noomi.

Also mach dir nachher ein schönes Stündchen und fang damit an, sie aufzuessen.

Das werde ich nicht tun, dachte Noomi und las den Brief weiter vor. Währenddessen überlegte sie, bei welchem von allen denkbaren Gästen sie renommieren solle. Mit der letzten Ruebli-Torte meiner Existenz. Oh, wie traurig. Andere Dosenkuchen gab es schon längst nicht mehr. Eigentlich waren für die Ruebli-Torte als Idealgäste die Schuberts vorgesehen. Jonas Schubert war Noomis Analytiker. Er arbeitete an ihrem Größenselbst, so weit Noomi das mitbekam, er zwang es hinunter und zimmerte gleichzeitig an ihrem Ego, sie durchschaute die Bauarbeiten nicht, aber daß sie ihm gefiel, das wußte sie genau. Yvonne Schubert hielt sie für eifersüchtig. Eigentlich durften Analytiker und Patient sich privat nicht begegnen, doch Noomi hatte dieses Gesetz, und bei ihrem Arzt keinen Widerstand, schon ein paarmal gebrochen.

Ich wollte die Schuberts einladen, sagte Noomi zu Leopold, der Kontoauszüge ordnete.

Dann lade die Schuberts ein. Es muß nicht unbedingt Ruebli-Torte sein, die du servierst. Sie ist sowieso nicht jedermanns Geschmack, sagte Leopold.

Aber sie ist ein ausländisches Produkt, dachte Noomi. Ich will gerade für die Schuberts nichts Landläufiges. Sie fragte Leopold, ob sie vielleicht, weil die Ruebli-Torte, verteilt unter vier Personen, ja doch nur eine Winzigkeit war, etwas Richtiges kochen solle, eine Mahlzeit, ein Abendessen, und die Torte als Dessert anbieten. Es wird furchtbar sein für meine Nerven und für meinen Hormonhaushalt, aber er ist mein Arzt, dann sieht er eben die volle Wahrheit, was meinst du?

Leopold wehrte diesen Plan mit einer bei ihm, einem geduldigen sanftmütigen Menschen, ungewohnten Leidenschaft ab. Früher hatte Noomi sich gastgeberisch mehr engagiert als in heutigen Tagen. Und ganz früher war es ganz gut gegangen, am sichersten mit Kartoffelsalat, denn den konnte sie Stunden vorher, wenn noch keine Aufregung sie ergriffen hatte, zubereiten. Andere Salate aber, die erst kurz vor dem Essen angemacht werden durften, landeten als Matsch, als hätten sie ein Unwetter hinter sich, auf den Tellern. Und die heißen Würstchen konnte Noomi nie am Aufplatzen hindern, sie erinnerten an offene Beine, und ihre Steaks sahen wie Unfallopfer aus. Leopold riet Noomi, die Schuberts zu einer Tasse Tee und einem Stück Ruebli-Torte einzuladen.

Es müßte aber noch in diesem Monat sein, und von dem ist nicht mehr allzu viel übrig, sagte Noomi. Sie verfällt, wie ich dir bereits gesagt habe.

In der Schweiz wird das Verfallsdatum oft nicht genannt. Was da aufgedruckt ist, ist das Verkaufsenddatum. Du kannst dir noch etwas Zeit gönnen.

Leopold klang beruhigend, aber der Trieb, die Schuberts zu sehen, war nicht einzudämmen. Noomi mußte ihren Arzt sofort bitten. Sie machten zur Zeit eine Therapiepause. Andererseits: Noomi brauchte eine neue Dauerwelle, aber die konnte sie, wenn sie es mit ihrer Haarstruktur gut meinte, nicht schon wieder machen lassen. Was war besser, beziehungsweise was war schlimmer: Die Schuberts sofort mit der Ruebli-Torte und einer Frisur wie ein Flachdach, oder die Schuberts später, schöne Locken und eine Ruebli-Torte mit schon ein paar Schimmelspuren. Diese Stellen könnte ich mit Schlagrahm verdecken, dachte sie und las laut: »Nun sei tausendmal umarmt, und hoffentlich entschädigen die andern Sachen aus meinem Päckli dich für das, was leider von nun an für immer fehlt.«

Vor zwanzig Jahren hatte man noch Furore mit der Bemerkung gemacht: Meine Schwester lebt in der Schweiz, nicht mehr lang, und sie ist Schweizer Staatsbürgerin. Mittlerweile lebten zu viele Leute irgendwo in der interessanten Welt jenseits der regionalen Grenzen. Irene hatte sogar in Neuseeland Verwandte und selber ein paar Jahre in Indien gelebt. Mein Schwager ist staatenlos gewesen, aber nun auch Schweizer: Noomi fand das immer noch aufregend, aber wahrscheinlich nur mehr sie. Mit der Ruebli-Torte aus dem Weihnachtspaket hatte sie sich sechs Monate lang zwischen Absichten herumphantasiert. Aus dem Anblick der flachen roten Dose Zuversicht geschöpft. Ganz lcicht, ohne größere Nervenbelastung, wäre eine Geselligkeit zu bestehen. Ich verwöhne euch mit einer Spezialität aus der Schweiz. Bei uns kriegt man das überhaupt nicht. Aber wem gegenüber konnte man mit ausländischen Produkten noch prahlen? Mit der schweizerischen Verwandtschaft angeben? Jeder aß alles, jeder war längst überall gewesen. Und doch, in Noomis Augen blieben die Schuberts geeignet. Jonas

Schubert hatte so etwas grundsätzlich Bewunderndes, und Yvonne war verkniffen, immer darauf gefaßt, übertrumpft zu werden.

Leopold orderte zwei Eimer Wasser, einen Pinsel, das lange Kabel und im Abstand von je fünfzehn Minuten Noomis Erscheinen auf der Terrasse mit einem Getränk gegen seinen Wasserverlust bei der Arbeit: Er wollte den Rasen mähen und sorgte sich um seine Nierenfunktion.

Noomi rief in den Garten: Bei Schuberts geht keiner dran.

Was ist los? rief Leopold zurück, der den Rasenmäher hin und her schob und gleichzeitig mit dem linken Fuß einen Maulwurfshügel plattzutreten versuchte.

Niemand zu Haus bei den Schuberts. Noomi schrie, sie mußte den Rasenmäher übertönen. Sie werden doch nicht verreist sein?

Klar sind sie verreist. Immer im Mai, rief Leopold.

Noomi sah ihm eine Zeitlang zu. Sie fühlte sich schlecht. Ungeduldig und enttäuscht. Er hatte recht: Im Mai nahm Jonas Schubert den zweiten Urlaub des Jahres. Im September den dritten. Leopolds Rücken im gestreiften Hemd, seine auf die Wirklichkeit des Lebens bezogene Ausdauer, die Wassereimer, der Pinsel, die Flasche mit dem Insektenspray, das niedergewalzte Gras – alles um ihn verkörperte die Ungerührtheit, die Übereinstimmung mit den Gegebenheiten, und Noomi empfand sich als Fremdling. Leopold umkreiste mit fester Bodenhaftung auf dem Planeten Erde die Sonne, eingepaßt ins System. Noomi sprühte sich gegen Insekten ein, obwohl sie nicht vorhatte, hier draußen zu bleiben.

Ruf die Kisslings an, rief Leopold.

Die Kisslings waren zweite Wahl und auch nicht

erreichbar. Und Viviane? Viviane merkte überhaupt nicht, was sie aß, falls sie sich überhaupt dazu herabließ, etwas zu essen. Noomi saß ratlos am Telephontischchen und blätterte in ihrem privaten Adreßbuch. Ihre Gedanken schweiften ab zum Favoriten, dem Wunschkandidaten, dem absoluten Hit: Weit oberhalb von Jonas Schubert, auf einer allen sonstigen Freunden übergeordneten Schiene, rangierte William Henninger, der beinah vor drei Jahren ihr Chef geworden wäre, wenn sie nicht den Mut, noch einmal und dann ungeschickt, fast lehrlingsmäßig ins Berufsleben einzusteigen, vorher verloren hätte. William Henninger stand schon jahrelang auf ihrer Gästeliste, aber Noomi fragte sich nur wenn sie ein bißchen betrunken war nicht, wie sie den Nerventerror durchhalten solle, ihn leibhaftig dazuhaben. Von ihrem Platz aus – jetzt wählte sie, vergeblich, Tanjas und Christians Nummer – konnte sie in den Garten sehen. Wie schade um den grünen Dschungel, dem Leopold zuleibe rückte, schade um das hohe dichte Gras mit den gelben Akzenten, die der Löwenzahn setzte, um das weiße Muster der Gänseblümchen. Und wäre William Henninger, der Mega-Star, der Richtige, das Besondere, Skurrile, Fremde einer Ruebli-Torte zu ermessen? Nur Frauen machte man neidisch, wenn man was vorzuweisen hatte, womit man sich großtun konnte. Also lade ich ihn zusammen mit seiner Frau ein, beschloß Noomi und strich sofort diesen Vorsatz: Seine Frau war zu jung und zu hübsch für ihre Nerven.

Noomi sah zu, wie Leopold, fertig mit dem Mähen, den Garten inspizierte. In der rechten Hand hielt er seine Waffe, die Gartenschere, und Noomi wurde es mulmig. Der Nachmittag hatte etwas Bedrohliches. Beim Gehen drehte Leopold abwechselnd die rechte und die linke Schulter, schob sie im Rhythmus seiner

Schritte vor und zurück, wodurch er an einen Mitwirkenden beim Square-Dance erinnerte. Das gab ihm einen folkloristischen Anstrich, und Noomi hatte in all den gemeinsamen Jahren nie etwas davon bemerkt. Ich kenne ihn ja gar nicht, dachte sie, armer Leopold, ich gab mir nie diese Mühe, dich ganz kennenzulernen. Dieses Stillvergnügte und Einverstandene an ihm stieß sie ab. Plötzlich haßte sie ihn. Die Entfernung zwischen ihnen vergrößerte sich. Nun rückte Leopold dem Haselnußstrauch auf die Pelle, wie in Feindschaft, als habe er den wundervollen dichtbelaubten Strauch dabei erwischt, wie er schon wieder, aus böser Absicht, gewachsen war und Leopold Licht wegnahm.

Noomi wählte wieder die Nummer der Bauers. Bei denen hatte sie es auch schon mehrfach versucht. Keiner da? Nun ja, die Bauers waren unter »ferner liefen« eingeordnet. Noomi wollte auflegen, als Erni Bauer sich meldete. Atemlos und hocherfreut. Er wußte sofort den allerneusten Türkenwitz und schmetterte ihn ins Telephon. Noomi lachte wie immer, wenn jemand Witze erzählte, vorsichtshalber dauernd ein bißchen und ganz laut zu früh. Die Bauers waren gerade wieder einmal in Berlin gewesen, erfüllt von den Ausdünstungen der deutschen Geschichte. Noomi verabschiedete sich, ohne die Ruebli-Torte erwähnt zu haben. Es war gegen sechs am Nachmittag und immer noch heiß, und das schon im Mai. Die größeren Hitzeperioden standen noch bevor. Leopold verpaßte dem Haselnußstrauch einen militärischen Haarschnitt. Wenn schon Sommer, dann laubreich, überwuchert. Warum haben wir nicht den gleichen Geschmack und das nicht schon vor sechsundzwanzig Jahren entdeckt? Noomi seufzte. Harald war nett, fast erste Wahl, aber seine Frau? Mit fünfzig fing sie noch ein Psychologiestudium an, nachdem sie ihren Job als Frau – vier Kinder – absolviert hatte, sie schrieb an ihrem dritten Buch und machte trotzdem Haus, Garten, Küche allein und perfekt und in Windeseile zwischendurch ihr Diplom, bei Parties bewirtete sie bis zu fünfzig Personen, im Sommer im lampiongeschmückten Garten, unzählige Sandwiches, aber auch Salate und diverse Süßspeisen im Angebot. Die Käfers? Dieses Alkoholikerehepaar sah Noomi von allen Freunden am liebsten, ihnen war jegliche menschliche Schwäche vertraut, aber die Ruebli-Torte wäre bei ihnen die reinste Vergeudung, sie nähmen sie nicht einmal wahr, außer von einer schönen großen, bernsteinfarben schimmernden Whiskeyflasche waren sie durch nichts zu beeindrucken.

Nur, die Ruebli-Torte konnte nicht warten. Noomi entdeckte ihre Ähnlichkeit mit der Ruebli-Torte: Wir beide haben nicht mehr allzu viel Zeit. Auch mein Verfallsdatum droht. Ihre Gemeinsamkeit mit der Ruebli-Torte inspirierte Noomi. Eine Erleuchtung, eine Eingebung. Daraus wäre etwas zu machen. Koketterie zog bei William Henninger noch immer. Noomi wollte nachdenken, als Leopold, der sie in ihrem Dilemma neben dem Telephon brüten sah, mit der Gartenschere winkte und rief: Wie wärs mit Oskar und Sabina? Denen schulden wir seit langem sowieso eine Einladung.

Oskar und Sabina waren nicht die einzigen auf der Liste ihrer Gläubiger in Sachen Einladung. Und diese beiden waren berühmt dafür, daß sie nie aufbrachen.

Oskar sitzt und sitzt, er gähnt seit Stunden, aber er bleibt, und Sabina hat soviel Geist wie eine Laufmasche. Sie würde nie mitkriegen, was eine Ruebli-Torte bedeutet, sagte Noomi. Ihr wahrer innerer Einwand gegen Sabina: Leopold ließ sich von dem Geruch nach Romanze, den sie verströmte, benebeln. Wenn Sabinas

Dauerlächeln, kombiniert mit Leopolds Ehrerbietung, Noomi zu weit ging, zettelte sie Streitgespräche an: Es gibt keine Philosophinnen. Als tätige Feministin mußte Sabina unglücklich werden, wenn man ihr weibliche Defizite präsentierte. Anders als bei Komponisten und einigen Dichtern – Sabina behauptete, die wahre Arbeit hätten Anna Magdalena Bach und Clara Schumann und Marianne von Willemer getan – konnte sie keine Frau Kant, Frau Hegel, Frau Nietzsche vorweisen. Und Nicoletta Speyer? Oder die Kronbecks? Noomi durchforschte den Bekanntenkreis 3. Wahl. Sie schienen alle in die Ferien gereist zu sein. Noomi wählte Scherings Nummer. Auch da meldete sich keiner. Noomi hatte plötzlich die Vision eines Zukunftstelephons, das sie als die Anruferin verriet, bevor überhaupt am anderen Ende abgenommen wurde. Die X, die Y, die Z – sie alle identifizierten Noomi als Anruferin und winkten ab. Noomi und Leopold, die Ungeselligen, wir strafen sie. Wir hören uns gar nicht erst an, was sie zu sagen haben. Vielleicht waren Leopold und sie auch bei niemandem 1. Wahl, nirgends die Auserwählten, der Mega-Hit.

Was ist mit den Benders? Die Benders waren nicht übel, aber auch unerreichbar. Noomi sagte: Das sind so beneidenswerte Leute, die plötzlich auf die Idee kommen, sich irgendein Benediktinerkloster anzusehen und losfahren. Die Sonne knallt auf ihr Auto, sie schwitzen und freuen sich und genießen die Gegend, furchtbar. Furchtbar beneidenswert, fand sie. Vier Stunden Fahrt und ein schlechtes Hotel macht ihnen nichts aus, Hauptsache, sie lernen eine wichtige Basilika kennen. Rätselhafte Menschen. Ich glaub nicht, daß sie für meine Ruebli-Torte besonders aufgeschlossen wären. Eigentlich paßt wirklich prinzipiell niemand zu uns. Noomi sah sich die braunrotgesprenkel-

58

ten Ruebli-Tortenscheiben verteilen, sie sah sich bei ihrem interessanten Lächeln zu, während sie ihrem Analytiker Schubert oder William Henninger zuhörte. Ihr Arzt überredete sie zum werweißwievielten Mal, ohne es sehr ernst zu meinen, zu einer gesünderen Lebensweise: Ohne Pillen, Nikotin, Alkohol, ohne Melancholie. Sie zählen da meine besten Freunde auf; Noomi hörte sich zu. Für William spielte sie auf ihr Alter an. Weil sie jünger aussah, nicht jeden Tag, immer öfter sah sie genau so alt aus, wie sie war, stieß sie auf Widerstand, Flirt, das Ganze. Über Leopolds Vorschlag, die Kinder einzuladen, brauchte Noomi gar nicht erst nachzudenken. Die Kinder, das waren Bert und seine jetzige Freundin, die im Sommer fast nichts anhatte, was nicht gut für Leopold war. Sie hatten immer Hunger, gewiß. So eine zierliche Ruebli-Torte verschwindet in Berts linker Backentasche, sagte Noomi, die wie ausgelöscht von einem Aufenthalt vor dem Badezimmerspiegel zurückkehrte. Es ist wieder so komisch golden und lila, sagte sie und meinte ihr gestern von Leopold mit Effekttönung bearbeitetes Haar. Geschnitten hatte er es auch, und zwar so ähnlich wie die Bäumchen rechts und links von der Einfahrt, kugelförmig verfremdete Akazien. Ich sehe vollkommen rund aus. Sie erwartete von Leopold keinen Beistand, aber es tat gut, sich vor ihm zu denunzieren. Er war ihr Kamerad, der einzige.

Aber was passierte jetzt? Das Telephon klingelte. Leopold nahm ab, er hörte zu, hielt eine Hand auf die Muschel und flüsterte: Dein Beinah-Chef. Henninger. Er würde in circa einer Stunde vorbeikommen, er ist in der Nähe unterwegs. Noomis Herz rutschte hin und her, ihre Endorphine kündigten, das Adrenalin engagierte sich, sie gestikulierte, schüttelte den Kopf, sie glühte, und das alles hieß: Ich bin nicht da. Kommt gar nicht in Frage. Oh, der Mega-Super-Favorit! Die Ruebli-Torte! Ich sehe gräßlich aus!

Ein Wochenende später saß Noomi an ihrem Lieblingsplatz, Fenster nach Osten. Der Blick ging über den hier nur schmalen Gartenstreifen weg auf angrenzendes Ackerland. Gerste, vom Wind bewegt, stand bis zum waldgesäumten Horizont. Noomi schaute in die sanfte Dünung, spielte Ozean mit dem Gerstenfeld, dann schrieb sie: »Lieber William H., die letzte original schweizerische Ruebli-Torte in meiner Biographie hat ihr Verfallsdatum überschritten, das ist ihre Gemeinsamkeit mit Deiner Dich herzlich grüßenden Noomi, deren Einladung trotz allseits verfallener Haltbarkeit gilt.«

»Lieber Doktor und Ego-Architekt, Sie und Ihre Yvonne scheinen verreist zu sein, das ist schade um eine Original-Schweizer-Ruebli-Torte, die letzte ihrer Art, mit der ich Sie bewirten wollte, aber nun ist ihr Verfallsdatum erreicht und meines längst überschritten.« Noomi lebte auf. Es war viel besser, nichts zu verwirklichen. Die Realität zerrte bloß an den Nerven, erstens, und zu 99 Prozent, zweitens, enttäuschte sie. »Sublimation, die ists, an die mein Größenselbst sich hält.« Und noch ein Satz, für beide Adressaten gleich gut geeignet: »Und noch etwas Gemeinsames haben wir, die Ruebli-Torte und ich. Beide sind wir, beschrieben und als Idee, viel interessanter als erlebt, als gesehen – oder verspeist. In der Phantasie sind wir beide die bessere Erfahrung.«

Neben Noomis Schreibblock stand die niedliche, zierliche runde rötlichbraune Ruebli-Torte, Schimmel sah man keinen. Ab und zu nahm Noomi einen Bissen. Die Ruebli-Torte schmeckte etwas bitter, aber das paßte zu ihr, sie war noch nie einfach im Geschmack gewesen, nie jedermanns Sache. Die Wellen auf Noomis grünem Meer versinnbildlichten die Geduld. Noomi fühlte sich ziemlich wohl. Bestimmt wohler als mit Gästen, mit welchen auch immer. Leopold kümmerte sich irgendwo im südlichen Garten um seine Pflanzen. Schöner Samstagnachmittag. Aber um Freudentränen handelte es sich nicht bei dieser kleinen brenzlichen Ansammlung in Noomis Augen.

Der Umweltgedanke

Natürlich könnten wir dich abholen, aber weißt du, wir nehmen den Umweltgedanken sehr ernst. Zuerst wars bloß Hardy, aber nun macht die ganze Familie mit.

Elke lachte. Sie telephonierte sich mit ihrer Freundin Patrizia durch die letzten Details ihrer Einladung zum Wochenende.

Ja und? Was ist nun mit Abholen? wollte Patrizia wissen.

Ich sagte ja schon: der Umweltgedanke. Wir lassen das Auto stehen, wo immer es sich machen läßt. Und das ist öfter, als man denken würde.

Aha. Patrizias Laune trübte sich. Verdammt heiß, dieser Sommer, er würde so schrecklich wie der letzte. Sie sollte ihren Besuch bei den Speyers abblasen.

Elke wurde präziser: Ich habs so gedacht. Die Kinder werden am Bahnhof sein, und zwar fahren sie mit ihren Rädern hin. Simone nimmt deine Sachen und fährt im Bus zurück, und du kriegst ihr Fahrrad und strampelst mit Nicoletta zu uns, hübsche Landschaft übrigens, und der Radweg ist bestens ausgebaut. Wie gefällt dir das?

Patrizia fühlte sich zu feige für die Wahrheit. Elke mutete ihr eine Groteske zu. Ich bin seit Menschengedenken nicht mehr Rad gefahren, sagte sie immerhin.

Das verlernt sich nicht. Einmal gekonnt, für immer bewahrt.

Laß die Kinder aus dem Spiel und mich mit dem Bus fahren, hatte Patrizia abschließend entschieden, und jetzt überreichte sie im Wohnzimmer der Speyers ihr

Gastgeschenk, am Bahnhof gekaufte Süßigkeiten. Miß-
griff! Die Kinder sahen Patrizia belehrend an, und
Hardy stand mit sturem Ausdruck herum. Elke erklärte:
Wir haben unsere Ernährung total umgestellt. Vollwert,
Rohkost, verstehst du. Trotzdem, schrecklich lieb von
dir. Simone, leg die Packung ins Geschenkfach.

Elke folgte Patrizia in die Küche, wo die soeben ihr
zerknülltes Einwickelpapier in den Abfalleimer stopfen
wollte, schon war die Tür unter dem Spülbecken geöffnet und mit ihr der Eimer ... Oh nein, halt! rief Elke,
nicht dahinein. Das ist kompliziert. Papier kommt
dorthin. Hier ist das Verwesliche, dort Glas, Konserven
da drüben, na und so weiter. Sortierst du denn deinen
Müll nicht?

Nicht nur damit, daß sie das nicht tue, schockierte
Patrizia die Freundin, sie setzte, nun mit Genuß, eins
drauf mit der Bemerkung, sie halte alle diese rüh-
renden Einzelbemühungen für Quatsch und Vergeb-
lichkeit. Grimmig dachte sie an den stickigen vollen
Bus, in dem sie die letzten vierzig Minuten gelitten
hatte.

Du irrst, du irrst. Elke klang unkonzentriert, so als
habe sie eigentlich bitten wollen: Nicht vor den Kindern.

Haben wir nicht endlich mal einen herrlichen Sommer? Hardy redete, nachdem Elke ihn gedrängt hatte:
Nun sag doch du auch endlich mal was.

Was heißt: endlich? Endlich mal? Im letzten Jahr
war der Sommer von Juli bis September eine einzige
Hitzekatastrophe und furchtbar trocken. Patrizia fragte
sich, warum sie diese Reise auf sich genommen hatte.

Und das war kein Gästezimmer, das war eine Back-
stube. Patrizia ließ den Rolladen heruntersausen, riß
die Vorhänge zu.

Ui, du machst aber Lärm, kommentierte Nicoletta.

Wir sind dauernd drüben im Schwimmbad, prahlte Simone. Kommst du mit? Du kannst mir bei meinen Sprüngen vom Fünf-Meter-Brett zusehen. Und wenn Nicoletta taucht.

Aber Patrizia, obwohl sie das erfrischt hätte, wollte nicht einmal, Hardys Empfehlung, als Allererstes unter die Dusche. Plötzlich hatte sie zu gar nichts mehr Lust. Eine kleine Vorfreude wert war Elkes Hinweis auf Kaffee und Kuchen.

Alles selbstgebacken, verkündete Elke.

Und sogar aus selbstgemahlenem Mehl, ergänzte Hardy freudlos.

Und keine Angst: ohne Zucker. Wir süßen ausschließlich mit Honig, sagte Elke.

Macht euch über Honig keine Illusionen, sagte Patrizia. Er hat den gleichen Nährwert wie Zucker und enthält ... sie schluckte am ersten Bissen, er war nicht süß genug.

Aber Honig ist viel gesünder, sagte Simone.

Na, und wie schmeckts? Elke sah Patrizia erwartungsvoll an.

Der Kuchen war trocken und krümelig, in dunklen Farben meliert wie das Fell der Heidschnucken.

Mit etwas Schlagrahm wäre er fast ideal, antwortete Patrizia. Aber dein Kaffee, der ist noch nicht ideologisiert?

Er ist coffeinfrei, schon wegen der Kinder. Patrizia fragte sich, warum Hardy von seiner trüben Stimmung nicht loskam. Wahrscheinlich umklammerte ihn der Umweltgedanke, der aber Elke und die Kinder geradezu euphorisierte.

Das unberechenbare Torkeln und Zucken der Wespen über den Kuchentellern machte Patrizia nervös.

Laß sie nur, du mußt sie nur einfach in Ruhe lassen, sagte Elke.

Wenn du so wild rumwedelst, regen sie sich bloß auf, sagte Simone.

Sie wollen bloß ein bißchen mitessen, beruhigte Nicoletta.

Am besten, man erschlägt endlich mal eine, das ist den andern vielleicht eine Lehre, Patrizia wurde mit Absicht grob. Was hältst du davon, Hardy?

Während die Kinder strafend über Patrizia lachten, leierte Hardy gequält herunter, die Wespen gehörten ins Ökosystem.

Sie sind wie du und ich, Elke lachte, sie sind Mitbürger.

Ich bin ein bißchen aufgeregt, sagte Patrizia, als sie ihre kleine Pillendose öffnete.

Ich mach dir einen Tee. Schon stand Elke auf, bereit für den Weg in die Küche. Kamille? Oder lieber Melisse?

Wenn du einen Gin hättest … es kann auch sonst was sein aus dem Reich der Spirituosen. Patrizia lachte auch. Ich verderbe es mit euch, das ist mir klar.

Wir haben so etwas, sagte Hardy feierlich. Für Notfälle. Nun stand er auf, und Elke setzte sich wieder. Sie schnupperte wie ein Hund, der eine Botschaft wittert, als Patrizia von einem Abstecher ins Gästezimmer auf die Terrasse zurückkam. Mit der schlimmen Botschaft: Insektenspray! Chemie! Kampfansage an die Natürlichkeit im schönen Miteinander der Lebewesen!

Dieses Jahr haben wir die Kriebelfliege, berichtete Simone stolz.

Sie ist winzig klein. Es sind viele da. Sie kommen nur abends. Eifrig zeigte Nicoletta her, wie reichlich sie zerstochen war.

Ja, sie sticht ganz gemein, die Kriebelfliege, sagte Elke. Aber auch sie ist ein Pfeiler im Großen und Ganzen.

Das bin ich auch, ein Pfeiler, sagte Patrizia.

Oh ja, das bist du. Ernsthaft gab Hardy ihr recht. Aber wir Menschen als die Überlegenen tragen für die vielen kleinen Unwissenden eine Verantwortung.

Die Vögel mögen die Kriebelfliegen, sagte Elke. Es wird alles gebraucht, irgendwie.

Und die Kriebelfliegen, wen mögen die? fragte Nicoletta.

Noch winzigere Insekten, belehrte sie ihre Schwester.

Und wer mag Wespen? Wer frißt sie? Nicoletta sah sich am Tisch um. Warum weiß das keiner?

Wir werden später im Lexikon nachschauen, versprach Hardy.

Patrizia griff nach der Flasche mit Obstwasser und schenkte sich zum zweiten Mal ein.

Ich bin ein Notfall, Prost!

Die ganze Familie sah ihr in einem Gemeinschaftsgefühl mit Mißbehagen zu, auch noch nach Elkes Beschwichtigung: Der Hersteller verwendet nur biologisch reines, ungespritztes Obst.

Patrizia, halte uns nicht für übergeschnappt. Wir sehen Sinn drin, das Unsrige zur Erhaltung der natürlichen Lebensbedingungen beizutragen.

Die Würmer sind wichtig, Mami, oder? fragte Nicoletta.

Ehe Elke antworten konnte, sagte Patrizia: Und die Flöhe, und die Läuse, die auch. Oder?

In gewisser Weise, also, ihr Lebensrecht haben auch sie, sagte Hardy.

Wir sind übrigens keine Fanatiker, Asketen auch nicht, und wir essen nicht vegetarisch. Elke schnitt neue Stücke aus dem Kuchen, sie landeten als Trümmer auf den Tellern. Heut abend zum Beispiel gibts Hansi.

66

Hansi war mein Lieblingskaninchen. In Nicolettas kleinem runden Gesicht siegte Stolz über den leichten Schatten von Betrübnis, der durch die Erinnerung an Hansi aufkam.

Simone wollte sich nicht übertrumpfen lassen, sie rief: Zu Ostern aßen wir mein Lottchen.

Sie hatten beide ein prima Leben, der Hansi so prima wie das Lottchen, aber einmal ist Schluß. Bei Elke war der Stolz, den ihre Kinder vorführten, ein wenig durch die Sorge getrübt, Patrizias Zynismus zu provozieren. Weißt du, was lebt muß sterben. Ist das nicht mindestens Shakespeare?

Hamlets Mutter zu Hamlet, sagte Patrizia. Die beiden haben allerdings nicht über Kaninchen oder Insekten verhandelt.

Aber es betrifft jedes Geschöpf, dieses Gesetz, es meint uns allesamt. Hardy hatte sich aufgerafft, seinen Beitrag abzustatten. Die Kuchenkrümel in seinem Bart erinnerten Patrizia an verspritztes Exkrement.

Abends auf der Terrasse wurde Patrizia sofort von der tänzerisch auf- und abschwebenden, winzigen Kriebelfliege gestochen, gleich viermal, und die Kinder betrachteten interessiert, wie sich rasch dicke rosige Quaddeln bildeten.

Wollen wir nicht reingehen? fragte Patrizia. Es wäre etwas ruhiger.

Die Kriebelfliegen haben Hunger. Sie werden bald satt sein, stellte Simone fest, und Nicoletta faszinierte die Bevorzugung Patrizias durch die Kriebelfliege.

Patrizia rieb ihre Arme und Beine mit einem Insektenschutzmittel aus der Flasche ab. Angeblich half es sogar gegen Moskitos.

Elke war dagegen. Sie brachte Buttermilch und Quark, Abschreckung und Heilmittel, aber Patrizia bevorzugte eine cortisonhaltige Salbe gegen den Juckreiz.

Cortison! Sei bloß vorsichtig mit Cortison! Es ist ein Teufelszeug, es hat ganz grauenhafte Nebenwirkungen. Sogar Hardy wurde lebhaft, er pflichtete seiner Frau bei: Man sollte Cortison nur in äußersten Notfällen einsetzen.

Das hier ist ein äußerster Notfall, konstatierte Patrizia.

Sie will wieder Schnaps trinken, sagte Nicoletta.

Keine schlechte Idee, kluges Kind, lobte Patrizia.

Und unter Seufzen und leichtem Klagen – wie schade um den absolut wundervollen Sommerabend – zogen alle dem Gast zuliebe ins Wohnzimmer. Wo leider auch nicht viel Frieden zu finden war. Fleischige Falter, die Flügel wie aus Pelz, taumelten umher, strichen über Patrizias Gesicht und scheiterten im Schirm der Stehlampe. Eine große Spinne mit kleinem Körper zitterte hochbeinig auf eine neue Zimmerecke zu. Motten mit durchsichtigen Flügeln umschwirrten das Licht einer Kerze, die Elke auf den Tisch gestellt hatte.

»... und zuletzt, des Lichts begierig, bist du, Schmetterling, verbrannt«, zitierte Patrizia.

Was ist das? Hermann Löns, oder? fragte Elke.

Goethe, sagte Patrizia. »Keine Ferne macht dich schwierig ...«

Wollt ihr es weiter hören?

Nicht nötig, laß nur, danke. Es wird bald Zeit für die Kinder, ins Bett zu gehen. Weißt du, jetzt in diesem großartigen Sommer wecken wir uns früh ...

Immer wieder mit einem anderen Lied, unterbrach Simone ihre Mutter.

Darf ich in meinem Gastzimmer irgendwelche Insekten umbringen, falls welche da sind? Patrizia, der nicht zum Lachen zumute war, lachte.

Also eigentlich haben wir das nicht so gern, antwortete Hardy, und die Kinder riefen durcheinander: Bei uns wird nicht gemordet. Wir treten keine Ameise tot und keine Assel, keine Schabe. Zerklatscht wird keine Fliege. Komm mal mit, wir zeigen dir was. Die Kinder führten Patrizia zu einem bebenden Spinnennetz. Hier, schau mal, das alles hat sich da drin schon gesammelt, es ist die Vorratskammer der Spinne. Und ihr Eßzimmer.

Die Tiere erledigen das untereinander, Leben, Sterben, sagte Hardy. Er rang jeden Satz einer grundsätzlichen Erschöpfung ab.

Elke wirkte noch frisch und munter, sie prahlte fröhlich: Die Kinder lernen ganz besonders im Hochsommer dieses irdische Kommen und Gehen, dieses »Was lebt, muß sterben«. Sei es bei Hansi oder Lotte, oder … na eben bei allem Getier, bei allem, was so kreucht und fleucht. Also du siehst, wir sind wirklich keine Phantasten, was den Umweltgedanken angeht. Wir sind wirklich Realisten. Und keine Kostverächter, denk an Hansi. Die Sauce, die er ergab, die hat dir doch sehr zugesagt, stimmts?

Stimmt.

Und ich angle, erzählte Hardy todmüde.

Aber junge Fische wirft er zurück ins Wasser. Elke beeilte sich mit dieser notwendigen Ergänzung.

Habe ich euch jemals von eurem Umweltminister erzählt? Ich weiß es von Freunden, die hier in eurem Bundesland leben, und neuerdings ist der Umweltminister ihr Nachbar. Ihr würdet euch über ihn wundern. Über seine Lebensmittel- und Getränkelieferungen, über die Flutlichtanlage rings um sein Haus, und seine Frau hat nur eine Mülltonne.

Je trüber die Gesichter ihrer Zuhörer wurden, desto besser fühlte sich Patrizia in ihrer Lügengeschichte. Ihr Publikum wollte ihr nicht gern glauben, und der Abschied zur Nacht fiel etwas matt aus.

In ihrem Zimmer erschlug Patrizia einen Nachtfalter. Der Abdruck seines zerquetschten fleischigen Körpers glich dem Muttermal auf der Stirn des einstigen sowjetischen Präsidenten. Kriebelfliegen konnte Patrizia nicht entdecken. Sie schlief trotzdem schlecht. Gegen drei Uhr schlich sie treppab und in die Küche, und ohne Licht anzuknipsen, die Straßenlaterne tauchte die Umrisse der Einrichtung in einen silbrigen Schimmer, machte sie im Abfalleimersystem gründlich Unordnung und sich selber leider die Hände schmutzig. In einem übertragenen Sinn kam sie sich aber, seltsam genug, zum ersten Mal seit ihrer Ankunft perfekt gereinigt vor. Richtig sauber. Sauber, sauber, murmelte sie.

Auf die Entführer!

Sie hatten auf der markisenüberspannten Gartenterrasse vom *O Sole mio* zwei große Tische zusammengerückt, und weil Placido gerade vorbeikam, wurden sie sich schnell einig und bestellten Getränke nach.

Auf Heimkehrer wie euch kann man gar nicht oft genug anstoßen, fand Hubert.

Es ist zu spannend. Ach du liebe Zeit. Hanne schnalzte mit der Zunge.

So oft ich es auch höre, mir wirds nicht langweilig, sagte Waltraud. Stimmts, Iso?

Stimmt.

Die Entführer waren wirklich sehr menschlich zu uns, sie haben uns gut behandelt, richtig fair und so, und auch zu essen hatten wir genug, wirklich.

Amanda wußte: Nicht mehr lang, und ihr riß der Geduldsfaden. Warum hatte sie sich nicht längst von den andern verabschiedet, hockte weiter mit ihnen herum? Ihre Tagliatelle a casa hatte sie heruntergeschlungen, als gehe es um Leben und Tod, aber es war aus Empörung geschehen. Und jetzt: zu viel Rotwein nach zu viel Bier. Sie verbrächte eine üble Nacht, von den Kalamitäten des nächsten Tags ganz zu schweigen.

Eigentlich nette Burschen, und sie hatten ja auch bei unserer Entführung ihre gute Sache im Kopf, ich meine, sie taten es um ihrer guten Sache willen. Veras pampig-stolzes Ex-Geisel-Gesicht und ihre Leier von den sympathischen Entführern – Amanda erlebte das nicht zum ersten Mal und heute in einer neuen Konstellation von Bekannten, die Veras Abenteuer bisher nur aus Zeitungsberichten und ein paar Talkshows kannten und jetzt neugierig erschauerten bei der gebotenen Leibhaftigkeit.

Menschliche und faire Entführer, wahrhaftig, ich kanns kaum länger ertragen, also wirklich, Vera.

Sie waren aber menschlich und fair, behauptete Vera lahm und trotzig.

Entführen und menschlich sein, wenn euch nicht auffällt, daß das ein Widerspruch in sich ist! Amanda schnaubte. Da muß ich wirklich tief Luft holen.

Du warst nicht dabei, sagte Bodo, wir sinds, die sie erlebt haben. Dieser Kratersee ist übrigens landschaftlich gesehen einmalig.

Macht weiter. Ihr habt also wie üblich in den Schlafsäcken gelegen ...

Richtig fair, euch zu stören. Amanda unterbrach Vera, die von den Strapazen nächtlicher Märsche erzählte und gerade voll logistischer Einsicht gesagt hatte: Natürlich mußten wir ja Nacht für Nacht diese Ortswechsel vornehmen. Das alles war sehr klug durchdacht.

Indem sie euch entführt haben, waren sie vielleicht klug, aber nicht mal das, sie haben dem Ansehen ihrer sogenannten guten Sache schwer geschadet. Amanda nahm einen großen Schluck. Einen viel zu großen Schluck. Sie verbot es sich, an ihre miserable Nacht und an den gräßlichen nächsten Morgen zu denken. Jetzt ist jetzt, sagte sie sich. Die andern hier müssen doch endlich mal kapieren, was für einen verqueren Quatsch Vera ihnen da vorsetzt.

Leg eine andere Platte auf, Amanda, riet Hubert gutmütig.

Vera war sowieso nicht zu beeindrucken, außerdem verhandelte sie mit Christian und Kati über nächste Reiseziele. Auch die Steiners beteiligten sich engagiert an der Suche nach Gegenden, in denen was los war. Aber so ein Hexenkessel mußte dauerhaft sein, denn die Steiners konnten erst im Oktober fahren.

Amanda wurde nicht beachtet, als sie vorschlug: Irgendwas Zentralafrikanisches ist immer gut. Und haltbar. Hungerkatastrophe im Sudan. Oder wie wärs mit Kenia, ich glaube, da kann man besonders leicht Aids kriegen.

Meinst du, Vera, Südostanatolien lohnt sich weiterhin? fragte Christian.

Unbedingt, antwortete Bodo.

Müßte man nicht kurdisch sprechen können?

Alle an den beiden zusammengerückten Gartentischen stolperten von jeher am liebsten durch Krisengebiete, aber noch niemand hatte es so weit wie Vera, Bodo und deren Clique gebracht und als Geisel einer guten Sache, einer ersehnten politischen Lösung gedient.

Was ist mit Moskau?

Schon wieder ruhig, obwohl ... die Ruhe könnte trügen. Wiebke fühlte sich geprägt für immer von einer Vierzehn-Tage-Tour durch Rußland, die Stationen Moskau, Kiew, Leningrad wiesen sie als Sachverständige für die gesamte Union und darüber hinaus für die Ostwestbeziehungen aus.

Pech, daß du diese Putschsituation verpaßt hast, sagte Amanda, um Wiebkes Ausführungen zu bremsen.

Oh, aber nur um ein Haar, und das macht außerdem nichts, rief Wiebke. Ich empfinde diese drei Tage bis ins winzigste Detail nach, und in jeder spannenden Minute war mein Herz bei Irina, unserer Dolmetscherin. Die stand bei sämtlichen Demos an vorderster Stelle, da bin ich sicher, und irgendwie war ich mit ihr zusammen, vor jedem Panzer, ich war dabei, sagt was ihr wollt.

Was ist mit Tschernobyl? Amanda lachte. Völlig verstrahlt. Auf lange Sicht. Also nichts wie hin!

Das ists nicht, was wir suchen. Ist doch total unpolitisch, die Radioaktivität. Gerd klang verächtlich, und die andern sahen gekränkt aus.

Und Nordindien? Die Sikhs? Ich könnte mir gut vorstellen, daß die Sikhs Leute verschleppen. Amanda lachte wieder, und wieder sagte sie sich: Jetzt ist jetzt. Nur zu! I'll cry to-morrow.

Wir können seit unserer Rückkehr, ich wollte sagen: seit unserer Freilassung kaum mal richtig und gründlich über alles nachdenken, und genau das fehlt uns, klagte Vera und blickte stolz in die Runde. Diese dauernden Presseattacken. Und die Fernsehauftritte. Es ist schon verheerend. Alle Welt ist so sensationslüstern. Vera sah beleidigt und glücklich aus. Die Entführer haben sich sogar mit unseren Nahrungsmitteln abgeschleppt, und so was Herzliches wie bei den Einheimischen in den kleinen Bergdörfern, ich kann euch sagen, das habt ihr noch nicht erlebt.

Obwohl Wiebke vorbrachte, auch die russischen Menschen seien sehr herzlich, schauten doch die Zuhörer bewundernd zu Vera hin. Was hatte ihre kleine tollkühne Clique nicht alles in Bewegung versetzt: Das Auswärtige Amt und dessen Staatssekretäre, den Außenminister persönlich! Das Telephonsystem, die Drähte liefen ihretwegen heiß. Die politische Spitze der Türkei. Das BKA. Die Bundesluftwaffe: Eine Sondermaschine für die Entführten! Massenhaft Nachrichtenagenturen. Journalisten hackten Veras und der andern Schicksal in die Maschinen. Telefax. Jedes Räuspern der Geiseln wurde wichtig, jeder Buchstabe und jedes Satzzeichen übermittelt. Schlagzeilen!

Und die Versicherung zahlt, sagte Bodo. Der Camping-Bus wird voll ersetzt. Wie damals bei der Randale anläßlich der Olympischen Spiele in Italien. Die Versicherung hat damals auch alles voll ersetzt.

Hallelujah, sagte Amanda.

Du mit deinen sicheren Familienferien im Inland, ich weiß nicht, ich möchte nicht tauschen. Das war Lore, die mit ihrem Walter auf Risikoreisen schon viel hinter sich gebracht hatte – nur eben keine Entführung. Ein Fremdenführer hat uns durch Minenfelder gelotst. Es war eine Konfliktzone, wie sie im Buch steht. Also aufregend schon, aufregend genug, eigentlich, und eine Geiselnahme lag durchaus in der Luft.

Nun ja, es hat nicht sein sollen, ein Jammer drum. Amanda schnitt eine Mitleidsgrimasse. Ihr habt die Deutsche Botschaft nicht beansprucht, ihr Ärmsten, und kein Krisenstab hat sich nächtelang über euch den Kopf zerbrochen.

Spricht aus dir womöglich der Neid, Amanda?

Immerhin, dich, Amanda, ausgenommen, sind wir alle, die wir hier im *O Sole mio* sitzen, bis in die letzten Winkel auf diesem Globus vorgestoßen.

Schutzlos, wir alle waren schon des öfteren total schutzlos.

Sie prahlten vor sich hin und peilten dabei das zukünftige, risikotriefende ideale Reiseziel an. Der Irak wäre prima, aber darf man da rein? Was ist mit irgendeiner rein schiitischen Region im Iran? Überhaupt, der Iran?

Schutzlos? rief Amanda. Die globalen diplomatischen und konsularischen Rettungsdienste wachen über euch.

Die sind in Ordnung, wirklich. Es ist ja auch ihre Aufgabe, für ihre Landsleute alles Erdenkliche zu tun. Vera, die Hauptheldin aller Tourismusepen, war wieder dran, und Amanda saß vergessen und ungeliebt und leicht betrunken an ihrem Platz neben Olaf, der jetzt fragte: Vera, hast du schon dran gedacht, eure Story aufzuschreiben? Ich hab einen heißen Draht zu einem Typen, der sich gut mit den verschiedensten Illustriertenredaktionen auskennt. Du und Bodo oder sonstwer aus eurer Gruppe sollte wirklich Geld draus machen und das ganze Drama vermarkten.

Jeder fand die Idee ein bißchen zynisch und sehr gut.

Aber das läuft doch längst, wir stehen bereits unter Vertrag. Ich werde vor allem die menschliche Seite herauskehren, diese Herzlichkeit, und dann, das machst ja besser du, Bodo, du analysierst das merkwürdige Bündnis, das sich zwischen Entführern und Entführten entwickelt, fast so was wie Freundschaft. Psychologisch äußerst spannend.

Vera und Bodo ließen sich wieder bestaunen. Sie sahen aus wie die Brieffreunde ihrer Geiselnehmer.

In den großen schlanken Özal hätte die gute Inge sich fast verknallt.

Alle aus der Geisel-Clique lachten.

Und wie gut man sich mit Blickkontakten verständigen kann. Und mit Händen und Füßen. Schließlich merkt man: Es funktioniert. Man braucht keine Sprachen.

Amen, sagte Amanda.

Werd nicht geschmacklos. Ach, sie ists doch längst. Sie ists doch den ganzen Abend schon. Amanda wurde gewarnt.

I'll cry to-morrow, versprach Amanda.

Tu das. Tu's lieber noch heute. Vera, Bodo, die Ex-Geisel-Clique und ihre Zuhörer lachten, dann brachten sie einen Toast aus: Auf die Entführer!

Hoffentlich haben sie gutes Wetter

Und wird sie denn kommen, Ihre Tochter? Es ist diesmal immerhin ein runder Geburtstag.

Senta Fest redete wie immer mit beiläufiger Freundlichkeit, aber Frau Biederstein, ein gutartiger, nie argwöhnischer Mensch, witterte Häme. Etwas ihr äußerst Ungewisses und Bedrohliches wie jedesmal, wenn Senta Fest das Gespräch aus einer Alltagsbeliebigkeit – über das Klima, über die laufenden politischen Ereignisse, über Krankheiten, Siechtum ihrer Klientel – auf Frau Biedersteins Tochter umleitete.

Sie kann nicht weg, sagte Frau Biederstein. Sie ist furchtbar beschäftigt. Diese Sätze kannte Frau Biederstein im Schlaf. Sie mußte sich räuspern, aber es half nichts. Sobald die Rede auf ihre Tochter kam, wurde Frau Biederstein heiser. Damit Senta Fest diese Heiserkeit nicht in einen Zusammenhang mit dem Thema brächte, überwand Frau Biederstein, die ungern redete, sich zu Ergänzungen: Ich gewöhne mir das Sprechen noch ganz ab. Meine Tochter rät mir zu Selbstgesprächen oder: Ich soll singen. Frau Biederstein probierte ein Lächeln, auch das Lächeln bereitete ihr Schwierigkeiten. Ihr fiel ein weiterer Ratschlag aus dem Hilfsprogramm ihrer Tochter ein: Stell dich vor den Spiegel und übe Mimik. Frau Biederstein wußte, ihr Gesichtsausdruck war starr geworden. Wenn ein Mensch allein lebt, wird er stur, weißt du, Mütterchen? Also mache ich täglich zweimal mit der alten Amalia eine Art Gesichtsgymnastik, ein Training. Es hilft. Du solltest das auch versuchen. Und dann folgten im Brief ein paar Anleitungen zum Selbermachen. Man kann es auch ohne Hilfe. Aber wenn du es nicht allein versuchen willst, dann bitte doch deine Gemeindeschwester um Beistand. Nach dem Wort »Beistand« kam ein Absatz: Freiraum für vier Graphiken, Grimassen-Vorschläge. Heißt die Gemeindeschwester nicht Schwester Senta? Ist sie eigentlich nett?

Sie mit »Schwester Senta« anzureden, hatte Frau Biederstein sich abgewöhnen müssen. Die Gemeindeschwester hieß, auf ihren dringenden Wunsch hin, Frau Fest. *Frau*, betonte sie bei der mahnenden Korrektur. Ich bin doch nicht jedermanns Schwester. Sie lachte, womit sie ihrer Feindseligkeit keinen Schaden zufügte. Ich bin ja auch nicht Ihre Schwester. Ich bin niemandes Schwester, außer für meinen Bruder, nicht wahr? Und war sie nett? Doch, das war sie, beschloß die friedfertige Frau Biederstein, etwas halbherzig zwar, aber guten Willens, mutlos, schüchtern.

Eine Kollegin von mir arbeitet in der Entwicklungshilfe, sagte Senta Fest, die ganz gern bei Frau Biederstein hereinschaute, denn im Unterschied zu ihren übrigen Schützlingen, die zum Teil recht eklige Arbeit machten – nahm man nur das Auswechseln von Inkontinenzwindeln – konnte sie in Frau Biedersteins gepflegtem Wohnzimmer tatenlos herumsitzen. Hier ging es bloß um ein bißchen Geplauder gegen zu viel Einsamkeit, bloß darum, daß überhaupt ein Mensch zweimal pro Woche hereinschaute und die alte Frau ein bißchen auf Trab brachte. Sie war so verpanzert, aber doch zu erlösen. Beispielsweise dadurch, daß man sich von ihr beschenken ließ. Das Verschenken erleichterte Frau Biederstein geradezu, fand Senta Fest. Einen wertvollen alten Stich, ein bibliophiles Buch spontan zu überreichen, es verjüngte sie.

Meine Kollegin findet es auch leichter, sich für

Fremde aufzuopfern, leichter als für ihre eigenen alten Eltern.

Die alte Freundin meiner Tochter ist sehr hilfsbedürftig. Frau Biederstein versuchte manchmal, sich diese andere Greisin vorzustellen. Sie mußte vollkommen anders sein als sie. Es ging dieser anderen, die Frau Biederstein nie als Konkurrentin verdächtigte, physisch schlechter als ihr: Diese Amalia konnte nicht mehr sehen und gehen. Aber mit Erinnerungen an ihren alten Lehrmeister C. G. Jung war sie durch Frau Biedersteins Tochter zu wortreicher Vitalität zu erwecken. Sie diskutierte, diktierte ihre Erinnerungen. Wie höchst sonderbar.

Und Ihr Sohn, der Pfarrer? Kommt er zu Ihrem Geburtstag? Senta Fest betrachtete einen hübschen Kupferstich, den vorletzten an der Wand über dem Sofa, der eine unbekannte Stadtsilhouette abbildete und fällig war, den Besitzer zu wechseln.

Er kommt wahrscheinlich nicht, antwortete Frau Biederstein. Es ist die Passionszeit, er hat furchtbar viel zu tun.

Furchtbar beschäftigt, furchtbar viel zu tun – die Biedersteinkinder, alle beide schon um die sechzig.

Er schickt mir seine Predigten, erzählte Frau Biederstein, die längst genug vom Reden und von Frau Fest hatte. Nicht mehr lang, und sie würde sich mit einem Geschenk loskaufen. Wie kam es, daß sie, der arglose Mensch, sich nicht getraute, Schwester Senta – pardon! – Frau Fest zu berichten, ihre Tochter habe sie um Verständnis für eine Reise nach Ann Arbor, Michigan, USA förmlich angefleht? Zwar fahre sie mit schrecklich schlechtem Gewissen ihres Mütterchens wegen, doch habe eine Freundin dort in diesem Ann Arbor sie so zwingend eingeladen und außerdem einen Knöchel gebrochen, sie brauche Hilfe, und sie, die Tochter, brauche Distanz, Erholung, woraus allerdings nicht viel werde, siehe schlechtes Gewissen, gebrochener Knöchel, und doch ... Frau Biederstein wagte nicht, die Gemeindefrau um ein paar Besorgungen zu bitten, heute nicht. Sie wurde wieder heiser, weil Senta Fest sagte: Aber nach Ostern, da macht er doch immer Urlaub, Ihr Sohn? Und der Geburtstag ist nach Ostern.

Ohne daß Räuspern etwas nützte, krächzte Frau Biederstein irgendwas von der Ostsee, ja, dahin führen ihr Sohn und seine Frau. Dort träfen sie auch Frau Biedersteins Enkelin.

Hoffentlich haben sie gutes Wetter, sagte sie abschließend mit plötzlich klarer Stimme.

Also kommt kein Mensch zu Ihrem neunzigsten, stellte Senta Fest klar. Das tut mir aber schrecklich leid für Sie. Ach, wie oft heißt Alter Einsamkeit. Aber in Ihrem Fall müßte es nicht sein.

Doch. Es ist alles ganz richtig so. Doch, sagte Frau Biederstein so energisch, daß es sie selbst verwunderte.

Wenn Toby pfeift

Louis Knab beobachtete seine Frau, ob er wollte oder nicht, sie saß nun einmal in seiner Blickrichtung. Seine Tischnachbarin zur Linken – rechts hatte er vorerst Glück, der Stuhl war freigeblieben – hatte sich endlich damit abgefunden, daß an diesem Abend mit ihm nichts los war, und deshalb redete sie, die chronisch kulturell wißbegierige Inge, ersatzweise auf den grundsätzlich gutmütigen, aber nie interessierten Wilhelm ein. Nur ab und zu noch bekam Louis von ihr einen unerwarteten, bißwundenartigen Kuß, dessen Anlässe, von Louis verpaßt, vielleicht in einer Wendung des Gesprächs mit Wilhelm wurzelten, oder in der Langeweile, die Wilhelm wie ein Sekret absonderte. Louis war, nach zwei Beutezügen am Buffet, gründlich satt, und wenn es ihn auch beruhigte, daß Gretchen Hauptmann, mit am Tisch, um den die Nachbarn sich vor der Mammutgesellschaft gerettet hatten, Reserveweinflaschen unter ihrem Stuhl sicherte, fand er, es wäre gemütlicher, den Wein bei sich zu Haus zu trinken. Woran vorerst nicht zu denken war, denn Emmi, seine Frau, liebte Parties. Diese hier fand zu Ehren von Magnus Paterna statt, der heute siebzig wurde.

Emmi Knab griff nach dem nackten, hübsch gerundeten Arm von Almut Münkler-Schneider. Sie war mit Mann und Kind noch ein Neuling in der Nachbarschaft und Jahrzehnte jünger als die übrigen Anwohner. Emmi hielt die Vorübergehende fest, und Louis observierte sie ohne gute Vorahnung. Hören konnte er sie auch, denn Emmi war schon ziemlich stark angeheitert, und dann kam ihre Stimme überall durch. Sie sagte, wobei ihr unregelmäßig gepolstertes Gesicht einen innigen, herzlich-belustigten Ausdruck annahm, den Louis als Fälschung einstufte: Liebste Almut, Ihr Toby ist der absolute Renner dieses Abends. Er sieht bezaubernd aus, hochmodisch, er ist in Topform. Diese gestreifte Weste und die breiten Schultern im Jackett, einfach super! Kleiner Yuppie. Ein aufgeweckter Junge, wirklich wahr.

Die junge Nachbarin lachte. Anscheinend sagte sie irgendwas Erfreut-Höfliches. Louis konnte die Empfindungen der jungen Frau erraten. Gnädig-fatalistisch-kluge Empfindungen, vermutete er. Die ansehnliche junge Person, die sich bei Geselligkeiten im Kreis der alten, langjährig miteinander befreundeten Nachbarn als ästhetischer Höhepunkt behauptete und heute wie eine durchtriebene kleine Zigeunerin ihre Runden zwischen den Gästegruppen drehte, ordnete Emmis Huldigung, welche eifrige wortreiche Lobpreisungen des kleinen Toby durch die anderen älteren Frauen am Tisch überboten, genau richtig ein. Ein Kind im Sonntagsstaat, das sich unter den Erwachsenen geschickt und ein wenig altklug bewegt und äußert, beim Getränkeservice mithilft und den schwierigen altgewordenen Geistesmenschen, diesen tagsüber nörglerischen Nachbarn, aufmerksam zuhört, das auch Fragen stellt und in seiner Abendaufmachung – schwarzer Anzug, weißes Hemd, das blonde Haar geschmeidig – niedlich aussieht: Es muß ja Furore machen. Und wenn ihr alten Scharteken nicht in Feststimmung und beduselt seid, setzt ihr mir und ihm zu.

Sieht er nicht aus wie »The Little Lord Fountleroy«?
Eine Augenweide.
Ein kleiner Engel.

Toby Superstar! Er ist mega-in! Emmi empfand sich als Pionierin in der Riege der Anbeterinnen. Louis irritierte an ihren Rufen das Übertriebene, und vor allem Emmis Drang, den jeweils zeitgemäßen Jargon zu benutzen. Damit hoffte sie, jungen Menschen zu imponieren. Hört ihrs nicht? Ich bin so jung wie ihr, was besagen schon Lebensjahre. Und Sie selber haben sich auch todschick zurechtgemacht. Einfach Klasse. Emmi machte, gefolgt von den anderen Frauen, aus der Not ihrer Eifersucht auf die Junge eine Tugend und flüchtete sich in Bewunderung. Ein richtig schöner schwarzer Wuschelkopf. Emmi lachte Almut an, und Louis wußte, zu viel Selbstlosigkeit hielte sie nicht durch. Muß sie Stunden gekostet haben, die ganze Pracht. Da kam sie auch schon, Emmis kleine Vergeltung. Almut war nicht beleidigt, und Emmi hatte es Stunden gekostet, so auszusehen, wie sie jetzt aussah: gecremt, bemalt, gefärbt. Im Ergebnis nicht überzeugend.

Der kleine Toby ist tatsächlich ein Wonnebrocken, erklärte die multi-aufgeschlossene Inge, die Wilhelm ausgeweidet hatte, so daß er jetzt an das ebenfalls ausgeweidete Spanferkel aus dem Buffet erinnerte: Nur der Kopf war übrig, in dem die Augen aus Trockenpflaumen unter geschälten Mandeln als Augenbrauen strafend glotzten. Louis, diesmal ungeküßt, versuchte, sich in diese Frauen jenseits von Gut, aber nicht von Böse, einzufühlen. Sie waren alt, merkten es aber, wenn sie unter sich waren, kaum, außer bei Verdauungs- und Frisurproblemen und guten Vorsätzen, demnächst mit einer Reduktionsdiät ernstzumachen. Oder aber, wenn tagsüber der kleine Toby im Quartier weder altklug noch in Festkleidung überhaupt nicht charmant mit seinen Freunden herumfuhrwerkte und nichts anderes war als ein Kind mit lauter Stimme und einer schrillen Fahrradklingel.

Auch die kulturelle Inge hielt sich, genauso wie die anderen, für einen attraktiven Flirt. Während die anderen Frauen am Tisch, nachdem Almut Münkler-Schneider mit Toby im Gefolge abgezogen war, ihre Thematik wieder aufgenommen hatten – es ging um die beste Einkaufsquelle für mehlig kochende Kartoffeln – umschmeichelte Inge den ermüdeten Louis. Zu Beginn des Fests hatte er seiner Pflicht als bester Kenner neuster Witze genügt, nun brauchte er seine Ruhe.

Alle Kinder sind Genies, sagte Inge. Das ist von irgendeinem Schriftsteller, ich habs neulich gelesen oder gehört, keine Ahnung.

Louis, was bedeutet dir als Mann ein Anblick wie der vom kleinen Toby?

Noch lieber schau ich mir seine Mutter an. Louis lachte laut und mit Absicht gemein.

Weißt du, Louis, sagte Inge, ich kann nicht wie die anderen Frauen einen Abend gutheißen, an dem bloß von der Wespenplage und mehlig kochenden Kartoffeln und irgendwelchen Tennisstars geredet wird. Ich fürchte allen Ernstes, Louis, ich bin eine Intellektuelle. Inge lachte, wobei sie den Mund aufriß. Wenn sie nicht lachte, sah sie besser aus. Sie hatte ein großes vorspringendes Gebiß, und Louis mußte immer an Gräber und Exhumierungen denken.

Keine Sorge, tröstete er boshaft.

Du meinst, ich bin keine Intellektuelle? Inge musterte ihn enttäuscht. Aber ich hatte immer Probleme mit Männern. Inge schöpfte Mut. Ein nächstes Lachen stand bevor. Beziehungsweise Männer hatten Probleme mit mir. Du und ich, da wäre doch auch beinah mal was gewesen. Inge beschränkte sich auf ein Lächeln, und das stand ihr ganz gut, sofern man es als Pferdeliebhaber beurteilte.

Freudlos hörte Louis seine Emmi rufen: Frau Nachbarin Almut, den Toby kauf ich mir. Oder kann man ihn mieten? Ich zahle jede Summe.

Louis sagte zu Inge, er könne sich an die Steinzeit schlecht erinnern.

Welche Steinzeit?

In der wir zwei beinah … und so weiter.

Weißt du, Louis, und das ist wieder von irgendeinem Schriftsteller oder so, die weibliche Intelligenz wirkt auf Männer wie ein Keuschheitsgürtel. »Der stets wache Geist«, so ungefähr, »er rüstet kluge Frauen mit einem Gürtel, der die Begierde zum Scheitern bringt.« So etwa: »Bei klugen Frauen ist es schwierig, die Distanz zum Körper zu überwinden.«

Bei dummen Frauen erst recht, sagte Louis. Er hatte keinen Appetit auf Inges Zitate und schon gar nicht darauf, schlüpfrig mitzuspielen. An sich mit Emmi und an ihre diversen einstigen Konkurrentinnen wollte er auch nicht denken. Weil Inge lachte, wobei ihr Gebiß wie ein Bagger aufklappte, vermutete Louis, Inges Männer hätten weniger ihren Geist als ihre Zähne gefürchtet. Emmi war schließlich bereit aufzubrechen. Die Knabs wankten, beide leicht angetrunken, die paar Schritte hinüber heimwärts. Emmi schwärmte noch ein bißchen vom kleinen Toby, richtiger Gentleman, und von einer todsicheren Adresse für mehlig kochende Kartoffeln.

Aber seine Mutter ist ganz schön affig, sagte sie beim Zähneputzen.

Louis, mitleidslos: Es lohnt sich, bei ihr. Sah niedlich aus.

Emmi schrie am nächsten Tag aus ihrem Küchenfenster, verkatert wie sie war und böse auf alles, Toby zu, der jetzt wieder nichts als ein Kind war, und zwar ein Kind, das einen neuen Pfiff übte: Was fällt dir ein?

85

Louis Knab hat am Schreibtisch zu tun, hör auf mit dem Lärm! Verpiß dich! Los los, verpiß dich!

Es wurde ruhig, furchtbar ruhig. Verpiß dich, und: Aber sie kocht gut, dachte Louis. The Little Lord Fountleroy pfiff nicht mehr. Und Louis Knab, der schrieb nicht mehr.

Auto fährt er gern

Zwischen ihm und mir – der Professor deutete auf seinen zwanzigjährigen Sohn, der sauertöpfisch mit seinem Strohhalm Eiskaffee aus einem hohen Glas saugte – vollkommene Fremde. Keine Gemeinsamkeit aufzuspüren, nirgends, auf welchem Gebiet auch immer. Der Professor sprach eilig, und falls ihn die Distanz zu seinem Sohn bekümmerte, so ließ er sich nichts davon anmerken. Eher schien das betrübliche Phänomen ihn zu interessieren. Es war ein Thema, publikationsträchtig. Bedauerlicherweise kein germanistisches.

Mir kam der Sohn bis jetzt vor allem unhöflich vor. Freudlos hatte er vorhin meine Bekanntschaft gemacht. Er erfuhr ungern, er müsse noch mit seinem Vater und mir in einem Restaurant zusammensitzen. Für die Anstrengung mit irgendwelchen Umgangsformen schien er viel zu erschöpft zu sein. Mürrisch hielt er es aus, daß sich der Abend unvorhergesehen in die Nacht auszudehnen drohte. Der Sohn verpaßte anscheinend eine Verabredung, über die er allerdings schwieg; er ließ seinen Vater ironisch über Disco-Treffs und sonstige Zusammenkünfte mutmaßen. In den Augen des Professors war nichts von Wert, was auch immer sein Sohn für diesen Abend geplant haben mochte.

Also machen Sie sich nichts draus. Er hat den Mercedes fahren dürfen, und er hat noch die Rückfahrt vor sich. Der Professor wollte meine Anteilnahme an seinem Sohn tilgen. Auto fährt er gern. Fast das einzige an ihm, das noch irgendwie nachvollziehbar ist. Der Professor seufzte und lachte. Sein zwei Jahre jüngerer Bruder – der Professor wies mit einer Kopfwendung auf seinen Sohn – ist mir sogar noch unverständlicher. Es gibt überhaupt keine gemeinsame Sprache mehr, in der wir miteinander kommunizieren könnten. Das sind schon eigenartige Erfahrungen.

Sie sprechen überhaupt nicht viel, sie kommen mit viel weniger Text aus als wir, auch wenn sie unter sich sind, sagte ich.

Zutreffend, sehr zutreffend, lobte der Professor. Ich verstehe auch meine Studenten nicht mehr. Ja, sogar meine Assistenten, ich komme gut mit ihnen zurecht, es gibt in der Zusammenarbeit keine Probleme, aber ich könnte nicht behaupten, daß ich sie verstehe.

Und wenn sie schon mal reden, dann tun sie es mit gedrosselter Lautstärke, sagte ich. Ich lachte auch, sprach heiter obenhin, offiziell in den Dialog mit dem Professor eingepaßt; was ich wirklich wollte, war, den Sohn für mich zu gewinnen. Worin ich vorerst absolut chancenlos zu bleiben schien. Es sah wirklich nicht gut aus, und ich behauptete, für den Sohn gedacht: Ich selber habe eigentlich keine Probleme mit den jüngeren Generationen. Und ihn – ich sah zum Sohn hin und erschrak vor einem leeräugigen, bedrohlichen Blick – ihn kann ich nur zu gut verstehen. Er hatte heute abend was anderes vor, und das ist nun geplatzt. Tut mir so leid. Durch meine Schuld. Ich lachte für den Sohn. Ich wünschte, ihn auf meine Seite zu ziehen. Aber ich fand ihn nicht anziehend, warum nur bewarb ich mich um einen so ungeschlachten, unzugänglichen Burschen? Ich bin einfach jemand, der geliebt werden muß. So, das war ein Bekenntnis. Nach einer Pause, in der seinem gleichmütigen Sohn der Professor die gesellschaftsfähige Reaktion heiter abnahm, sagte ich: Besser, ich gebs auf.

Tun Sie das, riet mir der Professor.

Der Kellner brachte unsere Teller, zusammengekochtes Nudel- und Gemüsegericht. Gegessen hatte der Sohn auch schon, während der Professor und ich bei einer Podiumsdiskussion unser Bestes gaben, und mit Mühe gnädig hatte er sich vorhin immerhin zu diesem Eiskaffee herabgelassen.

Ist das gut? fragte ich ihn.

Der Sohn sagte etwas Leises, das wie »Könnte süßer sein« klang. Daraufhin wunderte mich zweierlei. Erstens: Sein Vater, der Professor, stand sofort auf und ging ins Lokal – wir saßen an einem kleinen Tisch im Freien –; und was, zweitens, noch erstaunlicher war: Sein Sohn folgte ihm. Sie blieben nicht lang weg, kamen mit einem Streuglas für Zucker zurück, das der Professor trug und dem Sohn vor den Eisbecher stellte. Demnach wollte der Sohn nicht einmal für ein paar Minuten mit mir allein am Tisch bleiben.

Nach einem Abstecher zu Heinrich Heine als Prototyp und Pionier aller Exildichter – der Professor behandelte dieses Thema in einem Seminar dieses Sommersemesters – meldete sich der Familienvater in ihm erneut: Wir hatten von Anfang an ein intensives Familienleben, ganz bewußt. Was zählte, war die Familie. Der harte kleine Kern gewissermaßen. Bewußt kein Fernsehen beispielsweise, stattdessen gemeinsame Abende. Ich habe damals viel vorgelesen, zusammen mit meiner Frau hatte ich ein Pflichtprogramm erstellt, aber auch eins, das wir die Kür nannten. Gemeinsame Bergtouren, sonstige Ferien, alles gemeinsam. Trotzdem, als habe alles nicht geholfen, sind mir meine beiden Söhne absolut fremd. Seit ihrer Pubertät so etwa.

Könnte es zu viel Familie gewesen sein, zu viel Gemeinsames? fragte ich und hoffte auf innere Zustimmung beim Sohn.

Fragen Sie ihn, sagte der Professor.

Ich fragte ja ihn, sagte ich.

Das Essen ist ein wenig lieblos zubereitet, sagte der Professor. Und er, er antwortet nicht, sagte ich.

Natürlich haben sie jetzt ihre Fernsehapparate, sie sehen nicht besonders viel, aber lesen, das tun sie erst recht nicht, schon gar nicht. Der Professor aß hastig, hungrig. Nach einem Schluck Wein kam er mir plötzlich zuversichtlich vor, als er sagte: Ich denke, ihre Welt ist die Musik. Nicht klassische Musik natürlich. Ihre Musik, für mich ein Heulen und Zähneklappern.

Der Sohn stand wieder auf, diesmal ohne daß ihm sein Vater das vorgemacht hatte. Er verschwand im Lokal.

Besorgt er sich Zigaretten? fragte ich.

Er raucht nicht, antwortete der Professor. Die Toilette, vermutlich. Sie sprechen nicht, wie gesagt. Sie sprechen wirklich kaum je. Sie kriegen die Zähne nicht auseinander. Ja, ich denke wirklich, sie leben in einer anderen Welt. Oder wir tun das. Wir merken nicht, daß es nicht mehr unsere Welt ist.

Ich hatte keine Lust, mich zusammen mit dem Professor alt zu fühlen.

Daß sie so wenig sprechen, und wenn sie sprechen, dann sehr leise, ich halte das zum größten Teil für eine Attitude, sagte ich. Sie findens schick. Es distanziert sie von uns.

Fast keins der wenigen Worte, die der Sohn aus sich herausquälte wie Opfergaben, unwillig abgestattet, hatte ich bisher verstanden.

Der Sohn kam zurück. Der Professor und ich, wir gingen unseren gemeinsamen Arbeitsspätnachmittag durch, »Manöverkritik« nannte er das und entschuldigte sich dafür, und wir kamen, wie üblich und dringend nötig, zum Schluß, wir seien sehr gut gewesen, auch das Publikum: erstklassig, was nicht zu erwarten war, erzählte der Professor, der vom Veranstalter gehört hatte, bei einigen anderen Programmpunkten – Referaten, Diskussionen – habe die Aufmerksamkeit zu wünschen übrig gelassen. Der Sohn saß vergessen am Tisch. Bis es zum Aufbruch kam. Sie sind mein Gast, entschied der Professor, stand auf und ging ins Lokal, um dort diskret die Rechnung zu begleichen. Sofort folgte ihm der Sohn. Das WC konnte ja nicht schon wieder sein Ziel sein. Vielmehr vermied er es, mit mir allein zu bleiben, auch nur minutenlang.

Im Auto blieb der Professor lebhaft und redete diesmal von Kleist. Beim Verabschieden vor meinem Hotel sagte ich zu ihm: Ich glaube, er ist anhänglich. Ihr Sohn hängt doch sehr an Ihnen.

Haben Sie ein Gespür für so was? Der Professor lächelte, meine Diagnose schien ihn nicht stark zu berühren – und ich hatte sie doch hauptsächlich gestellt, um, wenn schon nicht vom Sohn, dann vom Vater geliebt zu werden – aber sie gefiel ihm auch, sie amüsierte ihn. Er war ein Mann, der mit Tatsachen leben konnte, auch mit befremdlich-unangenehmen.

Ich ging um den Bug des Mercedes herum, trat ans offene Fenster neben dem Fahrersitz, und obwohl ich den Sohn gründlich unhöflich fand, weil er keine Anstalten gemacht hatte, sich zum Abschied aus dem Auto zu quälen, lächelte ich ihm zu und sagte leise: Väter sind schwierig, sie sind einfach nicht gleichaltrig, hm?

Er ist schon in Ordnung, sagte der Sohn, diesmal so deutlich, daß ich nicht »Wie bitte« fragen mußte.

Tut mir leid, daß ich Ihnen den Abend verpatzt habe, sagte ich.

Schon gut, sagte der Sohn. In der Nacht, mit seinem weißblonden, am Hinterkopf kurzgeschnittenen dikken Haar und mit dem hellen Gesicht, sah er wie ein großes felliges Weidetier aus. Du Schaf, du Mondschaf, armer Kerl, dachte ich.

Na dann. Auf Wiedersehn. Gute Fahrt.

Ich fahr ihn gern, sagte der Sohn, und dann noch etwas, das wieder zu leise war.

Wie bitte?

Aber das hat dann er nicht mehr gehört, er ließ den Motor an.

Ein Tierversuch

Wenn dann demnächst ich an der Reihe wäre und die Kellnerin mein Essen brächte, würde Heidegger sich von Gustav Leuberg abwenden und bei mir betteln, das sah ich voraus. Er brauchte viel Abwechslung. Er war an allem Neuen interessiert, und um Erfahrungen zu sammeln, überwand er eine Furchtsamkeit nach der anderen. Nun landete in der Mitte von Elsa Leubergs Besteck ein Teller, aber weil Heidegger auf der Sitzbank zwischen Gustav Leuberg und mir eingeklemmt war, wir beide saßen über Eck, konnte er dorthin nicht vordringen, gab vergebliche Versuche auf. Bei dem Gewölbe auf Elsas Teller handelte es sich um einen unter lehmähnlicher Sauce erstarrten Fasan. Heidegger war ein bißchen verzweifelt. Der Weg zur Erkenntnis versperrt. Er konnte sich aber nie langfristig konzentrieren und vergaß rasch. Also stieg er wieder an Gustavs Flanke hoch wie ein kleiner Bergsteiger. Immer verhedderte er sich auf der Höhe von Gustavs Saccotasche, mußte aufpassen, nicht in die Tasche abzurutschen. Obwohl ich hungrig war, hoffte ich, mein Essen käme noch lang nicht, käme besser nie.

Ich dachte immer, den winzigsten Hund der Welt hätte ich bereits kennengelernt. Ich versuchte, Konversation zu machen.

Nun ja, unser kleiner Schatz, er ist ja auch eine fast privat zu nennende Züchtung, erklärte Gustav.

Ich denke nicht, daß es noch kleiner geht als bei ihm. Schauen wir auf seine Einzelteile. Elsa kicherte. Bei einer sehr großen und stattlichen Frau wie ihr verblüffte diese Tendenz zum Kichern und zur Miniatur von einem Hund. Auch ihr Mann war nicht zierlich, aber kleiner als Elsa, dafür gedrungen.

Und wie hieß sie noch, diese Sorte?

Sorte? Elsa kicherte wieder.

Rasse, sagte Gustav. Man spricht bei Hunden von Rassen.

Mein Essen kam und unterbrach den Dialog, weil Heidegger erwartungsgemäß sofort von Gustav abließ und sich um meine Nudeln kümmerte. Ich sah ihm in die ängstlichen großen wissenshungrigen Augen, schwarze Augen, die ein wenig vorstanden und nur aus Pupillen zu bestehen schienen, und sagte zu ihm: Wie du siehst, ich habe kein Fleisch auf dem Teller. Nichts von Interesse für dich.

Er mag Nudeln, sagte Elsa.

Er mag alles, einfach um es kennenzulernen. Er erobert sich die Welt, in jeder Minute. Es ist wunderbar, so viel Forscherdrang und Lebenseifer mitzuerleben. Gustav schnitt, ehe er sich selbst versorgte, kleine Fleischstücke auf seinem Teller noch kleiner und arrangierte das Geschnetzel auf einem Bierdeckel, den er zwischen sich und mir auf unserer Sitzbank für Heidegger zurechtstellte.

In meiner Aufregung, durch Heideggers unberechenbares Gezappel links von mir erzeugt und vermehrt, vergaß ich natürlich schon wieder, daß ich selber beim letzten Kongreß vor einem Jahr den Leubergs das Du-Sagen angeboten hatte: Sie halten mich sicher für tierfeindlich, aber …

Du du du, summte Gustav guruhaft wie bei einem hypnoseähnlichen Heilpraktikerhumbug, ein Eindruck, der sich durch Handauflegen verstärkte. Seine rechte Hand auf meiner linken, die sich sofort erhitzte und nicht wohlfühlte, aber taktvoll aushielt. Nicht lang, denn Heidegger setzten Bedenken zu, er strampelte sich ab, um Gustavs Hand zu erreichen, bemühte sich umsonst, und ich dachte zum ersten Mal: Kleiner Komplize, und Gustav mußte meine linke Hand freigeben, um Heidegger zu streicheln. Er sagte zu mir: Stell dir einfach vor, du müßtest niesen. So: Hatschi! Bei Gustavs simuliertem Niesen war ein Speisepartikel in mein Gesicht geflogen. Um den unausstehlichen Fremdkörper loszuwerden, ohne ihn unhöflich deutlich einfach abzuwischen, stemmte ich meinen rechten Arm auf, legte den Kopf in die Handmuschel, ertastete mit dem Mittelfinger das mit fremder Spucke Vorgekaute und rieb es ab. Gustav versprühte beim zweiten »Hatschi« nichts. Und dann denkst du nach: Wie heißt »Hund« in der Kindersprache?

Wauwau, sagte ich. Ich grinste freundlich und kam mir folgsam und blöde vor. Ganz gern hätte ich ein bißchen gegessen.

Richtig, lobte Gustav. Wauwau. Hatschi und Wauwau haben wir bis jetzt. Und nun bist du nah dran, diese Rasse, die du vorhin gemeint hast, heißt Chihuahua.

Und unser kleiner Liebling hat mit den Chihuahuas zu tun, aber auch der graziöse, ebenfalls sehr sehr kleine Fennek ist im Spiel. Ein Fuchs, ein zwergenhafter Fuchs.

Mehr wird nicht verraten! Gustav bremste seine kichernde Frau liebevoll. Chihuahua ist der größte Staat der Republik Mexiko ...

Mit dem kleinsten Hund der Welt, sagte ich, lachte, unbeachtet von Gustav, der fortfuhr: Und die Hauptstadt heißt ebenfalls Chihuahua. Wenn du es vergißt, denk einfach ans Niesen. Hatschi! Und dann an den Wauwau. Dann bist du ganz dicht dran.

Nervös und angetan trippelte Heidegger zwischen

Gustav und mir auf der Sitzbank hin und her. Den nächsten Imbiß bekam er auf einem neuen Bierfilz serviert und war eine Zeitlang abgelenkt, aß vogelähnlich pickend, und auch ich konnte endlich ein paar Bissen herunterschlingen.

Ohne ihn geht nichts mehr. Das wirst du schon noch merken.

Ich verstand nicht, was Elsa meinte. Betrifft mich gar nicht, ich werde nichts merken, dachte ich und fühlte mich dennoch sonderbar vereinnahmt. Diese Gefangenschaft soll das Abendessen nicht überdauern, nahm ich mir vor. Im kommenden Verlauf der Tagung werde ich um die freundlichen Leubergs einen Bogen machen.

Elsa beugte sich mit ihrem reisetaschenförmigen großen Oberkörper über ihren Mann, um den Hund zu sehen. Bei seiner Geburt wog er nur vier Gramm. Er war so klein wie ein Daumen. Elsa schien sich an diese Zeit und an ihr Glück mit dem Däumling zu erinnern, denn sie machte ein süßliches Gesicht, und diesmal erhoben sich aus ihrem Kichern Obertöne des Verzücktseins. Sein Schwesterchen ist bei der Geburt noch leichter und noch winziger gewesen, aber sie hat aufgeholt.

Er ist sogar bei der Liebe mit von der Partie, erzählte Gustav. Wenn er mich auf eine bestimmte Weise ansieht ...

Er hält dann sein Köpfchen schräg, warf Elsa ein.

Und wenn er mich auf diese bestimmte Weise ansieht, weiß ich, daß ich was falsch mache.

Ich war ziemlich erschrocken, vor allem, weil ich Gustav und Elsa, zwei umfangreiche ältere Körper, als Liebespaar vor mir sah. Ich sah eine Art Ringkampf, Heidegger, bedroht, weil er so schrecklich klein war, immer dazwischen als Ringrichter.

Warum habt ihr nicht einfach eine Maus? Statt Heidegger?

Ich hatte eine ganz abwegige, eigentlich fürchterliche Frage gestellt, die mir aber nicht übel genommen wurde. Keine Alternative zum Hund, eine Maus. Es sollte unbedingt ein Hund sein, versehen mit allem, was für Hunde typisch ist. Heidegger mußte ihnen bieten, was nur Hunde zu bieten haben: das Schnuppern, die Treue, etwas Gebell, sämtliche hundgemäße Bewegungsabläufe, Liebe als Gabe und als Verlangen, das Beinheben, die Dressurfähigkeit.

Eher fragt man uns schon manchmal, warum er Heidegger heißt, sagte Elsa, der es gelungen war, den Fasan zu verspeisen und dennoch nicht satt geworden zu sein.

Danach hätte ich nie gefragt, sagte ich. Heidegger paßt. Obwohl der Namensvater absolut anders aussah, irgendwie paßt Heidegger.

Heidegger ruft sich gut. »Ei« und »e«, es sind seine Lieblingslaute. Er mag nicht so gern »a« und »o«. »U«, das geht auch.

He, Tierversuch, flüsterte ich Heidegger zu.

Die Leubergs hatten nichts gehört, und Elsa berichtete: »I« mag er schon gar nicht. Ganz anders als sein Schwesterchen. Igitt! Seit wir sie »Igitt« rufen, hat das Wort für uns eine total andere Bedeutung angenommen. Sie mag es so sehr.

Die kleine Igitt wurde zur Zeit von Stephan betreut, dem ältesten Sohn der Leubergs. Er trug sich mit dem Gedanken, Tierzüchter zu werden. Augenblicklich wartete er Igitts Pubertät ab, um danach mit ihr und einem von Freunden ausgeliehenen Zwergrehpinscher zu experimentieren.

Hallo, Tierversuch! Diesmal rief ich laut, und während den Leubergs nichts Gemeines auffiel, trat in des feinfühligeren Heideggers vorgewölbte Augen ein Ausdruck traurigen nachdenklichen Gekränktseins. Mit seinen abstehenden Ohren erinnerte er an einen Nachhilfeschüler.

Ich erfuhr, Igitt sei bei der Liebe keine so große Hilfe wie Heidegger.

Aber nun haben wir ja gewissermaßen ausgelernt. Gustav lachte gemütlich.

Du wirst sehen, sagte Elsa.

Was werde ich sehen, wieso? Ich lachte, dann war ich entsetzt: Nachher gleich, Elsa kicherte – diesmal die geheimnisvolle Variante – Gustav und ich, wir dachten, ihr zwei zieht euch nachher mal ein bißchen zurück, und Heidegger wird bei euch sein.

Du hast so etwas Unaufgetautes, sagte Gustav. Und das macht dich einsam.

Ich bin alles andere als einsam.

Du wirst sehen.

Ich dachte eher, sie hat was Entsaftetes. Saft als Lebenssaft. Saft- und kraftlos.

Die Leubergs wurden auf eine pedantische Art immer fröhlicher. Sie waren so verdammt selbstgewiß.

Mißverstehen Sie mich nicht, fing ich an, und Gustav unterbrach mich wieder mit seinem Beschwörungs-DU-Gesumm. Ich habe mit ihm da geredet. Ich lachte und deutete auf Heidegger. Ihn duze ich besser nicht. Er flößt mir allmählich immer mehr Respekt ein.

Keine Lust auf Liebe? Wirklich nicht? Nun, wir quälen niemanden. Wir zwingen keinem unseren Willen auf. Die Leubergs unterhielten sich miteinander über mich. Im Prinzip gehts ja auch mehr darum, daß sie ihn übernimmt, während wir mit den paar andern Mutigen vom Kongreß diese Bergwanderung mitmachen. Und wohin solang mit Heidegger? Die Höhenluft wäre nichts für ihn. Ich merkte, sie wollten mir ihren kleinen Amor und Schatz, ihre hundgemäße

Putte und ihren Ringrichter für die nächsten zweiein-
halb Tage anvertrauen. Ich hatte einen Nudelklumpen
im Magen und erkaltete Nudeln auf dem Teller, ich
raffte mich auf, vergaß auch das DU-Sagen nicht, das
ich Idiotin selber vorgeschlagen hatte, und ich redete
drauflos: Ihr müßt das bitte so sehen, nämlich, ich habe
überhaupt keine Erfahrung mit Tieren. Ich könnte Heidegger nicht gerecht werden. Er hätte bei mir nicht,
was er braucht. Und er bekäme Heimweh.

Das Heimweh hielt ich für mein zwingendstes Argument.

Gustav predigte, während Elsa zustimmend nickte:
Was ich denke, ist Folgendes: Dir fehlt es an Vertrauen
zur Natur und zur Kreatur. Zu allem Natürlichen.

Und Kreatürlichen, ergänzte Elsa.

Zu allem, was da kreucht und fleucht. Und deshalb ... Gustavs Stimme blieb oben, er sah mich un-
erbittlich an, und ich fand mich mutig, ihm zu trotzen,
indem ich ihm ins Wort fiel: Aber er ist nicht sehr
natürlich, Heidegger, ich meine, er ist alles andere als
natürlich, er ist eine Züchtung ... Ich brauchte meine
Tabletten, ich wurde jetzt viel nervöser, als der nervöse
Heidegger es sich überhaupt nur ausmalen konnte.
Gustav hielt meine Hand fest. Er hinderte mich daran,
mein Medikament zu schlucken.

Es muß alles über die Leber, sagte er, attestiert von
der kichernden Elsa – ernste Version des Kicherns – die
zwitscherte: Das ganze böse chemische Gift, alles alles,
es muß alles über die Leber.

Von mir aus, sagte ich. Es muß über die Leber wie
jetzt dein gewaltiger Fasan und diese riesige Schlem-
merei da vor dir.

Wie gut dir der kleine Kerl tun wird, sagte Elsa
weich. Mild blickte sie auf den großen, gelb und weiß
cremig angefüllten Eisbecher, den die Kellnerin vor ihr

abgestellt hatte, mild auch auf mich, aber zugleich hinterhältig. Sowohl dem Eis als auch mir würde sie den Garaus machen.

Ich denke auch. Gustav blieb stur ernsthaft. Heidegger wird dir dabei helfen, zur Natur zurückzufinden. Er selber braucht ein paar Medikamente, zugegeben, aber du wirst frei davon sein.

Er und Natur! rief ich. Bitte, mißversteht mich nicht, Sie müssen bedenken ...

Sie? Elsa schob sich kichernd eine Sahne-Eisladung in den Mund, der zu klein war für die Portion Frauengestalt, die sie darbot.

Du – ihr – wie ihr wollt, sagte ich. Ich finde ihn wundervoll, ich meine, er ist bemerkenswert, wirklich, ich liebe ihn, ja ich liebe ihn wirklich, er ist bejammernswert ... Ich betrachtete Heidegger, Heidegger betrachtete mich. Sein Blick war schwer zu deuten, nur spürte ich plötzlich, obwohl ich nicht wußte, was ich von ihm hielt, daß ich unerwartet, unüberlegt die Wahrheit gesagt hatte: Ich liebte ihn.

Aber ich wollte ihn nicht behalten. Die Leubergs schenkten mir Heidegger. Wir standen draußen auf der Straße in der Nacht. Der Taxifahrer schaltete seinen Motor zum zweiten Mal ab. Die Szene wurde langwierig. Bald gegen Elsas Brust, die weich nachgab, bald gegen Gustavs stämmigen Oberkörper versuchte ich Heidegger zu pressen, der in meinen Armen vibrierte. Immer vergeblich, die Leubergs schoben ihren besten Freund in meine Arme zurück. Plötzlich fiel mir ein, wie dringend jeder von uns dauernd hofft, es möge nichts passieren. Es möge alles gut gehen. Noch nicht das Ende sein. Doch erst im Tod, erst nach dem Tod, erst ab da passiert nichts mehr. Es stößt uns endlich nichts mehr zu. Der Einfall paßte nicht zum Hin- und Hergeschubse vom mittlerweile nach Pinscherart bebenden Heidegger. Oder ich konnte ihn in diesen Augenblicken noch nicht einordnen.

Bring uns nicht zum Weinen, beschwor mich Elsa, uns fällt der Abschied sehr sehr schwer. Und Gustav brachte vor Verlustschmerz nur mehr ein Kopfnicken zustande.

Aber warum kicherte Elsa denn – die sehr vergnügte Version – und warum machte Gustav ein zufriedenes Gesicht, auf dem sich ein breites Lächeln bildete, warum steckten sie im Taxi die Köpfe zusammen wie zwei Verschwörer? Eifrig miteinander zu reden hatten sie. Das Taxi fuhr sie schnell um die nächste Straßenecke. Ich ekelte mich ein bißchen, drückte Heidegger an mich. Der winzige Hund bestand nur aus leichter Wärme und einem ziemlich kräftigen Herzschlag. Mein Herz klopfte gegen seins. Ich gewöhnte mich an die Dunkelheit und erkannte seine schwarzen runden Pupillenaugen. Wir würden es schwer miteinander haben. Also, folglich war sie es, die Liebe.

Isoldes Passion

Und daß wir uns geküßt haben, weißt du auch nicht mehr? Daß ich auf deinem Bettrand saß, und du zogst mich ein bißchen zu dir runter, und wir haben uns geküßt?

Schweigen, während Isolde wahrscheinlich die niederschmetternde Auskunft vernahm, auch an das Küssen erinnere ihre gestern bei der Geburtstagsparty stockbesoffene Freundin Ebba sich nicht mehr.

Die türlose moderne Architektur der Wohnung verdammte Ambrosius dazu, das Telephonat seiner rührigen Frau zu belauschen. Jetzt war sie wieder dran mit dem Reden, und was sie sagte, war ihm alles neu, so wie vorhin das mit dem Küssen, und es paßte ihm nicht. Er fühlte sich unbehaglich und verärgert.

Ich habe dir zuerst mal in der Küche ein bißchen was aus einer angebrochenen Flasche gegeben, irgendwelchen billigen Weinbrand. Du weißt es vermutlich auch nicht mehr? Na egal, aber ich habe es dir und Roberto hundertmal gepredigt: Ihr müßt mit dem Alkohol langsam ausschleichen. So. An deine Gehirnkrämpfe bei akutem Absetzen des Alkohols erinnerst du dich ja wohl? Aha. Du erinnerst dich. So.

Ambrosius konnte Isoldes Interpunktion mit Hilfe des Wörtchens »so« nicht leiden. Sie gewöhnte sich Moden an, folglich auch den So-Stil. Isolde hörte Ebba zu, dann ergriff wieder sie das Wort, energisch und zugleich sanft: Sehr richtig. Die Entzugsepilepsie. So. Du bekamst also von diesem Zeug, von diesem Weinbrand, und du hast es auf einen Zug runtergekippt.

Dann sind wir nochmal bei deinen Gästen aufgekreuzt. Die haben ja alle so getan, als wäre nichts los, sie haben euer Buffet geplündert und sich bestens unterhalten. Aber ich konnte es nicht mehr mitansehen, wie du mit hin und her schwankendem Kopf und vornübergebeugt in deinem Sessel versucht hast, wach zu bleiben. So. Deshalb brachte ich dich ins Bett. Und da oben habe ich dich ganz lang beruhigt. Du hast nämlich geweint. Wie bitte? Du hast immer wieder gesagt: Ich schäme mich. Wie oft soll ich dir noch beteuern, daß eine Sucht kein Anlaß für Scham ist und eine Nichtsucht kein Grund, stolz drauf zu sein. Es ist keine Frage der Moral oder so was. Dein Verstand? Dein Wille, deine beste ernsteste Absicht? Ich erkläre dir zum tausendsten Mal: Es handelt sich, wenn du anfängst zu trinken und nicht aufhören kannst, einzig und allein um ein körperliches Geschehen. So. Deine Rezeptoren rufen: Mehr, mehr! Ja, das hab ich schließlich erreicht, ich habe dich beruhigt. Und geküßt.

Zuletzt hatte Isolde schlüpfrig geklungen. Gewiß Ebba zuliebe, die zwar gestern sechzig geworden war, aber unter der Zwangsidee litt, Erotik, delegiert an Roberto, habe in ihrem Leben nur eine jämmerliche Statistenrolle gespielt, und daher hörte sie nicht auf, sich nach Schmusereien zu sehnen. Isolde bezog dieses Defizit in ihre Therapie ein. Und diese Therapie kam einem Werben um Dankbarkeit gleich.

Ambrosius fing an, Isolde zu hassen. Immer mußte sie Schwache bemuttern, haltlose Menschen, Kranke. Es war ihre Passion und Ambrosius nicht geheuer. Er verdächtigte sie, ihrer Klientel keine Heilung zu wünschen. Als Ebba und Roberto im Sommer drei abstinente friedliche Monate gelungen waren, hatte Isolde sie nur ein Mal besucht, sehr selten angerufen, alles in allem abgewinkt: Wie kann man so leben, sag nur, Ambrosius. Sie kaufen ein, sie kochen, sie essen das Eingekaufte und Gekochte auf, sie kümmern sich um nichts als um ihren Wohlstand, sie sind noch keine Greise, aber sie lassen eine Fußpflegerin ins Haus kommen, sie nehmen Massagen, Ebba hat Kosmetiktermine ... Freunde, denen es gut ging, langweilten Isolde. Was sie brauchte, das waren Schützlinge. Und denen erzählte sie, nach Katastrophen wie der gestrigen, ihre Hilfsdienste und Wohltaten getreulich nach, damit die Ärmsten, wie Isolde sie glücklich im Mitleid nannte, dann nicht mehr vergaßen, worin sie sich ihnen gegenüber wieder einmal bewährt hatte. Isolde versorgte einen Schwerverbrecher mit Briefen, Päckchen und Besuchen, ihre alkoholkranke Freundin Ebba kombiniert mit der Behandlung von deren ebenfalls süchtig saufendem Mann Roberto unterstützte sie mit dem, was bei ihr »volles Verständnis« hieß und die beiden Patienten darin bestärkte, das Sichbetrinken sei für sensible Menschen die einzige Rettung vor dem Lebens-Unsinn. Einen Drogentoten hatte Isolde hinter sich. Einen Aidskranken war sie losgeworden. Er wurde so schrecklich vernünftig, erklärte sie, er hat sich abgefunden und fängt doch tatsächlich an, seinen Lebensrest zu genießen. Außerdem ist er im letzten Stadium nicht mehr sehr zugänglich. Und nicht mehr sehr ästhetisch, fügte Ambrosius hinzu.

Ebba, noch mitten im Exzeß, blieb sonderbarerweise säuberlich, sie roch nicht übel, war wie ein riesiges molliges rosiges Baby. Bei der gestrigen Chaos-Party – die betrunkenen Gastgeber zwischen ihren stocknüchternen, befremdet amüsierten Gästen – hatte Ambrosius ab und zu einen grimmigen Blick auf seine Frau geworfen. Verdammt, sie war in ihrem Element. Was ihn bloß peinlich berührte, regte sie an. Isolde hatte mit ihrem Ich-bin-die-einzige-die-was-davon-versteht-

Ausdruck im Sessel neben der taumelnden, oftmals vornüberkippenden Freundin Ebba gesessen und zu ihrer Linken die laute, breiig artikulierte Suada Robertos genossen, die von allen anderen Gästen, so gut es ging, ignoriert wurde. Allerdings, wie diese anderen Gäste sich verhielten, das gefiel Ambrosius auch nicht. Auf ihre Weise zogen auch sie Gewinn aus der Niederlage ihrer Freunde, der Gastgeber. Sie sammelten Punkte gegen sie, Stoff für Klatsch und Tratsch, den sie schon am nächsten Tag unter Nichteingeladenen weiterreichen würden. Während Ebba manchmal einschlief, dann wieder zu irgendeiner Bemerkung sich aufraffte, verschwand Roberto. Irgendwann bekam Ebba das Fehlen ihres Mannes mit, und daraufhin schrumpften ihre kurzen Redebeiträge zu Anklagen, die sie Isolde anvertraute: Er läßt mich hier allein sitzen. Das nehme ich ihm übel, daß er mich hier im Stich läßt.

Wenn es dich aufregt, meine Ärmste, dann werde ich ihn aufstöbern. Isolde stand auf, beugte sich über Ebba. Kann ich dich einen Moment allein lassen? Gut. Ich sorge für Wachablösung. Ich hol den Roberto, und danach schaffe ich dich von hier weg, du mußt dich unbedingt ausruhen.

Und die Aktion war Isolde, kundig im Domestizieren Schwächerer, tatsächlich gelungen. Ebba wurde nicht mehr gesehen, statt ihrer erschien Roberto, bei seinem zweiten Auftritt in einem kurzen Bademantel. Er ließ sich stürmisch begrüßen und zu seinem sonderbaren Aufzug beglückwünschen. Die weiblichen Gäste, wie ihre männliche Begleitung mittlerweile auch alkoholisiert, jedoch im Unterschied zu den Gastgebern nicht von Sinnen, nur normal gesellschaftsfähig angetrunken, sie begehrten Aufschluß darüber, wie wenig oder womöglich gar nichts Roberto unter seinem Bademantel anhatte. Zeig mal her, lüpf doch das Geheimnis nur mal ein bißchen, oh Roberto, wir haltens nicht mehr aus. Ein blödes ordinäres Geschrei, anzügliches Gekicher, und sie waren allesamt, so wie sie sich zu dieser Unglücksparty versammelt hatten, seit Jahren nicht mehr jung genug für solchen Klamauk. Wir sollten aufbrechen, wir sollten längst weg sein, fand Ambrosius, aber nach Isolde suchte er vergebens.

Jetzt wußte er ja, warum. Sie hatte also Ebba zuerst mit Schnaps versorgt und dann an deren Bett mit ihr herumgeknutscht. Wie widerlich das alles, von A bis Z.

Na, gut, wenn wenigstens du deinen Spaß gehabt hast, sagte Ambrosius bitter.

Isolde unterbrach sich beim Tippen auf der Schreibmaschine: Hab ich nicht. Während sie weiterschrieb, fügte sie hinzu: Es ist kein Spaß, sich um die Ärmsten der Armen zu kümmern.

Jetzt verfaßte sie einen Brief an ihren Schwerverbrecher, den sie nach aller Wahrscheinlichkeit wie gewöhnlich in seinem Haß auf die Justiz und den Strafvollzug unterstützte. Aber nach ein paar vital in die Tasten gehämmerten Sätzen hörte sie plötzlich auf. Sie ließ den Kopf hängen.

Was ist los, fragte Ambrosius, kaum interessiert.

Ich muß an Ebba denken, antwortete Isolde. An unsere Bettszene. Sie lachte kurz und bitter. Sie hat alles alles vergessen. Das kommt davon, sagte Ambrosius, fand sich orakelhaft, schwer zu verstehen.

Wovon?

Ambrosius erkannte plötzlich, daß er sich auf die richtige Spur getastet hatte: Davon, du tust niemals etwas Prinzipielles. So schwächst du deine Schwachen bloß, deine unglückselige Kundschaft. Aber du müßtest …

Fang nicht wieder mit Entziehungskuren und so was

an. Isolde redete nicht vehement wie sonst bei diesem Thema. Sie klang jetzt geradezu kläglich, als sie sagte: Ich hab mich doch schließlich dazu überwunden, ich meine, sie zu küssen. Sie wollte meinen Mund küssen, sie zog ein bißchen an mir. Als ich wegwollte, bat sie mich, zu bleiben. Ich hab mich, obwohl sie noch im Supermegasuff appetitlich bleibt, doch immerhin etwas geekelt, weißt du. Und nun weiß sie überhaupt nichts mehr davon.

Es ist demnach wirklich nicht leicht, ein guter Mensch zu sein, sagte Ambrosius. Andere müßten sich dran erinnern, daß man ein guter Mensch war.

Er hielt sich in diesem Augenblick für ziemlich gemein, für gehässig, und er war es gar nicht einmal gern, bei aller Ablehnung von Isoldes Version der Barmherzigkeit. Aber auf einmal verstand er ihr Pech. Bis zum nächsten Mal.

Treue

Die Kinder küßten sie zerstreut, Toby sah nicht einmal zu ihr auf, denn er mußte ein Rangiergleis verlegen, Evi war verabredet und hatte es eilig. Und auch Kurt bekam die Größe des Moments nicht mit: Gefaßt wie immer und, als ihr Mann, auf alles, machte er von Melissas Abschied kein Aufhebens. Es war ein sonniger kalter Tag, und später auf dem Bahnsteig lauschte Melissa ihrem inneren Gesang: Ich bleibe euch treu. Verlaßt euch auf mich. Fast war sie dem gräßlichen Furunkel neben dem linken Nasenflügel dankbar. Aber sie wehrte sich gegen den Verdacht, diesem roten, heute morgen fast violetten kleinen Gifthügel verdanke sie ihre moralische Würde.

Mein Entschluß war vorher da, dachte sie während einer Pause bei der Probe. Die anderen drei aus ihrem Ensemble ahnten nichts von Melissas Hochgefühl. Sie sang allerdings wie von innen erleuchtet, und Sascha, der Cembalist, machte ihr ein Kompliment. Diesmal kampierte sie nicht bei ihm und Hannelore, sie schlug auch Gerrits Einladung zu sich nach Haus aus. Wißt ihr, ich wollte mal in ein Hotel, und ich habs ja auch bereits gebucht. Als das vor drei Wochen geschehen war, leitete sie der verwerfliche Hintergedanke, Jakob Rast zu treffen. Vor zwei Tagen noch – Melissa gestand sich ein: vor dem Furunkel – hatte sie Tobys Rücken in der Badewanne abgeschrubbt und sich dabei in einem Hotelzimmer von Jakob umarmt gefühlt. Am nächsten Morgen – mit einem »Hurra, ich war euch treu, ich habe ihn nicht angerufen« – war wie durch ein Wunder der Furunkel nur noch ein flacher roter Fleck. Melissa stellte einen Stuhl vor den langen Spiegel in ihrer Zimmertür, setzte sich darauf, betrachtete sich beim Rauchen einer Zigarette. Wie schön sie war! Ganz erstaunlich, bemerkenswert schön. So sah sie nie zu Haus aus. Wenn ich schon eine Frau sein muß mein Leben lang, will ich auch was davon haben, fand sie. Und der kleine rote Fleck war wie ein Hinweis auf die Vergänglichkeit. Der Makel war ganz einfach interessant, so menschlich. Melissa wählte Jakob Rasts Nummer. Eine Frau meldete sich. Ich bin für drei Tage hier, wir proben. Aber ich dachte, vielleicht heut abend könnte ich Herrn Rast treffen.

Er ist nicht da, sagte die Frau.

Und was ist mit morgen? fragte Melissa. Ihre Stimme sank. Wer war überhaupt diese Frau? Sie wußte von keiner Frau in Jakobs gegenwärtigem Leben.

Die Frau lachte. Morgen gehts ganz schlecht, wissen Sie, da sind wir schon mit dem Standesamt verabredet.

Oh, wunderbar. Melissa lachte mit. Wenn das so ist: Herzlichen Glückwunsch.

Sie legte auf und fing mit der Schwerarbeit an, sich umzustimmen. Ein Hochgefühl wie gestern noch mit dem Furunkel kam zwar nicht mehr zustande. Aber immerhin das große ernste Loblied auf die Treue.

Hier habt ihr mich zurück, jubilierte sie ihrer Famlie zu, zwei Tage später. Unversehrt. Ist das nicht ein Grund, Gott zu danken?

Du bist so komisch, Mami, sagte Evi lustlos.

Unversehrt! rief Melissa.

Toby fragte mit mittlerem Interesse, ob sie in einen Verkehrsunfall verwickelt gewesen sei.

Laßt sie, riet Kurt.

Sie verlangen zu viel

Isabel zwang sich zum Gegenangriff. Ihr Nachteil: durch die Fensterfront leuchtete die Mittagssonne ihr Gesicht voll aus. Doktor Küntzel hingegen, hinter seinem Schreibtisch ihr Gegenüber, schützte der Schatten. Ihr Dauerlächeln ist vielleicht keine ideale Basis für unsere Zusammenarbeit, sagte Isabel.

Doktor Küntzel lächelte trotzdem weiter, aber drückte sich nicht in dem, was zwischen schwarzen Bartdekorationen von seinem Gesicht übrig war, Ängstlichkeit aus? Er sagte: Ich höre.

Er ist verdammt zu jung für mich, dachte Isabel. Er hält mich für eine amüsant verdrehte alte Schrulle. Daher sein altväterisches Gehabe. Sie erklärte: Ich wäre gern ein ruhiger Mensch, nichts weiter. Ich bin zu aufgeregt. Am besten, Sie verordnen mir wieder mein altes Medikament, wie Ihr Vorgänger in dieser Praxis. Sie Kindskopf, fügte sie für sich hinzu.

Es ist mein Ehrgeiz, Sie davon abzubringen.

Sehen Sie, ich habe zum Beispiel hier unten im Bauch einen ekligen Schmerz, und heute nachmittag stelle ich mich der Diagnose meines Internisten. Wenn es was Schlimmes wäre, wie sinnlos müßte ich es finden, mir kein schöneres Leben gegönnt zu haben. Es wäre so idiotisch, als hätte ich, im Sterben liegend, gerade vorhin noch mein Badezimmer geputzt. Geben sie mir einfach mein altes Zeug wieder. Ein Nachfolger muß nicht alles ändern.

Sie würden nicht glücklich damit. Eine rosarote Brille trübt den Blick.

Ich habe nichts gegen rosa Brillen, ich hätte sehr gern eine.

Sie verlangen zu viel. Doktor Küntzel stand auf. Rufen Sie mich jederzeit an. Und: Einen schönen Tag noch.

Sie reden wie meine Postbotin. Einen schönen Tag noch! Aber Isabel lächelte auch, also konnte der junge Doktor ja nicht merken, daß sie wütend war und litt.

Wie war sie? fragte Frau Küntzel, die ihrem Mann in der neuen Praxis half.

Ihr Mann seufzte und grimassierte sich sein Lächeln aus dem Gesichtsrest im schwarzen Bewuchs: Nun, ich strenge mich ihr zuliebe an und bin ironisch. Sie mag Ironie. Mit einem ernsten Ausdruck stellte der Arzt sich auf seinen nächsten Patienten ein.

Er könnte ein einziges Mal ein besorgtes Gesicht machen. Isabel beschwerte sich bei ihrem Mann. Er ist immer so verdammt ironisch. Ich sage ihm, ich will ja nur, daß es mir gut geht. Und was antwortet er mir: Sie verlangen zu viel.

Der Junge ist nicht dumm, knurrte ihr Mann.

Papageien sprechen
nur aus Kummer

Höchst wundersam, phänomenal – hurra! Vokabeln aus Frau Gernsheims Wortschatz waren das nicht, aber diese Idee, plötzlich aufgeblitzt, weckte sie wie frisches Wasser. Sie fühlte sich gar nicht mehr tranig, nicht mehr neunzigjährig. Ihre Beine waren weniger wacklig. Diese Idee wirkte besser als irgendeine Pille aus ihrer Ration. Sie machte Frau Gernsheim respektabel. Es drängte sie, die Sache mitzuteilen. Am liebsten hätte sie sofort ihre Tochter Elisa angerufen, aber Frau Gernsheim fürchtete, ihr Schwiegersohn käme an den Apparat. Auf ihn zwar, Jonas, zielte ihr Plan, doch gewiß würde sie ihn stören. Er hörte jetzt wahrscheinlich einem dieser sonderbaren Menschen zu, die seine Patienten waren, jemandem, der ihm seine Träume und werweißwas sonst noch anvertraute. Frau Gernsheim empfand, wenn sie an Jonas und seine Arbeit dachte, so etwas wie ablehnende Achtung. Besser auf Natalie warten, die jüngere Tochter, die sich für den Nachmittag zu einem ihrer Kurzbesuche angekündigt hatte. Frau Gernsheim fand, sie habe liebe Kinder. Elisa und Natalie, die Schwestern, wie zärtlich noch immer! Mit ihren Schwiegersöhnen war sie auch gut dran. Ihnen gegenüber blieb sie schüchtern, aber die Ehen waren gut, Hauptsache.

Lies das, sagte Frau Gernsheim zu Natalie, die ihr dann, nach der Lektüre von Elisas Brief, nicht aufgeregter vorkam als gewöhnlich. Walter, Natalies Mann, las anschließend, hörte damit auf, als Frau Gernsheim mit dem Schwung, den sie ihrer Idee verdankte, vorbrachte: Ich habe beschlossen, ihnen die Miete für die Praxis zu bezahlen. Die Schweiz ist ja so furchtbar teuer. Elisa klagt sehr.

Sie klagt immer, sagte Natalie, die einen besorgten Blick in Walters grimmig versiegeltes Gesicht gewagt hatte. Walter sagte: Ohne einen Preis-Leistungsvergleich stimmt das schon nicht mehr mit der teuren Schweiz. Höhere Preise, aber auch höhere Einkommen, und sie zahlen weniger Steuern.

Schlag dir den Gedanken aus deinem lieben Köpfchen, rief Natalie. Mutter! Hörst du? Ach, sieh mich doch nicht so an, so hilflos! Du! Mama!

Er braucht doch eine ruhige Praxis, solang nebenan bei ihnen gebaggert und gebaut wird. Frau Gernsheim war es nicht gewöhnt zu widersprechen, überhaupt: zu sprechen. »Papageien sprechen nur aus Kummer und Streß«, fiel ihr ein, ein kleiner Bericht aus der Tageszeitung. Frau Gernsheim lebte, seit sie Witwe war, also seit siebzehn Jahren, allein. Sprechen war längst nicht mehr ihre Sache.

Jonas verdient pro Tag, mit seinen 180 Franken pro Patient, mehr als du mit deiner Pension in einem Monat, sagte Natalie. Stimmt doch, Walter?

Walter winkte nur ab. Eine Schnapsidee.

Du würdest dich fast ein bißchen lächerlich machen, Mami-Schatz. Natalie umarmte ihre Mutter, die mit verschränkten Armen aufrecht in ihrem Sofaeck saß, dann warf sie sich in ihren Sessel zurück. Wie du weißt, gibt es nichts, das ich meinem Schwesterchen nicht gönnte, nichts auf der Welt.

Aber was zu weit geht, geht zu weit, ergänzte Walter.

Gönne doch du dir selber mal was. Natalie redete ruhiger. Gib was für dich selber aus.

Sie saßen, alle drei auf ihre Weise erschöpft und enttäuscht, eine Zeitlang so herum; Natalie packte das Messer und schnitt den mitgebrachten Mohnkuchen auf. Sie schienen zu überlegen, was denn Frau Gernsheim sich gönnen solle. Natalie sagte: Du bist wie ein kleines Kraftwerk, Mütterchen, unter Dampf, produzierst Liebe, Gutes, noch und noch.

So sah Frau Gernsheim es nicht. Liebe war nicht das Gefühl gewesen. Ihre Idee hatte sie bis vorhin noch mit dem Eindruck verwöhnt, sie sei allem gewachsen – auch körperlich. Vor Jonas, vor Walter ebenfalls, hatte sie immer ein bißchen Angst: Von der Idee wie weggeblasen. Sie hatte sich nicht mehr scheu gefühlt und nicht mehr als eine Person zu viel in der Familienwelt. Sie war, solang sie sich allein mit ihrer Idee befaßt hatte, jemand, der imponieren konnte.

Wechseln wir das Thema. Natalie flüsterte mit Walter. Was gibt denn das Schönes? fragte sie mit lauter Stimme und hielt ein Strickzeug in die Höhe. Sackartig fiel es beim Hinlegen in sich zusammen.

Frau Gernsheim erinnerte die melierte Wolle – sie antwortete brav: Einen Pullover gibt das – an Leberwurst mit Majoran, an eine Menge ausgepulter Leberwurst.

Für wen?

Ich weiß es noch nicht genau.

Schenk ihn Jonas, statt der Praxis-Miete. Natalie lachte.

Schalldichte Fenster sollten sie einbauen lassen, Fenster wie in Flughafengebäuden. Das wäre vernünftig und viel weniger aufwendig, sagte Walter.

Da hat er recht. Der Pulli für Jonas, Natalie lachte wieder, das wäre ein Opfer. Ich meine, von mir, ein Opfer. Ich hätte ihn selber gern. Oder für Walter, für ihn hätte ich ihn auch gern. Du siehst, wir gönnen einander alles.

Frau Gernsheim hörte nicht konzentriert zu. Sie dachte ihrer Erfrischung durch die Idee hinterher.

Wie gehts dir denn überhaupt, Mutter?

Kraftlos, ich bin völlig kraftlos, antwortete Frau Gernsheim.

Du bist neunzig, Mami, gab Natalie zu bedenken.

Ja, jetzt wieder. Nichts als neunzig war Frau Gernsheim.

Menschenscheu

Ein Blitz zuckte durch mein Herz, wie ein Herzens-
hexenschuß: Das war er. Er mußte es sein. Auf meinem
Bahnsteig erkannte ich ihn. Wir hatten uns lang nicht
gesehen, aber ich vermute, auch er hat mich erkannt,
wich mir aus wie ich ihm. Was für einen nervösen Eindruck er machte! Nicht auf andere; fremden Menschen
wäre er nicht aufgefallen, und wenn doch, dann hätten
sie ihn für einen ruhigen versierten Bahnreisenden gehalten. Ich aber sah, daß er sich bremste, zusammen-
riß. Normalerweise benutzt er zum Reisen das Auto.
Meine Runde drehte ich in einer Distanz von seiner. Er
entfernte sich dabei nie weit von seinem Koffer und
einer größeren Tasche, war in Sorge ums Gepäck,
schließlich ergriff er den Koffer, schulterte die Tasche,
ging so beladen hin und her, hielt immer wieder vor
der Fahrplantafel an. Er studierte bald die gelben Fahr-
pläne mit den Abfahrtszeiten, bald, auf der Rückseite
die weißen mit den Ankunftszeiten. Dann den Wagen-
standsanzeiger immer wieder; insofern tat er alles das,
was ich, wäre er nicht dagewesen, getan hätte. Als der
verspätete Zug – fünfundzwanzig Minuten, die mich,
ohne ihn mehr aufgeregt hätten – endlich einlief,
sorgte ich dafür, nicht in denselben Wagen wie er einzusteigen. Wahrscheinlich würde er ja, so wie ich ihn
einschätze, die zweite Klasse benutzen. Aber nein, er
nahm im Großraumwagen der ersten Klasse Platz, und
ich verzichtete auf meine Reservierung dort. Warum
eigentlich? Ich habe überhaupt nichts gegen ihn. Ich
habe ihn sogar sehr gern. Man müßte von Liebe spre-

chen, auch bei seinen Gefühlen für mich. Ich liebte ihn ganz selbstverständlich. Vom ersten Tag an, sozusagen. Für den Speisewagen hielt ich ihn für zu geizig – doch dort saß er ja! Also kehrte ich um, aber nur, weil es mir so vorkam, als habe er mich kurz erblickt, dann schnell das Studium der Speisekarte vorgetäuscht. Ich nahm mir vor, ihn später noch aufzusuchen. Ah: du hier? Was für ein Zufall! Ich will es kurz machen: Dazu ist es nicht gekommen. Erstens: Ich brauchte den nebeldunstigen Tag für mich allein. Aus der Art Familie, deren Mitglieder sich bei jeder Gelegenheit zusammenrotten, stamme ich nicht, zweitens. Und dann, nun ja, er ist ziemlich menschenscheu, wissen Sie, mein Bruder.

Was ist schon ideal?

Sie hatten sich in den Verkehr auf dem letzten Autobahnabschnitt eingefädelt, und ein Grauen vor dem Nachhauskommen packte Frau Billstein. Die Gegend sah von der gemeinsam mit ihr verbrauchten Lebenszeit freundschaftlich müde und abgewirtschaftet aus. Am Straßenrand bogen sich die Akazien im Wind, ihr staubig grünes Laub zappelte nervös, und Frau Billstein versuchte, Trost daraus zu gewinnen, wie die Büsche und Gräser und die Bäume alles hinnahmen, erschöpft und geduldig, die Trockenheit des Sommers, die Unansehnlichkeit eines umfassenden Niedergangs. Trotzdem, sie würde ewig brauchen, bis sie den heimatlichen Boden wieder unter die Füße kriegte, verdammt nochmal. Geflucht hätte sie gern laut. Vom Beifahrersitz aus, ohne den Kopf nach ihm zu wenden, betrachtete sie ihren Mann. Gründlich verkörperte er das, was sie nicht war, das, was zählte und womit man im Leben zurechtkam. Er hatte so was Loyales, er war in die Wirklichkeit wie das winzige, aber unentbehrliche Stück eines Puzzles eingearbeitet, jetzt auch bei der unaufsässigen Selbstverständlichkeit, mit der er den Toyota zurück nach Haus steuerte. Alles nach Plan, alles wie vorher abgemacht.

Frau Billstein sagte, während eine Beängstigung nach ihr griff, so schlimm, daß sie die linke Hand an ihr Herz legte, als könne sie es so betreuen und disziplinieren: Über eins dürften wir ja doch ganz beruhigt sein. Sie wohnt schön. Das steht mal fest. Die Wohnung ist extrem schön. Sie lachte, jetzt griff sie sich an die Gurgel, um nun die zu behüten. Weißt du, die Wohnung gefällt mir dermaßen gut, daß ich sie ihr gerne abluchsen würde. Nochmals lachen: Frau Billstein führte den Befehl aus. Wenn sie nicht meine Tochter wäre. Abschlußlachen.

Mit der Vogelmiere längs der Fahrbahn stimmte was nicht. Die Blätter waren schon gelb und in sich eingerollt.

Herr Billstein grunzte anstelle eines Lachens. Er fürchtete vermutlich einen von Frau Billsteins Ausrutschern ins Verrückte. Er hats nicht gern, wenn ich unkonventionell bin, aber ich bins nun mal, ich bin verdammt nicht so wie er. Frau Billstein grollte diesmal dem fehlerlos eingepaßten Puzzleteilchen Werner Billstein. Als sie auf ihn wütend werden wollte, worauf sie unterschwellig jederzeit vorbereitet war, oft bei gleichzeitiger Rührung über seine Langmut – immerhin lief das Eheleben für ihn darauf hinaus, daß er ihre Macken ertrug – da rang er sich ein Dialogopfer ab: Der Blick ist gut, von der Wohnung aus, wirklich gut. Sie sehen immer auf den Fluß, vorn raus, vom Aufstehen an bis in die Nacht. Die Lage ist einmalig.

Aber er klingt nicht glücklich. Lobt und klingt trübe. Frau Billstein bedauerte ihren Mann plötzlich mehr als sich selber und als die überanstrengten Pflanzen am Saum der Straße und als die Hauptbetroffenen selber. Womöglich betrübte auch ihn der Rückblick auf die anderthalb Tage bei ihrer verheirateten Tochter und jetzt die elendmachende Fahrt mit der Aussicht aufs Nachhausekommen.

Eine gute Wohnung, ein schöner Ausblick, wie viel wert ist das. Es macht so vieles wett. Ich habs nie zu hoffen gewagt, daß sie so was fänden, und habs trotzdem gehofft. Frau Billstein legte eine Pause ein. Da fiel ihr die ältere Billstein-Tochter ein. Auch Charlie wohnt gut. Es ist auch bei ihr originell, und sie haben viel Platz. Unsere beiden Töchter, sie könnten es schlechter getroffen haben. Wieder lachte Frau Billstein. Es klang etwas hysterisch, fürchtete sie.

Er ist ein Trinker, Alices Mann. Und Charlies Mann ist ein nörglerischer Pedant. Herr Billstein hatte sich so sachlich angehört, als gäbe er den Wetterbericht oder die neusten Aktienkurse an seine Frau weiter.

Frau Billstein regte sich auf, und gegen ein kurzes Blitzgewitter in ihrer Brust fiel ihr diesmal eine bald reibende, bald kraulende Handbewegung ein. Aber sie sind beide mächtig in ihre Frauen verliebt, jeder auf seine Art. Das sind sie, das schon. Sie sind in unsere Töchter ganz vernarrt, was immer sonst mit ihnen nicht so hundertprozentig stimmt.

Herr Billstein stieß ein in sarkastischem *Ha ha* versteinertes Kunstlachen aus. Es stimmt nicht mal fünfunddreißigprozentig. Verliebt, das genügt ganz und gar nicht.

Frau Billstein bekam Angst, und Zweifel setzten ihr zu. Ihr eigener Mann, was war er? Ihr gegenüber? Jetzt noch, und früher gewesen? Auf seine Art war er in sie verliebt gewesen, und als das vorbei war, gehörte sie zu ihm, sie war das Puzzlestückchen neben ihm, es paßte nicht so gut wie er in seine ausgestanzte Form, aber es hatte nun einmal dort seinen Platz. Manchmal fiel es heraus, und dann mußte man es eben wieder aufheben und einfügen.

Und Alices Mann, Werner, er hält doch offenbar durch, seit dem letzten Entzug ist er trocken und er arbeitet so nett mit den Jungens im Anonymus-Camp, opfert die Wochenenden.

Seit er trocken ist, wie du das nennst, mir klings zu sehr nach Baby und seinen nassen Windeln …

Er ist aber nicht mehr naß, er ist trocken!

Also gut, seit er nicht mehr trinkt, wer weiß für wie lang ...

Er tuts nicht mehr, er hats geschworen, er hats Alice und sich selber geschworen.

Einmal süchtig, immer süchtig. Und sie lügen, du hasts mir selbst gesagt, könnten nicht anders, hast du gesagt, als du ihn noch verteidigen mußtest. Herr Billstein knurrte grimmig. Als er noch nicht stubenrein war.

Na und, jetzt ist ers. Wenn Alice Geduld mit ihm hat ...

Seit er nicht mehr an der Flasche hängt, klopft er diese Sprüche. Er benimmt sich wie ein Säulenheiliger. Herr Billstein fuhr auf eine Ampelanlage zu, langsamer, denn die oberste Lampe schaltete auf Rot. Auf Charlies Sturkopf immerhin ist Verlaß. Komm. Reg dich nicht auf. Für kurze Zeit riskierte Herr Billstein die bei ihm geradezu abwegige Geste und legte seine rechte Hand auf Frau Billsteins linkes Knie in der neuen weißen Leinenhose, die sie, um für die jungen Leute schick und ebenfalls jung auszusehen, mit ein paar anderen ansehnlichen Sachen zum Anziehen eingepackt hatte. Dann brauchte Herr Billstein die Hand wieder, um den ersten Gang einzulegen: Er machte das immer, geistesgegenwärtig, wenn die Ampel noch auf Orange stand, und ließ, beim Umschalten auf Rot, prompt die Kupplung kommen. Schlafmützen am Steuer verachtete er. Alles könnte schlimmer sein. Und sie wohnten schön. Beide Töchter. Und ihre Männer – es gab schlimmere. Frau Billstein fing an, sich wohler zu fühlen.

Aber als sie die Nikolaistraße rauffuhren und beim Halt vor der Kreuzung Friedrichsallee/Stadtwall Frau Billstein junge Leute in einem Straßencafé beobachtete, die Burschen und die Mädchen so ungebunden beieinander und leichthin lustig, und sie ihre beiden Töchter wie Lastenträgerinnen vor sich sah, sagte sie hart: Warum haben wir eigentlich immer gedacht, Hauptsache, sie heiraten eines Tages. Sie hatten doch ganz gute Jobs, aber wir haben immer gedacht, Hauptsache, es ist eines Tages ein Mann im Haus.

Sie achtete auf das Profil ihres Mannes. Es war eine jetzt zusammengekniffene verfinsterte Gesichtshälfte, die sie sah. Aber vielleicht ärgerte ihn nur wieder die Schlafmütze am Steuer des Autos vor dem Toyota, indem er startbereit den Fuß nicht von der Kupplung ließ.

Na, ist ja im Prinzip auch besser so, mit einem Mann, sagte Herr Billstein. Etwa nicht? Ein Mann ist ein Mann, und wenn mal irgendwas mit den Mädchen ist, dann kann ein Mann einspringen.

Und sie wohnen schön, alle beide. Was immer sonst nicht ganz ideal sein mag, daß sie schön wohnen, bleibt ein Pluspunkt. Frau Billstein beruhigte sich.

Was ist schon ideal, sagte Herr Billstein.

Gar nichts. Frau Billstein, wäre sie nicht plötzlich so müde geworden, hätte nun gern ihren Mann frontal angegriffen. So aber sagte sie nur, und es klang nicht einmal unfreundlich: Ich weiß gar nichts, das ideal wäre.

Sie fand ihn vereinsamt bei der Weiterfahrt, wollte etwas gutmachen, wußte nicht wie und was und warum und wurde sowieso immer müder.

Die Weltbank macht Fehler

Pavel Strauss sah mit zunehmendem Mißbehagen seiner Frau beim Bewundern, ja Anhimmeln zu. Mit diesem verklärten Woher-er-das-nur-hat-Blick kommentierte sie wortlos, aber für Pavel Strauss so vernehmbar, als gluckse ihre Hennenstimme es ihm zu, die weltmännischen Manieren ihres Schwiegersohns, nun beim Herbeiwinken des Kellners. Der Schwiegersohn schrieb mit der rechten Hand in die Luft. Aha, das heißt soviel wie »die Rechnung, bitte«. Pavel Strauss genierte sich für seine Frau, der außerdem jetzt erst wieder einzufallen schien, daß auch er mit am Tisch saß; sie stupste an seinen linken Arm. Er soll uns doch nicht einladen! Sie kicherte. Wir sind die Älteren.

Die Älteren, die Älteren, äffte ihr Mann sie nach. Wir sind die Alten, die richtig Alten.

Und warum sollte der junge Bursche sie nicht einladen? Pavel Strauss schätzte seinen Schwiegersohn auf 90 000 Dollar pro Jahr.

Aber nein, sagte der Schwiegersohn. Von alt kann nicht die Rede sein.

Strauss beobachtete beide, den Schwiegersohn und seine arme törichte Frau. Der Schwiegersohn meinte sein anzügliches Augenblinzeln nicht ernst, ganz im Gegensatz zur Angeblinzelten.

Er schafft es, einem Menschen in den Mantel zu helfen, seinen eigenen Mantel dabei in der Hand zu halten, nein, zwei Menschen gleichzeitig in den Mantel zu helfen ... Frau Strauss schwärmte vor sich hin. Sie erlag ihren Erinnerungen. Und Bezahlen mit *American*

Express, ich finds schicker als bar. Welche Karten, hat er den Kellner gefragt, hast du es gemerkt? Er hat die ganze Brieftasche voll mit diesen Scheckkarten oder was das ist.

Pavel Strauss seufzte. Für seine geräucherte Pfeffer-makrele verlor er jegliche Begeisterung.

Frau Strauss seufzte. Aus einem anderen Grund als ihr Mann war sie appetitlos und überhaupt am ge-wohnten Alltag uninteressiert. Da saßen sie beide wie-der allein beim ganz und gar üblichen Abendessen, und das paßte ihr überhaupt nicht.

Du sollst ihn nicht heiraten, sagte Pavel Strauss.

Wie bitte? Frau Strauss war froh über die unerwar-tete Mitteilung. Es ging um ihr Thema. Er ist ja ver-heiratet. Frau Strauss wechselte in eine elegische Ton-gebung über. Und zwar mit unserer lieben armen kleinen Monika.

Wieso arm? Wieso klein? Pavel Strauss dachte: Nun ist sie wirklich übergeschnappt. Monika war 1.75 groß und überhaupt nicht arm.

Hast du nichts gemerkt? Frau Strauss schnalzte mit der Zunge. Wie er mich angeblickt hat, na, und so wei-ter? Ach, ihr Männer!

Frauen deines Alters sollten damit längst Schluß ge-macht haben, kokett zu sein, rumzuflirten. Strauss tat so, als müsse er sich vor Widerwillen schütteln. Besser, wir hätten diesen Schnösel nie kennengelernt.

Monika hatte in Amerika geheiratet, und ihre Eltern waren heute dem Schwiegersohn zum ersten Mal be-gegnet. Aber Frau Strauss verehrte ihn unbekannter-weise seit Anbeginn über den Ozean hinweg. Sie winkte ihm nach Washington rüber, wo er bei der Weltbank arbeitete. Ja, bei der Weltbank, und daß der junge Mann dort irgendwas tat, worunter sie sich nicht das Geringste vorstellen konnte, genügte ihrem Talent zur Verehrung all dessen, das exklusiv klang. Zum Glück haben wir unsere Wohnfront nach Westen ausgerichtet, erzählte sie im Freundeskreis. Ich schaue aus dem großen Fenster westwärts, und eine Mutter kann bis Washington D.C. sehen, bis in die Büroräume der Weltbank.

Auch Monika hatte dort einen Job, aber irgendwas Untergeordnetes. Nach dem Besuch des Schwiegersohns – dem kürzesten Kurzbesuch, den ein vielbeschäftigter Mensch abstatten konnte – würde, so vermutete Strauss, seine Frau schwärmen: Er hat Benimm, das wahre comme il faut, kann ich euch sagen. Man merkt eben, ob einer in der Welt herumkommt oder ob er sein Leben lang in einem Provinzort festgenagelt sitzenbleibt. Und ihr Mann wäre mit solch einem stupiden Hockenbleiber gemeint.

Es ist dir also nichts aufgefallen?

Nichts. Außer daß du leider versucht hast, ihn zu becircen.

War ja gar nicht mehr nötig, gurgelte Frau Strauss im Diskant.

Herr Strauss wurde nun doch argwöhnisch. Sie hatte von jeher einen Riecher für so was wie verliebte Männer.

Er sendet Signale aus, und keine Frau auf der Welt strengt sich an, wenn nicht Signale ausgesendet werden. Umgekehrt gilt es ebenso. Armer Unwissender.

Der arme Unwissende, Pavel Strauss, reagierte auf die Telephonklingel. Der Schwiegersohn war dran. Am nächsten Tag hätte er wider Erwarten ein Stündchen Zeit, die er gern mit den Eltern seiner Monika verbrächte. Ich war ja noch nicht einmal bei Ihnen zu Haus. Und wir sollten ja wohl auch mit der förmlichen Anrede aufhören.

Er kam mit Blumen für seine Schwiegermutter, die

sich wie eine Braut aufführte und geziert, aber hilflos mit dem Strauß zwischen Küche und Wohnzimmer umherhüpfte. Eine Vase, Pavel, die schönste! Und die größte! Welch ein Duft, welche Farben!

Aber der Schwiegersohn hatte keine Augen mehr für sie, sondern Pavels alte Eisenbahn erspäht, Spur Null, eine Rarität aus Pavels Kindheit, die auf der Fensterbank als Einrichtungsschmuck diente. Gibts auch noch Schienen?

Oh ja, es gab Schienen. Und Bahnwärterhaus, einen Kiosk, Stellwerk, Bahnhofsgebäude, und noch einen zweiten Zug mit vielen Wagen. Von da an spielten die beiden Männer mit der Eisenbahn, begleitet von einem Tonband mit Original-Bahnhofsgeräuschen aus dem Cassettenrecorder.

Als der Chauffeur des Schwiegersohns klingelte, sprang Frau Strauss an die Tür. Nun mußte alles schnell gehen. Ersatzweise schäkerte sie mit dem Chauffeur.

»Liebe Monika, paß gut auf deinen Mann auf. Er und ich, wir haben uns fast zu prächtig verstanden.«

Was für einen Blödsinn schreibst du da? Pavel Strauss blickte seiner Frau über die Schulter. Er griff nach dem Schreibstift, der ihr vor Aufregung aus den Fingern gerutscht war, und schrieb im Stehen, indem er seine Frau zur Seite drückte, in gekrümmter Haltung: »Deine Mutter macht Spaß. Wenn einer gut mit deinem Mann auskommt, dann bin ich es. Wir haben mit meiner Eisenbahn gespielt, und wie viel Raum da noch für euch Frauen bleibt, das weißt du ja noch aus Erfahrung. Dein Mann hat deine Mutter buchstäblich übersehen.«

»Alles Ablenkungsmanöver, mein Kind.« Frau Strauss hatte ihrem Mann den Schreibstift aus der Hand gerissen.

Diesen Brief vollendeten sie nicht. Und das Fragment schickten sie nicht ab. Sie schrieben überhaupt keinen Brief. Frau Strauss sagte in den kommenden Wochen häufig, die Weltbank mache große Fehler. Ihr Engagement in den armen Ländern könne fast als kriminell bezeichnet werden.

Kurz ist besser

Das war aber zu kurz, beschwerte sich das Kind. Es sah noch wach aus, aber seine Mutter sagte: Du bist ja schon müde, gleich gähnst du, sieh mal her. Sie machte dem Kind das Gähnen vor. Das Kind mußte nicht gähnen. Sie sagte: Es war so kurz, damit du dir die Fortsetzung ausdenken kannst. Die erzählst du mir doch morgen. Und heut wars zu kurz. Das Kind blieb korrekt. Seine Mutter fühlte sich nicht respektabel. Kürze ist die Schwester des Talents, sagte sie und gab dem Kind die Kruzifixküsse, Stirn, Wangen, Mund, ging schnell aus dem Zimmer, um nicht traurig zu werden.

Kürze ist die Schwester des Talents, verkündete sie ihrem Freund, sie zog sich den Pullover, kaum ausgezogen, wieder über den Kopf, stand vom Bettrand auf.

Was soll denn das? fragte der Freund. Ich hab nicht die Schwester des Talents eingeladen.

Es geht dem Tillchen nicht so gut. Ich muß weg, sagte sie. Du verwöhnst ihn, sagte er. Hoffentlich, sagte sie.

Der Babysitter war pampig. Ich bleibe aber noch. Der Fernsehapparat lief, ein lama-ähnliches hübsches Tier mit hellbraunem Fell bekam im Stehen sein Junges. Der Babysitter blickte manchmal hin, das Tier wartete im patagonischen Sturmwind, der Babysitter strickte und sah beleidigt aus. Das ist ein Guanako, und jetzt kommt die Fruchtblase raus. Ich bleib noch so lang wie ausgemacht.

Ich bezahle Sie ja bis Mitternacht, alles wie ausgemacht. Sie können jetzt gehen. Es ist kürzer gegangen, als ich dachte.

Dann warte ich nur noch die Geburt ab. Der Babysitter packte das Strickzeug ein.

Schläfst du? Die Mutter fragte ins dunkle Zimmer hinein. Keine Antwort. Ich weiß, daß du nicht schläfst. Sie lachte nach Komplizenart. Doch, sagte das Kind. Aber wenn ich weiter erzähle? fragte sie. Nein. Kurz ists besser, fand das Kind.

Hafen, Abschied, die 4.

Machen wirs kurz, sagt Toy. Sie blinzelt, aber noch ist es nicht sonnig. Schwache Seebrise heute. Enzio springt jetzt erst aus dem Peugeot, knallt die Tür zu, kommt zu Toy, Bernie und mir auf den Trottoirstreifen. Toy will, daß wirs kurz machen, erkläre ich ihm. Wir lachen, nur Toy bleibt ernst. Toy, das ist meine amerikanische Schwester. Enzio: mein Schwager. Hey Spielzeug, kleine Toy, sage ich und umarme meine Schwester. Sie spielt aber als einzige von uns nicht. Sie würde wirklich wollen, daß wirs kurz machen. Wir stehen neben der Autowarteschlange, die sich vorm Zulaß zur Fähre gebildet hat. Kurzer Abschied für länger. Enzio und sein lautes Lachen. Es geht los, sagt Bernie, mein Mann. Also, machen wirs kurz. Jetzt sind Toy und Bernie dran, sie umarmen sich. Enzio sagt, ausgerechnet heute abzureisen komme ihm wie ein Regiefehler vor. Die beiden nehmen sich nie so viel Zeit wie wir für die Ferien auf der Insel. Kurze Besuche bei uns, wie Stichproben zum Versuchszweck unserer Gemeinsamkeit. Wir lieben uns, also müssen wir uns in jedem Augenblick aneinander gewöhnen.

Die Fähre, vorher ein weißes unzusammenhängendes Phantom im blau ineinanderfließenden Dunst von Himmel und Wasser, hat jetzt deutliche Konturen und wird bald anlegen. Also, kurz und bündig. Wir drücken uns, jeder gegen jeden, nochmal gegeneinander. Es wird heut sonnig, ruft Enzio beim Einsteigen in den Peugeot, in dem Toy schon sitzt, streng vor Betrübnis. Ich rufe: Leider! Bernie beugt sich auf Toys Seite ins

runtergeleierte Fenster: Beneidet uns schön! Tun wir!
Gute Fahrt! Ciao! Machts gut! Machts besser!

Kenner der Insel, speziell der Hafenanlage, würden
merken, daß der Peugeot nach rechts ausschert, während die andern Autos aus der Wartereihe geradeaus
steuernd auf der Spur bleiben, die an Bord führt, in den
offenen Laderaum der Fähre.

Bernie und ich, wir erwarten den Peugeot und die
beiden Insassen und ihr nächstes Aussteigen ein paar
Meter weiter unten in der Reihe fünf, und schon
rücken andere Autos nach. Ich drehe mich nach dem
Team um.

Wie wars? Gut?

Ihr wart so gut, daß wirs gleich nochmal machen,
ruft der Kameramann, und der Regisseur winkt uns
aufmunternd zu. Machen wirs kurz, sagt Toy. Enzio
springt aus dem Peugeot. »Hafen, Abschied, die
vierte.« Das ist der längste kurze Abschied, den wir je
hatten.

Das Leben ist kurz

Herein! rief Hedwig, und schon trat ihre Schwester Gina ins Zimmer. Sie sah unschlüssig aus.

Ich fands eigentlich doch kurz. Ginas weißgrauer Schopf war zerrauft, anscheinend hatte sie schon im Bett gelegen.

Was war kurz?

Unser Leben.

Aber es war lang.

Ausnahmsweise widersprach Hedwig. Du bists doch von uns beiden, die sich an alles erinnert. Wir trugen als Kinder lange Kleider, die Musikstunden bei Onkel Wilhelm und all das.

Gina wog ihre Portion in der Hand. Du hast doch noch nichts genommen, Hedwig.

Wir wollten es um Mitternacht tun, sagte Hedwig demütig.

Gina stellte sich ans Fenster und blickte in den östlichen Nachthimmel: Der Orion ist wirklich näher herangekommen. Sag was du willst. Hedwig, ich weiß nicht mehr, ob wirs tun sollen.

Aber das Brummen, und das merkwürdige Rauschen, du hörst es doch noch? Hedwig fragte unkonzentriert, denn sie erinnerte sich an ihren Mann, den lieben guten, und aus Schüchternheit erwähnte sie nicht, der Orion sei ihrer beider Lieblingssternbild gewesen. Und wenn er wirklich näher herangekommen war, der Orion?

Es war ein langes Leben, objektiv, sagte Gina. Aber auch kurz. Das Leben ist kurz ...

Und der Tag ist lang, ergänzte Hedwig das Lieblingszitat ihrer Schwester.

Die Geigenstunden mit Axel, die waren lang. Stunden sind lang. Aber das Leben, ich finds doch kurz.

Es geht uns ja auch zur Zeit ganz gut, sagte Hedwig vorsichtig. Wir könnten noch ein bißchen warten.

Vielleicht müßte ich mir nur das Ohr ausputzen lassen, sagte Gina. Du, hör mal, eigentlich haben wirs oft noch ganz schön, oder?

Die Macht des Schicksals

Sie lacht, sie fühlt sich halb erlöst, nachdem sie es gestanden hat, und dennoch weiterhin ganz furchtbar.

Klingt ja wie erfunden, stimmts?

Ihre Mutter versteht nicht, was sie meint, sagt aber aus alter Gewohnheit: Ja.

Das »Ja« ist der Tochter zu lahm, sie fordert der Mutter den Schwung aus früheren Zeiten ab. Eine Mutter wie sie war doch vom ersten Tag an zum Aufmuntern da, bei Bedarf auch zum Trösten. Jede Umkehrung der Rollen schadet nicht nur der Tochter, sie schadet auch der Mutter. Die Tochter erklärt: Wenn ich dich wegen der *Macht des Schicksals* nicht besuchen kann, wenn ich wieder nicht kommen kann, diesmal wegen Karten für die Oper, und daß es ausgerechnet die Oper *Die Macht des Schicksals* ist ... Die Mutter lacht endlich ein bißchen, und die Tochter nutzt den Aufwind: Es *ist* die Macht des Schicksals, bei meinen vergeblichen Vorstößen, dich zu besuchen. Ist es das nicht? Schicksal?

Sie wartet jetzt fast böse auf Zustimmung und Heiterkeit der Mutter. Sie soll gefälligst die Komik des Mißgeschicks kapieren und die Doppeldeutigkeit, die Oper als Metapher, und lachen, verdammt nochmal, ist das das Alter bei ihr? Beim letzten Mal hat die Mutter der Tochter zugeredet: Schlechtes Gewissen? Das ist doch Unsinn. Freu dich auf deine Freunde, wenn sie euch schon in ihr Ferienhaus einladen. Bei der Absage davor, als wieder ein Besuchsvorhaben scheiterte, war die Mutter stellvertretend reiselustig: Australien! Das mußt du mitmachen. Zu mir kannst du ein anderes Mal kommen.

Zu ihr kann ich jederzeit kommen, denkt die Tochter. Jederzeit und niemals, wird alles gleichmäßig geduldet. Ich brauche mehr als Duldung. Ich brauche Unterstützung, so wie sonst.

Sag was, Mamma, bettelt sie mit nachgemachter Kinderstimme, und sie stellt fest, wie schmutzig das Telephon ist, und fürchtet, es sei längst nicht so schmutzig wie das Telephon ihrer Mutter, die schlecht sieht, auf einem Auge – wars das linke? – nur noch schwarze Gebilde. Die Tochter findet sich redlich beim Aufzählen der Weihnachtsbesuche, die sie nicht gemacht hat, und kommt jetzt zur Festtagsphase von vor fünf Jahren: Damals hat mir mein Psychiater verboten, dich zu sehen. Verboten! Sie lacht. Und der Grund: Weil ich dich zu sehr liebe. Verstehst du das? Ich sollte mich lösen oder so was.

Die Mutter hatte es nie verstanden, aber akzeptiert, wie alles andere immerzu auch.

Die Tochter versucht es mit einer Wendung ins Allgemeine. Weihnachten zum Fest der Familie zu erklären sei reichlich vordergründig. Eine schnöde Deformation ins Weltliche, damit die Konsumenten konsumieren. Findest du nicht?

Unerwartet wagt die Mutter sich vor: Vielleicht wegen der Heiligen Familie.

Lieber Himmel, ruft die Tochter. Wer von uns allen ist heilig? Niemand ists, oder?

Das findet die Mutter auch.

Nur du, Mammachen, du bists ja fast.

Das findet die Mutter nicht.

Doch, ein bißchen schon, denn dieses Jahr gönnst du mir diesen Opernbesuch, es sind halt Freikarten, erste Reihe. Die Tochter klingt jämmerlich. Sie denkt: Das wird ein teures Telephonat. Aber damit hat ihr Kummer nichts zu tun. Immerhin argwöhnt die nie argwöhnische Mutter nicht, daß der Tochter an dem Opernbesuch gar nichts liegt.

Ich habe *Die Macht des Schicksals* früher sicher gesehen, aber erinnern kann ich mich gar nicht mehr dran, sagt die Mutter.

Ich mich auch fast nicht mehr, sagt die Tochter, die sich immer noch kläglich anhört. Ich hatte mich wirklich auf dich gefreut, Mamma-Schatz. Wirklich.

Dann freu dich jetzt erstmal auf die Oper. Und später, wenn es dir paßt, auf mich.

Endlich hat die Mutter das Richtige zu sagen gewußt. Die Tochter fängt an, sich wohler zu fühlen. Die Mutter hat sich vom Beginn des Gesprächs an wohler gefühlt als vorher mit der Weihnachtsangst, mit der Angst vorm Besuchtwerden: Das vermutet die Tochter jetzt. Die Mutter müßte ja fürchten, in Augenschein genommen zu werden. Nach so vielen Jahren der Trennung – wie alt sie geworden ist, wie wacklig auf den Beinen.

Wir denken ja aneinander.

Das tun wir.

Ich sitze in der *Macht des Schicksals* und denke an dich. Bestimmt. Die Tochter weiß diesmal, daß sie nicht lügt, leider nicht lügt.

Und wir telephonieren.

Ja, wir telephonieren.

Die Stimme der Mutter ist nicht die Stimme einer alten Frau. Sie hat eine junge Stimme, wie eine Sopranistin bei einer gesprochenen Partie in einer Oper hört sie sich an.

Das Telephon ist eine schöne Erfindung, sagt die Mutter.

Das ist es, oh ja, ruft die Tochter.

Beide verabschieden sich sehr erschöpft voneinander.

Schnipp schnapp

Es wird aber jetzt doch immer kürzer, sagte ich. Ich fing an, mich aufzuregen.

Ja, beim Schneiden wirds kürzer. Frau Schwab lachte. Schnipp schnapp machte die Schere.

Nach zwei Stunden Friseur war ich mit meinen Nerven natürlich ziemlich am Ende. Zwei Stunden Radiomusik, Verkehrsdurchsagen, immer wieder die gleichen Nachrichten, und vor allem: zwei Stunden lang mein Gesicht, ungeschützt von den Haaren, die jetzt naß von irgendwelchen Essenzen auf der bloßgestellten Kopfform kleben. Ohne Frisur drumherum sehe ich fleischig aus. Meine Augenpartie erinnert an zwei Schwalben, die wegfliegen. Die Oberlider sind zu dick, drücken auf die Augen und machen sie kleiner. Wirklich, ich hatte mich lang genug angesehen, erst recht absinkende Mundwinkel, neben jedem ein Fleischsäckchen. Ich riß die Augen auf, ich grinste: Es wurde etwas besser. Aber so eine Mimik kann ja kein Mensch durchhalten.

Frau Schwab klemmte ein nächstes kleines Haarbüschel ab und schnitt drauflos.

Ich meine, es wird allmählich erheblich kürzer, sagte ich, und diesmal klang ich nicht wie die nette lustige Kundin von vorhin.

Ja ja. Frau Schwab gab mir seelenruhig recht. Durch die Welle wird es ja auch schon kürzer. Aber der Schnitt ist alles.

In der ersten Stunde bin ich noch guten Muts, ich lege Wert darauf, Frau Schwab bei Laune zu halten, denn ich bin von ihr abhängig. Ich mache ihr Komplimente. Um sie zu amüsieren, gehe ich dabei zu weit, ich sage: Ich könnte Ihre Mutter sein, ach, Unsinn: Ihre Großmutter. Wir lachen. Ich lobe ihre Frisur, egal, ob sie mir gefällt. Sie hat Naturlocken, wie jede Friseuse, die man fragt. Ich gehe ihre Lieblingsthemen durch: den letzten Urlaub, den bevorstehenden Urlaub, Gleitflieger, den Club der Gleitflugfreunde, Haarpflege. Schwer zu glauben, daß Frau Schwab mit ihren kleinen Händen einen Gleitflieger beherrschen kann. Frau Schwab ist meine Friseuse, aber das haben Sie gewiß längst mitgekriegt.

Meinen Sie nicht, daß es genug ist? Ich griff nach ein paar sehr kurzen Strähnen. Vielleicht sollte man aufhören, vielleicht ist es doch schon zu kurz. Ich war in Panik, erhitzt sowieso, aber aus Stolz und Höflichkeit bezwang ich mich und brachte sogar ein Lachen zustande. Sie wissen ja, beim Haarschneiden kriege ich immer diese schreckliche Kastrationsangst. Doch, es ist bereits zu kurz. Endlich hatte ich energisch geklungen.

Auf dieser Seite höre ich jetzt auch auf, aber nun kommt die andere Seite dran. Frau Schwab blieb gelassen.

Ich hielt ihr Handgelenk fest. Trägt man heutzutage nicht alles? Je verrückter, desto besser? Links kurz, rechts lang? Wie wärs denn damit?

Junge Leute machen so was, für Sie fände ichs nicht gut, antwortete die Friseuse. Schnipp schnapp. Sie arbeitete ungerührt. Unter zwei Frottiertüchern und einem Plastiklatz schwitzte ich, mir wurde die Halskrause aus Kreppapier zu eng und das Gesicht rot, ich bekam keine Luft mehr. Eine Zigarette! Sie brachte mir keinen Frieden. Ich sagte: Ich bin doch nicht mehr Ihrer Ansicht, daß kurzes Haar das Gesicht streckt.

Im allgemeinen schon. So lernen wir es, und es stimmt.

Ich finde nicht, daß es *mein* Gesicht streckt. Im Gegenteil, das Gesicht tritt hervor, man sieht mehr Gesicht. Die Lehre trifft auf mich nicht zu. Machen Sie eine Pause und sehen Sie selbst.

Frau Schwab betrachtete mich im Spiegel. Ihr Ausdruck verriet, daß sie mir recht geben mußte.

Es tut mir leid, ich bin schuld. Ich fand mich albern, weil ich Frau Schwab tröstete. Ich zerstöre ein Berufstheorem, ein Friseurkundegesetz. Blödsinniges Lachen von mir.

Aber richtig schlecht aussehen, das tuts eigentlich nicht, sagte Frau Schwab. Wir fönen ja noch, dann gibts mehr Fülle.

Volumen, ja. Frau Schwab zuliebe wollte ich in ihrer Sprache sprechen, und weil ich etwas Hoffnung in das Fönen setzte, gab ich mich wieder fügsam: Ich weiß ja, je älter man wird, desto kürzer sollte das Haar sein. Alte Frauen mit langen Haaren machen sich lächerlich.

Etwas ältere Frauen, korrigierte Frau Schwab mich liebenswürdig.

Sie ist eine nette Person, das schon, aber in Geschmacksfragen liegen wir nicht auf einer Wellenlänge, wissen Sie? Sind Sie je einer Friseuse unter die Finger geraten, nach deren Behandlung Sie genau so aussehen, wie Sie sich das gewünscht haben?

Frau Schwab fönte, ich wartete auf irgendein erstes Anzeichen von mehr Haarfülle und redete mit Ernstgemeintem vermischten Unsinn: So wie Sie möchte ich gern aussehen (gelogen, obwohl sie nicht übel aussieht, ich aber möchte aussehen wie ich selber, nur verbessert), und: Noch ein Vorteil durch den Tod: Keine Friseurbesuche mehr (stimmt!).

Frau Schwab war fertig. Eng am Kopf kräuselte sich

mein zu kurz geschnittenes Haar. Endergebnis. Wissen Sie, ich bin nie nach einem Friseurbesuch ein glücklicher Mensch, der sich unbefangen auf den Heimweg macht, und trotzdem bedanke ich mich bei meiner Friseuse, ich lobe sie sogar, ich bezahle plus Trinkgeld, bin auf und davon. Aber diesmal blieb ich in meinem Dreh- und Rollstuhl sitzen. Ich sagte: Es ist sehr sehr kurz ... Was kann man jetzt noch tun? Da gibt es doch diesen Witz: Bitte, etwas länger. Für mein Lachen verachtete ich mich, ich bin aus Stolz feige.

Frau Schwab wußte Rat: Wir könnten folgendes machen. Wir könnten es noch kürzer schneiden. Ich meine, daß es dann richtig kurz ist. Total kurz.

Wie ich mich entschieden habe? Ja, sehen Sie das nicht selber?

Carlotta kann den Mund nicht halten

Es ist immer wieder dasselbe, wir sitzen friedlich irgendwo, meistens passiert es beim Abendessen, und dann, aus dem Stand, legt mein Vater los. Carlotta hat irgendeinen Mist gebaut, in seinen Augen, ich kanns nicht durchschauen. Carlotta ist meine Stiefmutter, und sie und ich, wir kommen gut miteinander aus. Ich glaube, ich habe sie richtig gern. Aber sie macht auch Fehler, ich meine jetzt nicht die, mit denen sie meinem Vater auf die Nerven geht. Wenn sie ihn zur Weißglut gebracht hat, dann macht sie alles falsch. Sie macht keine Fortschritte, weder beim Streiten noch bei der Geschäftspost für den Laden, und das ists, das Geschäftliche, was meinen Vater auf die Palme bringt. Sie mischt Persönliches rein, anscheinend, irgendsowas Menschliches, sagt Carlotta, es dürfe daran auch den Kunden gegenüber nicht fehlen, und mein Vater sagt »Quatsch« und fängt an, herumzutoben. Und diese Kleinigkeiten fallen ihm ganz plötzlich ein, und er, der eben noch gutmütig und stumm sein kaltes Fleisch gegessen hatte – Carlotta kocht nicht besonders, das hat er zu dulden gelernt – er also legt los. Ich werds nie verstehen. Eine Sache, die Carlotta vermasselt hat, kann so lang zurückliegen wie sie will, sie fällt ihm garantiert immer mal wieder ein, vielleicht kommt das bei ihm zusammen mit dem Kauen, und dann ist er nicht zu bremsen und bringt sie aufs Tapet. Ist das nun mutig von ihm? Ich meine, auch er, mein Vater, er müßte doch, und erst recht abends nach einem anstrengenden Tag – die Spediteure haben viel Konkurrenzkampf und einen Haufen Probleme – also er müßte doch eine ruhige stille Abendrunde am Tisch vorziehen, diesem Herumstreiten und Krakeelen; ist es also mutig, wenn er mit all dem herausplatzt, was er für richtig hält? Ich finds nicht weiter mutig, ich finds eher tolpatschig, einfach blöde. Ich will ja nicht sagen, daß mein Vater sich viel draus macht, meine Stiefmutter zu erledigen – aber wie! Tüchtig und gründlich tut er das. Er fängt jedesmal bei Adam und Eva an, ich meine, er listet ihre sämtlichen Schwächen auf, und ihre Eltern und Geschwister kommen auch auf den Richtstuhl; ich glaub nicht, daß er das genießt, aber richtig darunter leiden, das tut er auch nicht. Es verdirbt ihm nicht mal den Appetit. Uns aber, Carlotta und mir. Wenn mein Vater mit dem Schimpfen fertig ist, macht er zwar ein mürrisches Gesicht, er sieht wie ein Steinblock aus, aber es geht ihm nicht schlecht dabei. Er erkundigt sich: Gibts nicht noch Nachtisch?

Carlotta aber jammert, für sie geht jedesmal die Welt unter, und zwar total. Sie kanns leider nicht durchstehen, einfach mal ein paar Stunden lang den Mund zu halten. Sie tut mir eigentlich immer ziemlich leid, und ich bin auf meinen Vater wütend. Oft, wenn sie mit ihren Anbiederungen bei meinem Vater nicht landen kann, noch viel weniger kann sie ihn überzeugen, sobald sie anfängt, sich zu rechtfertigen und selber rumzuschimpfen, oft dann muß ich herhalten, sie schmust sich an mich heran und nennt mich ihren kleinen Kavalier. Ich bin weder klein noch ihr Kavalier. Trotzdem, sie tut mir leid. Sie hat immer wieder so viel Zuversicht, sie baut sich eine schöne Phantasiewelt auf, glaub ich wenigstens, und dann, mein Vater wird grob, er beginnt mit seinem Krieg gegen sie, dann bricht diese schöne Phantasiewelt zusammen. Man kann es Carlotta ansehen, wie fürchterlich es für sie ist. Warum wird sie nicht ein bißchen schlauer, sie sammelt doch Erfahrungen mit ihrem Mann, er ist wie er ist, er wird sich nicht mehr ändern, muß sie denn bis in alle Ewigkeit auf seine Stimmungsumschwünge reinfallen? Und sie könnte ja auch endlich lernen, diese Sachen mit der Geschäftspost und was sonst noch so ist im Zusammenhang mit dem Geschäft nach seinen Vorstellungen zu erledigen. Vermutlich versteht er wirklich mehr davon als sie, was in einem Betrieb wie seinem angebracht ist und was nicht, und schließlich ist es sein Betrieb und nicht ihrer. Und doch, es bleibt dabei, es ist Carlotta, die mir leid tut, wenn die zwei Krach haben. Schätzchen, sagte sie einmal zu mir, und sie hat mich dabei an sich gedrückt, ich fürchte, ich werd krank davon. Ich spürs hier oben und auch hier, also um mein Herz herum, wenn er nur spricht, wenn er so laut spricht. Weißt du, es ist schon seine Stimme, ja, es ist das laute Sprechen, er schreit mich an. Was er sagt, ich finds nicht so schlimm wie die Stimme, diese laute Stimme.

Ich habs gleichzeitig gern und nicht gern, wenn ich mit Carlotta so zusammengequetscht rumstehe. Schwer zu erklären, was da mit mir vorgeht. Also laß ichs besser. Sie fühlt sich sehr weich an. Keiner darf mich anschreien, befiehlt sie irgendeinem Phantom, sie scheint, während sie auf den Kühlschrank starrt, wirklich jemanden zu sehen, und dem vertraut sie an: Verstehst du, kein Mensch, keiner auf der ganzen Erde darf mich anschreien. Dann wird sie etwas ruhiger, denn anscheinend hat das Phantom ihr recht gegeben. Vielleicht wird sie wirklich mit der Zeit krank von den Zornausbrüchen meines Vaters. Abgenommen hat sie nicht, aber ihr rundes Gesicht sieht manchmal blaß und verkniffen aus. Ich will sagen: Carlotta sieht nicht mehr so jung aus. Sie ist noch nicht mal dreißig. Andererseits erholt sie sich erstaunlich schnell. Das wundert mich jedesmal, weil doch jedesmal alles, aber auch alles, woran sie Halt findet, in ihr und um sie herum einstürzt. Sie wird wieder lustig, zu Späßen und Unternehmungen aufgelegt, sie kriegt ihren etwas leichtsinnigen Gesichtsausdruck, na ja, und so bereiten sich die nächsten Fehler und Unvorsichtigkeiten und Verstöße vor, die sie macht, und damit die nächsten Attacken von seiten meines Vaters. Ich vermute, er ist zu alt für sie. Ich sagte es ihr einmal. Aber dann erst recht, so widersprach sie mir, müßte er was davon verstehen, wie man verzeihen kann. Ich fand, daß sie recht hatte. Carlotta sagte, sie habe einen älteren Mann haben wollen, auf der Suche nach Güte. Von Gnade hat sie auch gesprochen. Sie hat dabei wahrscheinlich an ihren Vater gedacht. Das ist eine Familie, die Familie von Carlotta! Typisch italienisch, denk ich mir mal. Die lieben sich wie verrückt, halten wie Pech und Schwefel zusammen. Doch daß sie nach ihrer Sippe Heimweh hat, halte ich für Schwindel. Und nach dem warmen Klima und allen diesen vielen kleinen Kindern, es ist eine riesige und anstrengende Sippe. Schwindeln kann sie sowieso nicht schlecht. Ich bilde mir ein, sie gut genug zu kennen, um nicht drauf reinzufallen. Nach armseligen Verhältnissen sehnt sie sich bestimmt nicht zurück. Gewiß, sie hat Fehler, aber sie ist ein liebes Ding, und deshalb, leider, muß ich, wenns Probleme gibt mit meinem Vater, auf ihrer Seite sein. Sie hat das Gemüt gepachtet, in unserer komischen kleinen Familie, diesem Dreierclub. Wenns irgendwann bei uns behaglich ist, und das kommt gar nicht zu selten vor, dann geht das immer auf ihr Konto.

Gestern jedoch, da habe ich ihn bedauert, ausnahmsweise ihn. Meinen Vater. Und ich tus immer noch, sobald ich dran denke, was sie ihm angetan hat.

Sie fing immer wieder damit an. Ich raunte ihr zu, daß er doch jetzt erstmal mindestens zwei Stunden lang grantig sein würde und stumm wie ein Felsklumpen, und sie solle ihn einfach so lassen. Sie konnte nicht. Es fand wieder in der Küche statt, in dem Teil der Küche, wo wir essen. Sie fing an, um ihn rumzutanzen, ich meine, diesen Eindruck machte ihr dauerndes Gerede. Sie hat so komisch und geziert geredet, daß mir dieses Bild kam: als würde sie um ihn herumtanzen. Ein Zeug sagte sie! So was zum Beispiel: Eigentlich verkehrte Welt, was wir machen, he, Heinz, ich rede mit dir! Sie lachte, klang ganz schön künstlich. Liebeswerben, rief sie. Es geht üblicherweise vom Mann aus.

Ich wollte eigentlich diesmal rausgehen, aber Carlotta hielt mich zurück, und zwar nur mit ihrem Blick. Sie sah mich so an wie sonst nur ihre Madonna. Ich hab sie früher manchmal in die Kirche begleitet, am späten Nachmittag geht sie hin, das heißt: ich weiß gar nicht, ob sie noch hingeht.

Mein Vater brummte. Das ist das Äußerste als Zeichen, daß er überhaupt zuhört. Zu dem Zeitpunkt wars noch nicht, daß er es war, der mir leid tat. Ich erwartete noch nichts Ungewöhnliches, nur den üblichen erbärmlichen Ablauf. Carlotta bettelte sich an ihn heran, mit ihren Sätzen, und ich fand das nicht in Ordnung. Sei mir wieder gut, komm. Mach mich nicht einsam.

Das war ein neuer Satz. Ich wollte, mein Vater gäbe endlich nach. Carlotta hat das mehrmals wiederholt. Er solle sie nicht einsam machen. Und ich hab drüber nachdenken wollen, aber es wurde ganz dunkel in meinem Kopf. Carlotta erklärte: Ich habe festgestellt, Entzweitsein, das macht einsam. Sie hatte jetzt einen ganz ruhigen Ton drauf. Und ich dachte, was meint sie bloß, und ich ahnte, sie hatte recht. Sie hat schon immer ziemlich allein und verlassen gewirkt, eben: einsam, nach Streit mit meinem Vater. Später fuhr sie die stärkeren Geschütze auf, und damit fings an, daß ich ausnahmsweise meinen Vater bedauert habe.

Carlotta sagte und klang jetzt sehr eindringlich, fast wie jemand, der einen anderen warnt: Wenn ich bedenke, was ich gestern abend beim Einschlafen beschlossen habe! Und gleich beim Aufwachen heute morgen nicht bereut habe und es durchhielt bis vorhin! Ihr kleines Gesicht sah beleidigt und furchtbar bekümmert aus, auch etwas erstaunt, als habe man sie reingelegt. Sie sah wie eine welke Pflanze aus. Wenn ich das bedenke!

Sicher hoffte sie, mein Vater würde endlich neugierig. Ich wars. Was bedachte sie denn da so übertrieben leidenschaftlich? Nichts dergleichen, nichts von Neugier bei meinem Vater. Da fand ich ihn immer noch reichlich stur und war böse auf ihn wie gewöhnlich bei diesem ganzen Gezerr. Er könnte es beenden. Carlotta auch, objektiv gesehen. Aber sie konnte eben nicht, sie konnte den Mund nicht halten. Und so fing sie immer von neuem mit diesem »Wenn ich das bedenke« an, bis mir schließlich die Geduld platzte und ich sie fragte: Was denn? Was bedenkst du denn? Das mache ich sonst nie, mich einmischen, wenn die zwei ihren Ärger miteinander haben, ich halte sonst den Mund, ich bring nichts raus, am liebsten ists mir, sie bemerken mich gar nicht, und dann stehe ich auf, stehle mich raus. Was nur geht, wenn ich mit dem Essen fertig bin. Und wenn Carlotta mich nicht mit ihrem Blick wie für ihre Madonna persönlich anfleht und damit festhält.

Wenn ich bedenke, wie es gestern abend noch war, antwortete Carlotta, und dabei sah sie nicht mich an, sondern meinen Vater. Ich wußte ja, jedes Wort war für ihn. Und trotzdem wars ihr wichtig, daß ich in der Nähe blieb, schwer zu verstehen. Ich sollte wohl nur einfach da sein, vielleicht auch, um so eine Frage wie die jetzt zu stellen, denn mein Vater, der würde sie nicht fragen, er war der versteinerte Klumpen wie jedesmal, wenn er seinen Angriff hinter sich gebracht hatte.

Gestern abend? Ich erinnerte mich: Wir hatten es gestern abend gemütlich. Mein Vater und Carlotta waren sogar richtig aufgekratzt von ihrer Fahrt in die Stadt zurückgekommen, er hatte ihr ein paar neue Sachen gekauft, einen Lackmantel und eine dazu passende Tasche, Schuhe glaube ich auch, und sie hat ihn dafür immer wieder umarmt, sogar mitten im Fernsehprogramm, wir sahen eine Menge durcheinander. Ich verstand nur nicht, warum sie jetzt so viel davon hermachte. Es ist doch meistens so, daß der Ärger meines Vaters aus heiterem Himmel hervorbricht, und immer ist vorher irgendwas schön und friedlich gewesen, und immer fällt Carlotta damit rein, sich auf ihre gute Laune zu verlassen. Da rief Carlotta plötzlich laut, und wieder war es für meinen Vater, der mir weiterhin bis jetzt nicht leid tat: Wenn ich bedenke, daß ich gestern beim Einschlafen beschlossen habe, die Ewigkeit mit dir zu verbringen, du weißt schon, die ganze ewigwährende Zeit im Jenseits, im Himmel oder wo immer es sein wird. Sie fixierte ihn und sah stolz und überanstrengt aus, genau so, als hätte sie den ganzen Keller aufgeräumt oder die Küche von oben bis unten geputzt.

Mein Vater stützte die Ellenbogen auf den Tisch links und rechts von seinem leergegessenen Teller. Gesagt hat er immer noch nichts. Er legte seinen Kopf in die Handteller. Er saß da wie ein Stück Holz, ein Holzklotz.

Ich räusperte mich, und er verstand das Zeichen, endlich brachte er was raus, das klang wie »na und« und »okay okay«.

Carlotta rief: Ich nehme an, das hier, diese Küche, wie hier, unser Leben, das hier ist bereits die Ewigkeit. Es ist die ewige Verdammnis.

Carlotta denkt Nacht für Nacht an Gott und ans Fegefeuer, lauter solche Sachen, so vermute ich mal, und ich liege damit wohl nicht falsch.

Na na na, machte mein Vater. Er hob den Blick nicht vom Tisch und den abgegessenen Tellern, leeren Schüsseln. Klingt ganz schön verwöhnt. Klingt genauso verwöhnt, wie du es bist. Du bist eine verdammt verwöhnte kleine Person, weißt du?

Er hörte sich ziemlich freundlich an. Er wollte einlenken. Ich hätte es gut gefunden, wenn Carlotta drauf eingegangen wäre. Aber sie hats nicht kapiert. Sondern stattdessen einen Schwenk gemacht. Ihr Lachen klang ganz böse triumphierend. Sie deckte den Tisch ab, irgendwie hoheitsvoll, und so sagte sie auch das, womit sie nun meinen Vater erschrecken wollte. Und weil es ihr, glaube ich wenigstens, gelungen ist, hat er mir dann leid getan, zum ersten Mal leid getan nach einem von diesen Kriegsausbrüchen, die auf sein Konto gehen, weil er sie nicht lassen kann, so wie sie ist. Carlotta hat ohne jedes Mitleid von oben herab verkündigt: Mit diesem Beschluß wirds nichts werden. Hier unten ist die Verdammnis, aber dort oben erwartet uns die ewige Herrlichkeit. Und ich nehme dich dorthin nicht mit.

Besten Dank, sagte mein Vater.

Ich werd nicht meine wundervolle Ewigkeit mit dir verbringen. Ich bin vielleicht blöd und ich komme mit dem Bürokram nicht gut zurecht, aber das stimmt nur für das hier. Sie machte mit dem rechten Arm einen Bogen. Sie meinte wieder die Küche, unser kleines Haus, diese Familie und ihre Last. Sie lachte, glücklich hat es sich zwar nicht angehört, jedoch ganz weit von uns weg, von meinem Vater ganz ganz weit und auch von mir. Meine Ewigkeit, ha! Nicht mit dir! Allein verbring ich sie, oder auch nicht allein, mal sehen, aber mit dir bestimmt nicht.

Wenn das stimmt, was Carlotta vom Streit behauptet, daß er sie einsam macht, dann stimmte es dieses Mal für meinen Vater. Wegen ihrem religiösen Getue mit der Ewigkeit, und daß sie meinen Vater nach dem Tod verlassen würde. Das ganze Zeug war wirklich ziemlich verrückt, das weiß doch sowieso kein Mensch, was nach dem Tod ist, und das treuste Liebespaar auf der Welt kann sich hundertmal schwören, sie blieben bis über den Tod hinaus vereint, obs klappt, kann keiner wissen. Demnach – ich weiß wirklich nicht, warum ich in diesem Moment Carlotta gemein fand und meinen Vater verdammt einsam. Und warum er mir plötzlich so verdammt leid tat. Wie gesagt: das erste Mal. Und ich hoffe, daß es das letzte Mal sein wird. Streit werden sie garantiert wieder haben, vielleicht schon übermorgen. Aber mir wirds lieber sein, wenn es dann wie üblich Carlotta ist, die mir leid tut. Ich fands total furchtbar, meinen Vater zu bedauern. Ich möchte das nicht ein zweites Mal erleben. Es wird sowieso nicht mehr genau so wie früher sein, es wird was übrig bleiben.

Nun fanden wir sie alle nett

Wir denken noch manchmal an sie. Ich war die erste, die sie nett fand. Sie spinnt, fand Yvonne. Aber hochgradig, sagte Nicole. Die ist ganz schön überspannt und sie hält den Betrieb auf, war Britts Urteil. Melanie, unsere Jüngste, hatte keine Meinung oder sie paßte sich an. Ich widersprach: Sie bringt ein bißchen Leben in die Bude. Die Patienten sind so stur.

Wir fünf arbeiten in einer Gemeinschaftspraxis der Unfallärzte Dr. Saul und Dr. Meyer. In so einer Praxis ist es anders als zum Beispiel bei einem Internisten. Man lernt die Patienten nicht wirklich kennen. Sie werden versorgt, neue Salben, frische Verbände, die Neuzugänge geröntgt, alles muß schnell gehen, es ist ein Kommen und Gehen, in dem auch unsere beiden Chefs keine Zeit für Gespräche mit den Leuten haben. Natürlich fragen sie nach, wie ein Unfall zustandekam, aber wenn jemand anfangen will, eine richtige Geschichte daraus zu machen und mit Erzählen loslegt, dann hören sie gar nicht mehr richtig zu, sie geben uns ihre Anweisungen und verschwinden zum nächsten Fall. Die Chefs sind tüchtig, sie tun ihr Bestes, aber ich vermute, die Patienten halten sie für nicht gerade umgänglich, eher für mürrisch. Andererseits verhält sich der größte Teil unserer Katastrophenkundschaft sowieso still.

Nur sie war anders, und sie brachte die Chefs sogar dazu, mehr zu sprechen als sonst. Nicht viel mehr, aber immerhin. Sie war immer zu Späßen aufgelegt und dabei sehr liebenswürdig. Ah, heute bin ich wieder beim

Optimisten, sagte sie, wenn Dr. Saul sie empfing. Unsere beiden Ärzte hat sie sofort richtig eingeschätzt. Und von Doktor Saul wurde sie sogar mit Bemerkungen begrüßt wie: Na, was macht das Füßchen? Den Doktor Meyer konnte sie eigentlich nicht auflockern. Zu mir hat sie gesagt: Wie angenehm, daß heute Sie an der Reihe sind. Ihre Verbände sind die besten. Das habe ich natürlich schon aus Kollegialität abgewehrt, aber sie bestand darauf. Ihre Verbände halten am längsten. Ich muß es ja wissen. Wie ich sie einschätze, hatte sie für die anderen aber auch irgendwelche Freundlichkeiten parat, Melanie, unsere Kleine, sieht spanisch oder so aus, und sicher machte sie ihr ein Kompliment deswegen. Und vielleicht lobte sie als die Hübscheste von uns Yvonne, denn sie sieht wirklich sehr gut aus, das finden wir alle. Und Britt hat Naturlocken. Sie wirds ihr mit Bewunderung gesagt haben. Vielleicht hat sie aber auch jede von uns angeschwindelt, vielleicht hat sie jede von uns gerühmt, die besten Verbände zu machen.

Nachmittags fangen wir immer schon um zwei Uhr an. Wir sind selbstverständlich früher da, versammeln uns im Office, aber hinter einer verschlossenen Jalousie. Die Patienten kommen ebenfalls vor zwei Uhr, einige schon um halb zwei. Sie setzen sich ins Wartezimmer. Gegen zwei, unterschiedlich ist das, manchmal auch viel früher, bildet sich im Wartezimmer ein Klima der Feindseligkeit. Es riecht sowieso etwas süßlich in diesem Raum, aber wenn die Feindseligkeit entsteht, wird die Luft richtig dick, die Leute schätzen sich untereinander ab, sie zählen leise vor sich hin, jeder weiß, der wievielte er war, als er eintrat. Ich kann das Dicke und Dichte zwischen den Patienten spüren, wenn ich durchgehe zu den hinteren Räumen mit der eigentlichen Ambulanz. Oft bin ich bepackt mit Verbandsmaterial, und dann ist immer sie es gewesen, die mir geholfen hat, die Tür aufzumachen und hinter mir wieder zu schließen. Da hinten befinden sich der OP, der Gipsraum, der Röntgenraum, eine Kammer, ein Vorraum. Ich kriege manchmal mit, wie die Stimmung im Wartezimmer ist, bevor um zwei per Lautsprecheranlage eine von uns zur Anmeldung bittet. Von ihr habe ich mitgekriegt, daß sie Versuche machte, die Leute ein bißchen auf Trab zu bringen. Einmal wollte sie ein Fenster öffnen, fragte reihum, ob es recht sei, und bekam keine Antwort. Ein anderes Mal rief sie: Oh, heute habe ich meine Lesebrille vergessen. So was Dummes. Hier zu sitzen und nicht lesen zu können. Sie nahm nie eine von unseren Zeitschriften, sie hatte immer ein Buch bei sich. Sie hat gelacht, und wieder hat kein Mensch auf sie reagiert.

Sie kam zum täglichen Verbandswechsel, zwei Wochen lang jeden Tag. Beim ersten Besuch war sie ziemlich wirr, stand vielleicht noch unter Schock, deshalb weiß ich nicht genau, wie der Unfall passiert war. Sie erzählte, sie sei zwei Meter tief senkrecht in einen Schacht gestürzt. Dabei hatte sie sich ihren linken Fuß ganz schön ruiniert. Muskeln überdehnt, drei Zehen gebrochen, den großen Zeh schwer verletzt. Ekeln Sie sich gar nicht vor einem so unästhetischen Anblick? fragte sie mich. Was für eine Frage, nicht wahr. Ich sehe viel Schlimmeres und hab mich dran gewöhnt. Gegen Ende der Behandlung – sie konnte den verletzten Fuß vier Wochen lang nicht waschen – meinte sie, dieser Fuß werde allmählich asozial. Doch, sie brachte etwas Farbe in unser Einerlei. Ich weiß nicht, woran es liegt, vielleicht an der Hektik in der Praxis, sicher doch nicht an einer von uns Helferinnen, aber es kommt bei uns keine gute Stimmung auf. Auch nicht, wenn es warm ist, dann gibt es Platz im Wartezimmer, denn die Patienten können in dem gartenähnlichen Hof warten, zwischen dem Hauptgebäude vorne und der hinten über Eck angebauten Ambulanz mit den Behandlungsräumen. Aber vor zwei traut sich keiner raus. Lieber sitzen sie eng aufeinander im stickigen Wartezimmer, und warum? Jeder will der Erste am Schalter der Anmeldung sein. Soviel ich weiß, achten die meisten zwar doch auf Disziplin bei der Reihenfolge, wie sie gekommen sind, aber mit argwöhnischen Gesichtern. Und dann warten sie wieder im üblichen stummen Brüten und Vor-sich-hin-Glotzen darauf, daß eine von uns Assistentinnen sie beim Namen ruft. Yvonne stellt sich mit dem Rücken an die Glastür zum Gartenareal, von wo aus man in die Ambulanz hinübergeht, und nimmt gleich einen ganzen Schwung Patienten mit. Von da an wird es mit der Stimmung etwas besser. Es wird sowieso schon besser, wenn sie mal angemeldet sind. Vorher gibt es immer wieder Unruhe durch Störenfriede, besonders Ungeduldige. Einer, oder öfter noch eine, ja, es sind meistens die Frauen, und dann die älteren Frauen, eine wird unruhig, sie verläßt ihren Platz und stellt sich schon vor zwei Uhr am Anmeldungsschalter in Bereitschaft. Sie will die Erste sein. Natürlich folgt ihr dann die gesamte Wartezimmerbesatzung. Es kommt auch vor, daß jemand, der später kam, gar nicht erst das Wartezimmer betritt, sondern sich gleich vor dem verschlossenen Schiebefenster beim Anmeldungsschalter aufbaut. Wir haben ja, wie gesagt, die Jalousie als Schutz vor neugierigen und mißtrauischen Blicken, aber wir spüren doch da drin bei uns das Warten, diese Ungeduld, diese wirklich nicht erfreuliche Stimmung. Meine Freundin Marlotte ist Arzthelferin bei einem Internisten, und sie erzählt mir immer, wie nett dort alle sind: Der Arzt ist sehr nett, seine Frau auch, die freitags hilft, die Kollegin – sie sind nur zu zweit – und das scheint auf die Patienten abzufärben, denn von denen behauptet sie, auch die seien alle sehr nett. Aber, wie gesagt, unsere Patienten, sie werden ja bei uns gar nicht erst heimisch.

Die Leute, die sich nicht an die Anmeldemethode der Praxis halten und gar nicht erst ins Wartezimmer gehen, sind bei den andern unbeliebt. Man unterstellt ihnen, sie wollten sich vordrängeln, was oft gar nicht der Fall ist. Auch sie hat am Anfang das Wartezimmer umgehen wollen. Ich stehe lieber hier draußen, hat sie mir gesagt. Aber das ist nicht gut für Ihren Fuß, sagte ich. Sie stand wirklich komisch da, auf einem Bein, den verletzten Fuß ziemlich hoch aufs Treppengeländer gelegt. Sie hat von da an auch im Wartezimmer gesessen und sich dort bemüht, ein bißchen was von Freundlichkeit aufkeimen zu lassen, ich habs ja schon angedeutet, vielleicht wars den andern nicht recht geheuer, und wegen ihres Buches, in dem sie immer las, bis auf den Tag ohne ihre Brille, hat man sie wahrscheinlich für hochnäsig und für eine Einzelgängerin gehalten.

Ich überlege, wer von Ihnen den attraktivsten Hintern hat. Sie lachte. In diesen weißen Hosen sehen sie alle fünf sehr gut aus, also ist es schwer zu entscheiden.

Sie könnte sich zusammennehmen, wirklich, mir machts nichts aus, mir war sie sympathisch, und sie tat mir auch ziemlich leid, weil sie nirgendwo so richtig ankam. Sie hat sich in der ersten Woche redlich bemüht, mit einigen von den Patienten ins Gespräch zu kommen. Das muß man ihr hoch anrechnen, denn schließlich hatte sie ja als einzige nicht vor, die Wartezeit zu vertrödeln, sie hatte ihr Buch, wollte drin lesen. Sie traf auf vier oder fünf andere Leidensgenossen, die genau wie sie ab halb zwei oder so auf den lackierten Bänken herumsaßen, die bei uns das praktische Mobiliar im Wartezimmer sind und an drei Wänden stehen, in der Mitte haben wir, ebenfalls aus hellem, lackiertem, abwaschbarem Holz, einen niedrigen Tisch, auf dem die Patienten sitzen, wenn es richtig voll wird, und das wird es immer. Ich will also sagen, daß sie ganz recht hatte, als sie in die Runde hinein, in dieses Brüten und in die Unlust hinein, verkündete: Viele von uns sind ja nun schon alte Bekannte. Wir sehen uns jeden Tag. Sie hat gelacht und auf eine Antwort gewartet, ich mußte wieder raus aus dem Zimmer, habe also nichts mehr mitgekriegt, aber ich bin ziemlich sicher, daß sie keine Antwort bekam. Einmal hörte ich zufällig, wie sie mit den sehr jungen Eltern eines Säuglings sprach: So winzig und schon ein Patient! Was fehlt ihm denn? Der Bursche, der anstelle der gleichmütigen jungen Mutter den Säugling aus der Tragtasche hebt, hat ihr sogar eine Auskunft hingenuschelt, aber er tats nicht gern. Dieser Säugling hat sich bei seiner Geburt verletzt. Eine Blutansammlung am Kopf, sie muß abgesaugt werden. Er muß zurück in die Klinik.

Sie fassen ihn an wie Tierpfleger, hat sie zum jungen Burschen gesagt. Sie hätte so nicht mit ihm reden sollen, sie benimmt sich nicht, wie es üblich ist. Und daß der Säugling sie an einen Fisch erinnert, hätte sie erst recht nicht sagen sollen. Ich fürchte, sie machte sich immer unbeliebter. Auch bei der alten Dame, die von ihrer nicht mehr so jungen Tochter begleitet wurde. Die alte Dame will mit der Tochter sprechen, aber die Tochter bleibt stumm. Sie nickt nur oder sie schüttelt den Kopf, im äußersten Fall flüstert sie ihrer Mutter etwas zu, und es muß sich dabei um etwas Abweisendes handeln.

Sie, unsere sonderbare Patientin, hat einmal nach ihren gescheiterten Annäherungsversuchen gerufen: Mir schlägt Mißtrauen, Gegnerschaft entgegen. Jeder achtet darauf, daß keiner sich vordrängt. Wenn die

Ärzte und die Assistentinnen einmal mit der Arbeit angefangen haben, geht alles zügig vonstatten, aber für Vordrängler gibt es keine Gnade. Auch nicht bei mir, nicht mehr. Ich werde hier wie Sie alle, ich werde eine von Ihnen. Ich gebe meine freundlichen Blicke und meine deutlich gesprochenen Begrüßungen auf. Ich sage von nun an nicht mehr zu denen, die ich seit acht Tagen wiedersehe: Wir kennen uns doch längst.

Sie spinnt, sie ist ein bißchen verrückt, sie ist übergeschnappt, sie ist überspannt, vielleicht macht sie sich auch nur über alles in der Praxis lustig, sie tut so, als nähme sie unseren Betrieb wirklich ernst, und da wäre sie die Erste, aber wer weiß, vielleicht macht sie sich nur über uns und über die Patienten lustig. So haben wir hin und her überlegt. Fehlt sie uns? Mir ja. Wir hatten sie gut wieder hingekriegt, da trat sie aus dem Gebäude, in dessen Parterre sich die Praxis befindet, und läuft doch dem Rettungswagen genau vor den Kühler. Der Fahrer hat nicht mehr rechtzeitig bremsen können. Ausgerechnet einem Rettungswagen geriet sie unter die Räder. Sie wurde reingeschafft, und im kleinen OP auf der grünüberzogenen Pritsche, auf der sie oft mit dem ausgestreckten bloßen verwundeten Fuß gesessen und auf Dr. Saul oder Dr. Meyer und eine von uns Arzthelferinnen gewartet hat, haben wir, vollzählig, die ganze Mannschaft, uns um sie bemüht.

Es macht nichts. Sie war deutlich zu verstehen, als sie »Es macht nichts« gesagt hat.

Sie muß wohl mitgekriegt haben, daß da nichts mehr zu wollen war. Ich hoffe, sie hat nicht gehört, wie unsere Chefs sich kurz drüber ausließen, den Aufwand mit ihrem Fuß hätten sie sich schenken können. Sie meinen das nicht so, sie müssen manchmal zynisch sein, als Gegenwehr. Sie erleben ziemlich viel Unerfreuliches, nicht wahr?

Was sie dann noch sagte, klang schon etwas verschwommen, aber ich habs verstanden. Sagen Sie es bitte meinem Mann nicht. Sie strengte sich an, ich hörte was von »zu traurig«, sie wollte nicht, daß er traurig wäre, und noch was über Schuhe, da hat sie nicht mehr gut artikulieren können, aber ich bin sicher, es ging um wunderschöne Schuhe, die Belohnung für den Unfall und die Schmerzen am Fuß, und nochmal: Wir sollten ihrem Mann nichts sagen. Nun, diesen Wunsch konnten wir ihr weiß Gott nicht erfüllen, stimmts? Wenn man bedenkt: Alles fing nur mit einer im Verhältnis zu dem, was wir sonst so sehen, leichten Fußverletzung an. Schon ziemlich verrückt, und insofern paßte es fast zu ihr. Aber nett fanden wir sie nun alle, da stand ich nicht mehr allein mit meiner Meinung.

Kurz wie alles

Es geht ihm gut, mir kam er zufrieden vor. Er weiß sich zu beschäftigen, ich denke jetzt an die Wochenenden und an seine Abende, und daß seine Arbeit ihn interessiert, ist gar nicht hoch genug zu bewerten.

Frau Kalt bereitete den Bericht vom Besuch bei ihrem Sohn vor. Er würde ihrem Mann Mut machen. Im Abteil war es ihr fast zu kühl, obwohl sie es kühl liebte, aber sie verstellte die Klimaanlage nicht. Auf das Buch, in dem sie las, konnte sie sich nicht konzentrieren.

Er wohnt in keiner schlechten Gegend, ich habe gehört, es ist die zweitbeste, die Miete ist erträglich. An den Wochenenden besucht er die Sehenswürdigkeiten der Umgebung. Er reist auch in kleine Städte, er ist so interessiert, weißt du. Daß keine Grenze mehr durchs Land geht, er jedenfalls genießts, er ist ja auch dicht dran an den neuen Bundesländern.

Aber genügt das alles für einen jungen Mann von vierzig?

Wie vierzig sieht er nicht aus, würde Frau Kalt auf eine solche Frage antworten. Er sieht jünger aus, und er *ists*, jünger, dem Wesen nach. Sie dachte: Er sieht noch immer aus wie als Kind, nur jetzt mit einem dunklen Schimmer auf der unteren Gesichtshälfte, sieht aus wie zum Abwaschen, warum hat er diesen Bartschatten, er ist doch dunkelblond, nicht schwarzhaarig. Nicht erwähnen würde sie, mit keinem Sterbenswörtchen, die käppchenförmige kahle Stelle auf dem kugelrunden Kopf. Warum eigentlich nicht? Er war doch ihrer beider Sohn. Sie ginge vielleicht so weit zu sagen: Er sieht nicht wie andere aus, er *ist* nicht wie die andern. Er sieht empfindlicher aus. Er *ist* es.

Und seine Wohnung?

Er hat sogar einen Balkon. Frau Kalt dachte an den schmalen Betonauswuchs mit Blick auf Nachbargrundstücke: kleine Gärten, Reihenhäuser. Er ißt dort manchmal, an schönen milden Abenden, der Balkon ist wie für ihn zugeschnitten.

Richtig! Sehr eng. Kein Platz für die Freundin, die ihr Sohn nicht hatte.

Es ist eine nette Wohnung, und er hat sie mit Geschmack eingerichtet. Frau Kalt fand die Wohnung nicht sehr anheimelnd. Sie und ihr Mann hätten mehr zu Behaglichkeit und Komfort beisteuern sollen. Ein Schlafzimmer und ein Zimmer für alles übrige. Und überall: Bücher, Bücher. Auch im Schlafzimmer. Er ist nun mal unser kleiner Gelehrter, ists geblieben. Der Schreibtisch, der Eßtisch, das Sofa, die Sessel, der Fernsehapparat. Radio und Wecker am Bett. Es ist keine sentimentale Wohnung, wenn du weißt, was ich meine, es ist nun mal nicht die Wohnung einer Frau. In der kleinen Küche und im kleinen Bad ist es nicht gemütlich, weil er da nur Oberlicht hat. Solche Sachen sind ihm wahrscheinlich egal. Sie sind ihm ganz bestimmt egal, verbesserte sich Frau Kalt.

Von nun an wollte sie in ihrem Buch lesen. Sie mußte ihren Trübsinn loswerden. War ja auch unsinnig, Trübsal zu blasen, ihrem Sohn ging es gut. Beim Lesen war sie abgelenkt, aber nicht mehr von den Erinnerungen an den Sohn und vom Bericht, den sie erstatten würde: Irgendwas wanderte schimmernd dauernd im gleichen Rhythmus über das große Zifferblatt ihrer Armbanduhr am linken Handgelenk, mit dem sie das Buch festhielt. Ab und zu wischte sie sich über die Augen, als komme die Störung von da, sie hatte in letzter Zeit Probleme mit dem Sehen und deshalb die große Männerarmbanduhr an. Bei einem kurzen Blick aus dem Abteilfenster dämmerte ihr, was es mit diesem Kommen und Gehen der zarten grauen Schatten auf ihrem Zifferblatt auf sich hatte: Der Zug fuhr entlang einer gleichmäßigen Anpflanzung von Bäumen, und die Baumkronen widerspiegelten sich im Zifferblatt. Frau Kalt begriff gar nicht, warum sie das so stark berührte, es machte sie ruhiger, ja sie empfand: Es macht mich glücklich.

Herr Kalt stellte dann fast keine Fragen. Er wartete mit vorsichtigem Ausdruck im Gesicht Satz für Satz darauf, daß Frau Kalts Erzählungen Zuversicht brächten. Und jetzt lachte sie ja sogar, sie war bei der Schilderung des Badezimmers angelangt. Ich hab zu ihm gesagt: Schau dir das an, von mir kann ich nur knapp die Augen sehen, ich muß mich strecken und auf die Zehenspitzen stellen, und dann reicht der Spiegel mir immer noch nur bis zur Nase! Sie lachte wieder, und Herr Kalt wollte es komisch finden. So hoch hängt sein Allibertschränkchen, aber er selber sieht sich gerade bis zum Kinn drin, es war ihm vorher nie aufgefallen, daß das Schränkchen zu hoch hängt. Ist das nicht typisch für ihn? Er ist und bleibt ein Bücherwurm, unser kleiner Gelehrter. Weißt du noch, wie beleidigt sein Klassenlehrer war, als wir alles dransetzten, daß er die zehnte, oder wars die elfte, überspringen konnte? Herr Kalt hätte es lieber gesehen, wenn sein Sohn auf solche Dinge achten würde wie die richtige Aufhängung eines Spiegelschränkchens. Warum ihm plötzlich so viel daran lag, daß sein Sohn sich einen ordentlichen Überblick über sein Aussehen verschaffte, war ihm völlig schleierhaft, schon morgen ists mir wieder vollkommen egal, sagte er sich. Aber komisch, er mußte wieder daran denken, vielleicht, weil er gerade in einem Drehsessel vor einem breiten Spiegel beim Friseur saß, kurz vorm Haarschnitt.

Währenddessen schrieb Frau Kalt einen kleinen Brief an ihren Sohn, und an den Dank für die Bewirtung mit Tee und Keksen und für die kleine Stadtführung und die Erklärungen in der St. Laurentius-Kirche schloß sie die Sätze: »Stell dir nur vor, auf der Heimfahrt habe ich mich plötzlich richtig wohlgefühlt. Ohne Anlaß. Natürlich wars wichtig für das Zustandekommen von beinah so was wie Glück, daß ich jetzt weiß, wie du lebst und alles das, und daß ich allein im Abteil war und mein Zug pünktlich und daß es kühl war und meine Lektüre genau richtig, aber doch: ohne Anlaß, dieses Wohlgefühl. Außer vielleicht diesem: Im Zifferblatt meiner Uhr haben sich Baumschatten gespiegelt, sie kamen und gingen, und ich brauchte eine ganze Weile, bis ich das herausfand. Halt mich nicht für verrückt, obwohl es vielleicht ein bißchen verrückt ist.«

Herr Kalt beobachtete unterdessen die Kleine genau, von der er sich vorzugsweise die Haare schneiden ließ. Er mochte ihre winzigen Hände, die geschickt und energisch auf seinem Kopf herumfuhrwerkten, beachtlich viel Kraft in den schmalen Kinderfingerchen, wenn sie bei der Haarwäsche die Kopfhaut massierten. Die Friseuse lächelte viel, zierlich und engelsgleich wie sie war, schien sie ihm zu zart für das Berufsleben zu sein. Ihr hellblondes dichtes Haar, das in langen lockeren Wellen bis tief herunter über ihre schmalen Schultern hing, vorne und hinten, so viel Masse Haar, mußte doch zu schwer für den kleinen Kopf sein, und Herr Kalt dachte: Ihr Vater hat es auch nicht leicht, wenn er an sie denkt. Er selber wünschte sich gar nicht, jetzt an seinen Sohn zu denken, aber ermutigt vom herzlichen liebreizenden Ausdruck in dem niedlichen Marzipangesicht der kleinen Friseuse sagte er: Hab ich einen Wunsch frei?

Aber bitte, ja, was darfs denn sein? Die Kleine kicherte und vermutete wahrscheinlich, er wünsche sich eine Haartolle oder sonst etwas, das sie ihm beruflich erfüllen könne, irgendein Gel oder was die Leute so mit ihren Köpfen anstellten.

Ich fänds gut, wenn Sie meinen Sohn kennenlernten. Er hat bald Urlaub, und dann fänd ichs richtig gut. Herr Kalt genierte sich überhaupt nicht mehr, ungewöhnlich bei ihm, etwas Ähnliches hatte er nie zuvor unternommen. Jetzt fühlte er sich nur weich und innerlich erwärmt. Wie viel Kälte mußte üblicherweise in ihm hausen. Quatsch, ermahnte er sich, mach nicht aus deinem Namen einen Mythos.

Die kleine Friseuse lachte vergnügt.

Eine nette Idee, wirklich. Fährt er denn auch Motorrad? Mein Mann und ich, wir sind ganz verrückt aufs Motorrad. Sind jetzt in einem Club und jedes Wochenende, wenn das Wetter mitspielt ...

Herr Kalt hörte nicht mehr genau zu. Mit diesen Babyhändchen hält sie sich auf einem Motorrad fest! *Ihr* Vater möchte ich auch nicht sein, dachte er, als Frau Kalt zu Haus sagte: Bißchen kurz, das Haar, oder? Frau Kalt fiel die kahle Stelle auf der Schädelplatte ihres Sohns ein, und sie empfand Mitleid mit ihrem Mann, obwohl sie ihm diesen Kummer nicht mitgeteilt hatte. Sie fand, sie solle ihm von dem Buch erzählen, das zur Zeit ihre Abende vor der Versuchung blöder Fernsehprogramme rettete, und sie tat es. In der Hauptsache gehts um Eltern, die sich scheußliche Sorgen machen und es nicht wahrhaben wollen, daß ihr Sohn Crack nimmt.

Ihr eigener Sohn trank nicht einmal dann und wann ein Bier. Blöder Kerl, ging es seiner Mutter durch den allerdings beschämten Kopf. Da sind wir mit unserem kleinen Gelehrten noch gut dran. Ich meine, wir sinds sowieso, sagte sie.

Kleiner Gelehrter, wiederholte Herr Kalt grimmig bei sich. Ist er auch so verrückt nach Motorrädern? Da war wieder die rauschgoldengelhafte Friseuse, und seine Niederlage. Noch ein Kind, und schon verheiratet. Der Typ quetscht sie ja zu Tode, wenn er sich auf sie schmeißt, falls er sie nicht mit dem verdammten Motorrad umbringt. Seine unerklärliche Vertrauensseligkeit, sein Wohlbehagen bei der inneren Erwärmung des Gemüts, als er die Frage stellte, ob er einen Wunsch bei ihr frei habe und dann ganz ungeniert von einem Treffen mit seinem Sohn gesprochen hatte, fiel ihm wieder ein. Frau Kalt stellte sich ans große Fenster zur Baumgruppe im Westen. Es stürmte seit ein paar Stunden, und die Wipfel der beiden Essigbäume schwankten und bogen sich hin und her. Sie probierte am richtigen Einfallswinkel des Lichts auf dem Zifferblatt ihrer Armbanduhr herum, aber nichts tat sich. Warum war sie plötzlich so unschlüssig, mit gar nichts einverstanden, was war los?

Es ist wirklich sehr kurz. Ich finds zu kurz, diesmal, dein Haar.

Kurz wie alles, oder? Haare, das Glück …

Es wächst ja nach.

Genau. Tut es.

War das diesmal eine andere Friseuse?

Es war eine andere, ja. Meine arbeitet nicht mehr dort, sagte Herr Kalt.

Hol mich ab

Hurra, prima, bestes Resultat, sang Jana sich vor. Ich habe den Job, hörte sie sich Severin erzählen, und nicht nur den Job, auch die angestrebte Gehaltshöhe habe ich erstritten, ohne Streit, nur mit Argumenten. Wenn das kein Freudentag ist!

Aber es war kein Freudentag. Jana spielte bloß ihr Triumphgefühl, und das Bewußtsein machte nicht mit, es war sogar ein regelrecht unglückliches Bewußtsein. Auf dem Hinweg im Taxi hatte sie sich wundervoll gefühlt, bereit, alles interessant und sogar schön zu finden, alles was sie unterwegs sah, und Severin wollte sie berichten: Gegen München war ich, glaub ich, immer ungerecht. Diesmal fand ich es fast römisch, wenigstens da und dort, an Rom erinnernde Gebäude, richtig imponierend. Jetzt ging sie zu Fuß, Wind blies ihr ins Gesicht, die Sonne blendete, und sie fand die Häuserzeilen häßlich und nirgendwo mehr eine römische Reminiszenz. Sie mußte aufpassen, sich nicht zu verirren. Auf dem Stadtplan hatte der Weg zurück zum Hotel nicht kompliziert ausgesehen, aber schon machte sie Fehler, fragte Passanten, lief Straßen zurück. Ich muß mich konzentrieren, nahm sie sich vor. Aber ihre Gedanken stocherten immer wieder im Vormittag herum.

Der Verlag, durch den zuerst die Chefsekretärin, dann der Vertriebsleiter sie geführt hatte, gefiel ihr gut. So hatte sie sich einen Verlag mit großer Tradition immer vorgestellt, altehrwürdig, Photographien berühmter Schriftsteller hingen an den Wänden, die Treppenstufen knarrten, jüngere Männer und Frauen eilten mit Papierbögen in den Händen vorbei – doch hauptsächlich flößte er ihr Furcht ein. Sie empfand sich als Hochstaplerin, weil sie dauernd »oh ja« sagte, »ja ja« und »aha«, wenn sie gar nicht richtig zugehört hatte oder nicht verstand, was man ihr erklärte. Aber das war ja heute noch gar nicht meine Arbeitsplatzeinweisung, vertröstete sie sich auf später: noch drei Monate Zeit bis dahin. Mit der Sekretärin gab sie sich nach der Methode »von Frau zu Frau« vertraulich, »schöne Jacke, nebenbei«, sagte sie, und etwas später fragte sie: Ihren Friseur müßten Sie mir dann verraten. Für den Vertriebsleiter verwandelte sie sich in einen anderen Frauentyp: schelmisch, vielleicht verführbar. Und um ihren Respekt vor dem ziemlich zugeknöpften Juniorchef zu verbergen, spielte sie bei ihm in seinem dunkelgetäfelten Besprechungszimmer bald den Profi, bald, wenn sie die Profi-Attitude nicht durchhielt, die Demütige, die beispielsweise einen solchen Quatsch von sich gab – Severin wäre entsetzt gewesen – wie: Oh, ich hoffe, ich bin dem allen gewachsen! Ich hoffe, ich werde Sie nicht enttäuschen. Ach wie furchtbar blöde, wie kindisch von mir, dachte sie jetzt. Der Juniorchef hatte nämlich zwar immerzu gelächelt, dabei jedoch nicht besonders nett, eher skeptisch ausgesehen. Er schien keinen Humor zu haben, das wars wohl.

Abends war sie zu einer anscheinend ziemlich wichtigen Veranstaltung des Verlags eingeladen, man träfe dort auf die geistig-kulturelle Creme der Stadt. Schauplatz: ein Museum. Wie kommt man dahin? Vergebliches Anlächeln von Vertriebsleiter, dann Sekretärin. Eine andere junge Frau, wahrscheinlich eine Lektorin, stand auch dabei. Niemand bot an, sie im Hotel abzuholen. Jana verlor die Lust an der Teilnahme. Ach nein, es handelte sich um mehr als ums Verlieren der Lust.

Es war kränkend. Sie wurde nicht geachtet. Aber dort im Verlag hatte sie sich nichts anmerken lassen, und Severin würde sie erzählen: Sie hielten mich für eine selbständige Frau, klarer Fall, bestimmt wollte sich deshalb niemand anmaßen, sich um mich zu kümmern. Trotzdem, Severin würde es schnöde finden.

Bevor sie den Verlag verließ, fragte sie den Vertriebsleiter: Ob ich mal telephonieren dürfte? Es ist ein Ortsgespräch.

Aber selbstverständlich, sagte der Vertriebsleiter, ich bringe Sie zum nächsten Telephon.

Jana erzählte: Meine Freundin, ja ich habe hier eine gute Freundin, sie bittet mich auf einer Nachricht, ich fand sie im Hotel, sie bittet mich dringendst, ja flehentlich, sie anzurufen. Das wäre jetzt also ganz gut, ich meine, wenn ich das jetzt machte. Ich nehme an, sie lauert schon lang neben ihrem Telephon.

Ja, wenn das so ist. Der Vertriebsleiter lachte, wahrscheinlich hatte er gar nicht richtig zugehört, denn er las im Gehen in einem Schriftstück. Er bedauerte, doch leider müsse er sich jetzt verabschieden.

Im Büro der Werbeleiterin brachte Jana nochmals ihre Geschichte von der Freundin vor, die auf ihren Anruf lauere. Warum bin ich so überdreht, so hastig, warum rede ich so viel und grinse in alle Richtungen, fragte sie sich, und sie fing an, auf den Verlag wütend zu werden und sämtliche Verlagsangestellten zu hassen. Sie wählte die Nummer ihrer Freundin. Sie rechnete damit, daß die Freundin sie abholen und mit zu sich nach Haus nehmen würde. Jana sehnte sich nach Entspannung beim Kaffee und gemächlichem Ausquatschen, Abendessenseinladung. Es würde gut tun, endlich bei einem Menschen zu landen, von dem man ersehnt wurde. Erkannt, entdeckt, geliebt, geachtet. Vor Jahren war diese Freundin ein bißchen lesbisch gewesen, beziehungsweise sie hatte versucht, es zu sein, Jana als Ziel des Experiments. Das war überstanden. Jana ließ das Telephon der Freundin nun schon zum sicherlich achten Mal läuten. Es ging keiner dran. Sie fühlte sich von der Werbeleiterin und ein paar anderen Leuten beim Warten beobachtet.

Das ist ja merkwürdig, sagte sie. Sie wartet so fanatisch drauf, daß ich sie anrufe, und nun nimmt niemand ab. Sehr sonderbar. Sie lachte, die Lage wurde peinlich, sie legte auf. Das ist fast unheimlich, sagte sie. Wahrscheinlich gehts ihr zu schlecht, um dranzugehen, ich kanns mir nicht anders erklären.

Vielleicht stimmt die Nummer nicht, sagte jemand Höfliches.

Wie auch immer, ich versuchs vom Hotel aus.

Jana verabschiedete sich, böse auf die Freundin. Eine ersparte Taxifahrt war dahin. Kaffee, Kuchen. Ein Abendessen. Jana gab nicht gern Geld aus, wenn sie in einer fremden großen Stadt war. Aber mehr noch war dahin: Geborgenheit, Ausruhen, Geliebtwerden. Nirgendwo, seit ich den Verlag betrat, habe ich das Gefühl gehabt, daß man mich achtet.

Alle diese unguten Eindrücke splitterten ihr auf ihrem windigen sonnigen kalten Fußweg durch den Kopf. Prima, hurra, wollte sie wieder den trüben Gedanken entgegensetzen und im Geist schon vor Severin damit prahlen, daß sie den Job hatte. Aber trostlos und mürrisch war ihr zumute, und Hunger hatte sie auch. Kein Mensch im Verlag hatte vorgeschlagen, irgendwo mit ihr zu Mittag zu essen, aßen sie denn alle nichts?

Die Freundin ging auch nicht ans Telephon, als Jana vom Hotel aus anrief. Jana aß etwas Gebäck aus der Reisetasche, sie setzte sich in den kleinen harten Sessel in ihrem Zimmer und legte die Beine auf den Stuhl am Schreibtisch, dessen Fläche von einem Fernsehapparat blockiert wurde. Sie versuchte zu lesen, aber sie konnte sich nicht konzentrieren, und immer wieder stand sie auf, wählte die Nummer der Freundin. Um sechs Uhr, der Nachmittag vertan, meldete die sich endlich. Die Stimme schläfrig, langsam, überrascht.

Oh, ich habe meinen Mittagsschlaf gemacht. Die Freundin lachte. Ein bißchen ausgedehnt, ich hatte Kopfweh. Und der Telephonhörer liegt manchmal nicht richtig auf der Gabel. Möchtest du, daß wir uns treffen?

Es klang freundlich, aber nicht wie eine Herzenssache. Ich war den ganzen Tag über nicht weiter stolz, dachte Jana, warum also jetzt? Und das Essen wird umsonst sein.

Hol mich ab, sagte sie.

Fieber heilt

Der Bürgermeister Jörg Liebig saß vor seiner Suppe, schon wieder in strahlend guter Laune. Wir kommen vorwärts, unaufhaltsam, prahlte er mit einer Stimme, die fest war und gleichzeitig feucht, ein bißchen schmatzend, und aus seinem Mund roch es nach Ochsenfleisch. Ich will gleich nachher mit Karl-Peter telephonieren. Er muß in seinen Beitrag die positive Haltung der Bürgerschaft einbeziehen. Sie ziehen wirklich alle bestens mit. Auf beiden Seiten, da wie dort. Ehe es noch richtig beginnt, mit Kontakten und dem ganzen Hin und Her, er ist doch schon da, der Austausch.

Karl-Peter, das war Pfarrer Antrich und, seitdem beim Bürgermeister die Europa-Euphorie ausgebrochen war, sein Freund. Bei beiden Seiten, die da, laut Bürgermeister, so gut mitzogen, bestens, handelte es sich um die Heimatstadt und eine kleine Stadt in den Karpaten. Yella, die Frau des Bürgermeisters, mußte an Vampire denken, vor allem, weil ihr Mann jetzt die Zähne zeigte, aus denen er Fleischfasern mit dem Nagel des Zeigefingers zu pulen versuchte. Und einen düsteren Ort sah sie vor sich, die neue Partnerstadt, zwischen steilen felsigen schwarzen Bergen, unwirtlich, ungemütlich. Sie beschloß, nicht mitzukommen, wenn ihr Mann mit den Stadtverordneten und ihren Ehefrauen in frohgemuter Ausflüglerstimmung zur ersten offiziellen Freundschaftsbesiegelung dorthin führe. Ihr fiel der Satz ein: Ich habe die Nase voll. Ihr Mann zog zum Zweck der Verschwisterung eine europäische Stadt nach der andern an Land. Er sagte: Wir liegen weit vorn mit Schwesterstädten, weit vorn gegenüber gleichartigen Gemeinden. Ich vermute, die Europa-Plakette ist uns sicher.

Diese Plakette wollten sie ausgerechnet auf dem Katholikentag gewinnen. Der Bürgermeister und der Pfarrer waren für einen Auftritt in der Kategorie »Aus der Praxis« gebucht. Er fände als Freilichtveranstaltung auf der Bretterbühne eines Festplatzes statt.

Die Frau des Bürgermeisters sagte: Fein. In ihrem Ton lag das blanke Nichts. Das Nichts des Überdrusses. Männerspiele, Hobbies, dachte sie, es ist alles so furchtbar überflüssig.

Das Kind hat immer noch 38,7, sagte sie.

Ei ei, machte ihr Mann. Aber Kinder haben erstens leicht Fieber, und zweitens sollen sie fiebern. Verdammt, das Ding sitzt fest. Er mußte jetzt wieder zwischen den Zähnen bohren. Als er fertig war, fuhr er fort: Das Fieber wirkt wie ein Medikament. Es nimmt den Kampf auf gegen werweißwas, also gegen das, was im Körper nicht stimmt.

Du kannst das Fieber mit unserem Motor für die europäische Städteverschwisterung vergleichen, dozierte der Bürgermeister Liebig, als er nach beendeter Mahlzeit dem Telephon in seinem Arbeitszimmer zustrebte. Beim Tischabdecken hörte seine Frau ihn »Hallo, alter Freund« rufen. Nun würde er ihm von dem trostlosen Karpatenstädtchen stolz berichten, und sie wollte es nicht hören. Sie stellte das Geschirr in der Küche ab und ging dann die Treppe hinauf, um nach dem Kind zu sehen. Vorsichtig öffnete sie die Tür. Das Kind lag wie im Schlaf da, aber im geröteten Gesicht waren seine Augen offen, kleine fieberglänzende Augen. Es hatte seine Mutter nicht bemerkt, und weil der plötzlich unheimlich zumute war, schloß sie die Tür wieder, ohne eingetreten zu sein. Ihr Mann rief zu ihr herauf:

Karl-Peter kommt zum Abendessen, also bereite irgendwas vor, mach ein paar Schnittchen zurecht, oder, noch besser bei der Hitze, mixe drei vier Salate zusammen, na du weißt schon, es wird dir schon was einfallen. Wichtig: kalte Getränke, und nicht zu knapp. Er lachte: ein Geräusch der gerecht verdienten Selbstzufriedenheit. In dieser ihm wohlvertrauten Gemütsverfassung fuhr er zurück in sein Amt.

Yella, seine Frau, beabsichtigte, sich einen kleinen hochsommerlichen Rausch zu genehmigen. Gegen halb sechs am Spätnachmittag würde sie mit dieser Selbstverwöhnungslist anfangen. Salate will er, Schnittchen? Daß ich nicht lache. Sie würde überhaupt nichts selber machen. Sie würde beim Pizza-Dienst anrufen. Vorher telephonierte sie mit Ingrid: Könntest du so für circa zwei Stunden beim Kind Wache halten? Keine Sorge, Arbeit ist nicht damit verbunden, es geht nur drum, daß jemand da ist. Es hat ja Fieber, will nicht mal spielen, stellt keine Fragen und all so was. Du kannst an deiner Arbeit weiter schreiben.

Ingrid bereitete sich auf ihren Magister in Sozialpädagogik vor und war bereit, das heute zwei Stunden lang im Kinderzimmer der Liebigs zu tun. Was nimmst du denn da mit? fragte sie, als Yella sich mit einem Buch unterm Arm verabschiedete. Das biblische Handwörterbuch. Die Konkordanz. Yella betrachtete das Buch, als müsse sie sich vergewissern, womit sie sich für ihren Spaziergang zum Fluß ausrüstete. Ich werde mich irgendwo in den Schatten setzen. Ich will rausfinden, wie diese Männer ihren Stadtverschwisterungstick mit der Religion verquicken. Wenn du das Kind dazu bringst, daß es ab und zu was trinkt, bist du ein Engel.

Das ist ein Winteressen. Der Bürgermeister schaute mißmutig auf die Pizzateller, sandte dann seiner Frau einen strafenden Blick zu. Die dampfen ja, und wir zwei, wir dampfen auch.

Aber es ist europäisch. Es ist italienisch, sagte seine Frau vergnügt.

Ist doch in Ordnung, ich mag das. Der Pfarrer, auf eine etwas chronische Art, waltete seines Amtes und stiftete Frieden.

Der Europa-Gedanke wird euch sowieso ablenken, was immer ihr eßt, sagte Yella und setzte sich zu den Männern an den Tisch.

Bleibst du hier? fragte der Bürgermeister freudlos.

Aber ja.

Seine Frau verwunderte ihn, was ihn störte. Er hätte es lieber gesehen, wenn sie sich wie üblich verzogen hätte. Bei ihr wußte man nie, was sie im Schilde führte, überhaupt: bei Frauen, sie funkten dazwischen, sie waren emotional, hielten sich nicht an ungeschriebene Verträge, brachten irgendwelchen Quatsch in die ordentlichen Gefüge zwischen Männern.

Und so geschah es. Kaum hatte der Pfarrer ihnen eröffnet, er werde in einer Ode nicht nur die Idee der Stadt und die vom geeinten Europa herausstellen, sondern, um dem Anlaß seinen Tribut zu zollen, das Religiöse integrieren, da und dort, er sagte: Keine Angst, ich mache das mit Gott sozusagen in homöopathischer Dosis, da lachte Yella ihm in die Fortsetzung seiner Rede: Wenn man lang genug schüttelt, geht der Wirkstoff raus, stimmts, bei dem homöopathischen Hokuspokus, und am Schluß ist nichts mehr drin davon, du kannst ebensogut Wasser trinken. Du schüttelst deine Europa-Ballade ...

Ode, verbesserte der Pfarrer.

Und schon verschwindet Gott. Er würde doch nur stören. Yella lachte wieder. Er hat nichts damit zu tun. Also handelst du richtig. Wirklich, das war keine Kri-

tik. Ich finds gut, wenn Gott raus ist. Yella schauspie-
lerte den Männern ein ernsthaftes Gesicht vor.

Gott ist nirgends raus, er ist immer dabei, sagte der
Pfarrer und klang etwas kläglich.

Mitten unter uns oder so ähnlich, gehts nicht so? Der
Bürgermeister überlegte. Wenn zwei oder drei von
euch versammelt sind ... na und so weiter. Yella, woll-
test du nicht nach dem Kind sehen?

Das Fieber ist gut für das Kind, sagte Yella. Wie lang
wird sie denn werden, deine Ode, Karl-Peter?

Nun, ich habe bisher fünf Strophen, sagte der Pfarrer. Er war nebenbei, sozusagen als der private Karl-
Peter Antrich, ein Lyriker, und manchmal veröffent-
lichte die Regionalzeitung eins seiner Gedichte,
säkularisierte Gebilde mit tagespolitisch-kritischer
Tendenz.

Hast du auch die D-Mark drin? In der Ode? fragte
Yella. Diese unerwartete Kraft in ihr erstaunte sie, sie
war ihr fast unheimlich. Wie boshaft sie sein konnte!
Sie mußte an einen geöffneten Furunkel denken. Die
D-Mark war der wunde Punkt beim Europa-Elan ihres
Mannes. Er liebte die D-Mark. Und wenn er an sie
dachte, wurde Europa ihm unbehaglich. Jeder sollte
seine eigene Währung behalten, fand er. Sonst: Ver-
einigung, ja. Aber beim Geld hört bekanntlich die
Freundschaft auf.

Im Vordergrund steht die Partnerschaft der Städte,
sagte der Bürgermeister. Das menschliche Miteinander
über die Grenzen hinweg. Und unsere Stadt mit ihrer
nun schon elften Partnerschaft, die ist es, die uns auf
diese Festtagstribüne hebt.

Es wird eine einzige Währung geben, sagte Yella
streng, und daraufhin sahen die beiden Männer wie
zwei betretene dumme Jungen aus, denen die Mutter
spielverderberisch ins Handwerk pfuscht. Sie säbel-

ten, jeder über seinen Teller gebeugt, an ihrer Pizza herum.

Ich wüßte doch gern, wie es dem Kind geht. Solltest du nicht nach ihm sehen? Der Bürgermeister versuchte wieder, seine Frau loszuwerden.

Es benimmt sich ziemlich autistisch, will allein sein. Das Fieber ist hoch, es isoliert das Kind. Yella hob die Stimme: »... sah er die Stadt an und weinte über sie ...«

Yella, ich bitte dich! Der Bürgermeister klang drohend. Auf seinem Tellerrand lag eine Sammlung schwarzer länglicher flacher Tiere. Sie sahen wie ermordete Käfer aus. Es waren die Sardellen, die der Bürgermeister von seiner Pizza weggestochert hatte.

Dein Mann hat uns eine Stadt geschenkt, die keinen zum Weinen bringen kann. Der Pfarrer aß Sardellen gern. Die Menschen in unserer Stadt genießen das neue Einkaufszentrum, die Blumenkübel in der Fußgängerzone, in der Europa-Anlage gedeihen die Pflanzen, und wir haben Kunst am Bau, nimm nur das Arbeitsamt, die Stadtverwaltung, und die Menschen sitzen am Jacques-Delors-Brunnen auf der Sandstein-einfassung ... man kann sagen, sie genießen die Stadt.

Sie gießen die Straßenbäume nicht. Nichts gedeiht. Die Anpflanzungen sind liliputanisch. Es regnet zu selten. Und in den verkehrsreichen Straßen sind die Bäume ganz und gar weg. Yella hob die Hand, benutzte sie als Stop-Schild: Ich weiß, ich weiß, Bäume gefährden den Verkehr. Bäume stören, versperren die Sicht, hundertmal gehört.

Wir leben nun einmal im letzten Jahrzehnt des zwanzigsten Jahrhunderts. Der Bürgermeister stöhnte und wandte sich feixend an den Pfarrer: Sie will und will das nicht einsehen.

Das vorhin, das war aus dem Lukas-Evangelium, das mit dem Weinen über die Stadt. Yella atmete schwer.

Der Pfarrer behauptete, das habe er bemerkt. Aber aus dem Zusammenhang gerissen. Er aß schnell weiter, als fürchte er, man werde ihn nach dem Zusammenhang fragen.

Unsere Stadt und unsere Partnerstädte hat dein Lukas nicht gemeint, sagte der Bürgermeister. Das steht nun mal fest. Felsenfest.

Seine Frau rief: Und jetzt Hesekiel: »Willst du nicht weinen über die mörderische Stadt.« Oder, Offenbarung: »Die Stadt bedarf keiner Sonne.«

Und ob sie der Sonne bedarf. Der Bürgermeister lachte böse. Schau dir doch endlich mal unsere Mitbürger an, wie sie in der Stadt die Sonne genießen. Karl-Peter, du mußt wissen, Yella geht so gut wie nie in die Stadt. Sie treibt sich am Fluß rum, unter den Weiden. Der Bürgermeister lachte höhnisch.

Im Ausländerparadies, hm? Auch der Pfarrer lachte.

Die Ausländer sind ein echtes Problem, sagte der Bürgermeister.

Aber es sind Europäer, rief Yella. Der Europa-Gedanke, mein armer Schatz, hast du den vergessen?

Mit unserem milden Klima werben wir für die Stadt. Der Bürgermeister meinte zwar seine Frau, aber er sah dabei seinen Freund an, den Pfarrer, der ihm als Rettungsanker erschien. Wir haben hier fast so viele Sonnentage wie … ihm fiel nichts ein. Nicht gerade wie Los Angeles, aber die haben ja auch Smog, und so wie L.A. würden wir nie werden wollen. So riesig. Kurz, die Menschen brauchen die Sonne, und die Liebe, man muß die Menschen lieben, und also auch die Städte, damit Menschen sich in ihnen wohlfühlen …

Diese Gedanken eben, sagte der Pfarrer, noch ein bißchen geordnet, und du bist im Zentrum deiner Rede beim Katholiken-Europa-Treffen. Bravo.

Die Ausländerinnen lieben ihre Kinder, dort unten

am Fluß, sagte Yella. Sie frisieren die kleinen Mädchen, sie heben sie hoch wie Puppen, bewundern sie.

Und apropos »mörderische Stadt«: die Kriminalitätsrate steigt nicht. Nicht bei uns, sagte der Bürgermeister. Sie sinkt aber auch nicht, dachte er. Er hielt seine Frau für betrunken, und trotz sonst geringer Einfühlung und Auffassungsgabe: hierfür besaß er einen Instinkt. Zu seiner Erleichterung machte Yella sich auf und davon. Ich sehe mal nach dem Kind, sagte sie.

In der Küche stärkte sie sich mit einem Schluck aus der Ginflasche. Diesmal trat sie beim Kind ein. Es schien ihm besser zu gehen, die Stirn war nicht mehr so heiß, und es sah quengelig aus.

Mein armer Liebling, du hasts geschafft. Du hast wieder den ganzen Schlamassel vor dir, die andern Kinder, die Schule, die Mitmenschen, die Sonne, dieses schöne idiotische Leben.

Kann ich deine Sardellen haben? fragte der Pfarrer den Bürgermeister, als Yella zu den Männern zurückkehrte.

Das Fieber ist nicht mehr so hoch, berichtete sie. Es geht dem Kind besser.

Das wird sie ruhiger machen, es wird sie normalisieren, tuschelte der Bürgermeister mit dem Pfarrer, und zu seiner Frau sagte er: Hab ichs nicht verkündet: Fieber heilt.

Was für ein Glück für euch beide. Der lyrisch-politische Pfarrer benutzte sein Gesicht für zwischenmenschlich erwärmende, milde Angelegenheiten. Er schien den Eindruck vermitteln zu wollen, die Gesundung des Kindes gehe auf seine Anwesenheit bei der Pizza zurück.

In diesem Augenblick fiel Yella wieder das Bild der kleinen trüben eingeengten, zwischen schwärzliche

Berge genagelten Karpatenstadt ein, während sie dem Pfarrer dabei zusah, wie er das schwarze Sardellenhäufchen vom Tellerrand ihres Mannes verzehrte.

Es muß weitermachen, mit allem, das arme Kind, sagte sie.

Es darf, es darf, korrigierten die Männer. Sie beugten sich jetzt über Akten, hatten die leeren Teller beiseite geschoben.

»Die Stadt als menschlicher Ort, von Gott so gewollt.« Bringst du das künstlerisch auf die Beine?

Oh ja, wenn du den bürgermeisterlichen Aspekt erledigst.

»Denn wir haben hier keine bleibende Stadt, sondern die zukünftige, die suchen wir«, rief Yella ihnen in Predigerstimmlage zu.

Aber gewiß, das sowieso, sagte der Pfarrer zerstreut.

Was willst du damit sagen, Karl-Peter, fragte der Bürgermeister. Er machte wieder ein besorgtes Gesicht.

Nichts weiter. Hat nichts mit dem großen Ereignis zu tun. Jetzt ist jetzt, und hier ist hier.

Heute ist heute. Hier und heute.

Amen, rief Yella.

Noch ein bißchen Sauce, Liebster?

Er spürte, daß ihre Ungeduld sie anspannte, als wäre sie der Hahn an einem Revolver. Sie stand neben ihm, belauerte sein Gesicht, wartete und würde nicht mehr lang warten. Und endlich platzte es aus ihr heraus, der Abzug wurde gedrückt, der Revolver auf ihn gerichtet: Na? Was ist mit dir los? Erkennst du was? Das kann doch nicht so schwierig sein.

Er hatte mehrmals *doch, ja doch, das schon, durchaus* gemurrt und das interessierteste Gesicht gemacht, zu dem er sich aufraffen konnte. Sie ballerte auf ihn ein: Ich hab nicht weiter abstrahiert, ausnahmsweise, nur stilisiert, das natürlich hab ich gemacht. Die grausige Wirklichkeit in eine Kunstform hinaufgehoben. Wegen der Allgemeingültigkeit, du weißt schon.

Ja, klar, weiß ich.

Er wußte es ja längst. Das da auf den Bildern vor ihm, wenn auch nicht als solche zu erkennen, es waren wieder ihre afrikanischen Lieblinge, ihre hoffnungslosen Schreckensgestalten, diese Hungerleider, und die von heute, schwarze Kreuz-und-Quer-Striche, oftmals eingeknickt oder schwierig verrenkt am Boden liegend, glichen den Eritreern aus ihrer letzten Serie *Schwarz auf Weiß*, und ebenso den *Sudanesen* und *Liberianern*, die Titel der Serien hatte er jetzt nicht parat. Alle diese Sammlungen unter dem Obertitel *Afrika* waren in Alben zusammengefaßt und in Galerien noch immer zu haben.

Fliehende Somalier, der Bürgerkrieg, sagte er und wandte sich ab. Er dachte, jetzt habe er sich freigekauft.

Und wie findest du es? Du reagierst ziemlich temperamentlos drauf. Sie wühlte in ihrem dichten rotbraunen Haar und schaute dabei auf ihre Kunst. Aber ich führe dein Verstummen auf Ergriffenheit zurück, erklärte sie hoheitsvoll.

Ganz recht, log er dankbar.

Größere Probleme bereiteten ihm ihre Mobiles aus ödembäuchigen schwarzen Kindern, vor deren Schweben und sachtem Taumeln in unvollendeten Umdrehungen er jetzt ausharren, seine Pflichtbesuchszeit ableisten mußte.

Komm hier rüber. Sie zerrte an seinem Jackenärmel. Hier, auf diesem Blatt, obwohl man sie ja nicht gehen sieht, *Gehen* läßt sich nicht zeichnen, aber hier sieht man sie doch gleichsam *ziehen*, *dahinziehen*, eine Karawane der Anklage, der Not, eine Todeskarawane, erkennst du das? Ich habe sie wie Schattenrisse vor dem Wüstengelb hingekriegt, meinst du nicht? Und es *ist* Bewegung drin, ists nicht so?

Oh ja, du hasts geschafft. Es ist Bewegung drin.

Weißt du, mehr kann ich nicht für sie tun, sagte sie und klang plötzlich erschöpft. Sie sah ihn kummervoll an, gab das Wühlen in ihren Haaren auf, und er fragte sich, wie gut sie eine Rolle spielen konnte. Es wäre beinah besser, wenn sie es gut könnte, besser, als wenn sie an ihr Kunstgetue glaubte.

Komm, setz dich, wir können jetzt essen. Es wunderte ihn gar nicht, daß sie schuldbewußt anklägerisch betonte, als sie wiederholte: Ja, *wir* können *essen*. Und dann ein Seufzer.

Mahlzeiten fanden in ihrem Atelier immer ziemlich tief am Boden auf übereinandergelegten Sitzkissen, Matratzen, alten Autopolstern statt, und man mußte sich zu seinem Teller am Boden herunterverrenken, wenn man ihn nicht zur Abwechslung irgendwo auf Knien oder zwischen den Beinen balancierte. Er sah ihr dabei zu, wie sie das kränklich bleiche Coq au vin zerlegte, und dann beim Aufgabeln der vorher geschnittenen Fleischstücke, Kauen, Schlucken, Rotweintrinken. Immer hatte er die vergnügte Unbekümmertheit beim Essen an ihr geschätzt. Sie vergaß auch heute wieder sofort alle ihre hungrigen Modelle, den Hunger als schöpferische Zündung im Bewußtsein. Sie futterte drauf los, so fröhlich wie ein Kind ohne Schulsorgen. Die Hausaufgaben waren gemacht.

Christoph saß rosig und dicht neben ihr und aß auf die gleiche hingebungsvolle Weise seine Portion Pommes frites mit Spiegelei und Ketchup. Christoph war ihr Sohn, dem es trotz der Schichtarbeit im Pendelverkehr zwischen Vater und Mutter gelang, ein vergnügtes rundliches Kind zu bleiben.

Halt! rief sie plötzlich und nahm Christoph den Teller weg. Du hattest genug.

Christophs gute Laune schwand dahin und er verzog sein Gesicht, griff nach dem Teller, aber sie hatte ihn zu weit weg gestellt und beugte sich zu dem Kind herunter und redete auf es ein: Du mußt allmählich das Denken lernen, mein Schätzchen. Und nun denk an diese armen Teufel, mit denen deine Mami sich beschäftigt und die du hier ringsum siehst. Aber die gibts auch in Wirklichkeit, die sind so wirklich wie du, nur dort unten am Horn von Afrika zum Beispiel und nicht hier, wo deine Mami dir alles kaufen kann, was du in dich reinmampfst. Und du mampfst zu viel davon rein, und das meiste ist außerdem Müll.

Mach das doch nicht so plötzlich, sagte er.

Misch dich bitte nicht ein, Liebling, bat sie ihn mit einer Stimme wie für Christoph, der sie mißbilligend ansah.

Sonderbar, er rebellierte nicht mehr. Vielleicht war das nicht seine erste Lektion.

Du könntest ihm ja gleich weniger auf den Teller tun, dann wärs nicht so schmerzlich für ihn, was denkst du darüber?

Aber so wie ich es mache, es ist die viel deutlichere Methode. So lernt er besser kapieren, was *Hunger* ist, er hat noch Speichel im Mund, er hatte ihn gerade gesammelt für seinen nächsten Bissen, und dann plötzlich ists aus, Schluß, vorbei. Sie wandte sich wieder Christoph zu: Diese armen kleinen Teufel mit der schwarzen Haut auf ihren ausgehungerten Körperchen, sie haben nicht mal eine einzige Gabel voll von dem Zeug da – sie hob den Teller, aber außerhalb von Christophs Reichweite, in sein Blickfeld – und du, du hattest mindestens schon die neunte oder die zehnte Gabel voll.

Christoph sah vollkommen verständnislos aus, beinah etwas blöde. Seine Mutter sagte: Du siehst, er versteht, er fängt an zu lernen, zu denken.

Ich finds brutal, sagte er. Und kein anderes Kind wird satt davon, wenn dein Kind nicht satt wird.

Ihm tat auf einmal der vollgestopfte kleine rosige Kerl auf dem unbequemen alten Autositz mehr leid als alle verhungernden Kinder des Erdballs zusammengenommen. Er aß hastig weiter, weil er befürchtete, auch ihm werde alsbald der Teller entzogen, doch es machte ihm keinen Spaß mehr, es schmeckte nicht, was er aß unter Christophs nun feindseligen Blicken.

Auch sie hörte zu essen auf, aber ihr Teller war leer, sie hatte einfach genug gehabt.

Ich habe mittlerweile die Ästhetik des Hungerns, die Ästhetik des Elends und der Aussichtslosigkeit entdeckt.

Er fragte sich, wie eine so attraktive junge Frau, denn

das war sie, so viel gräßlichen Unfug aushecken konnte. Und bösartigen Unfug obendrein.

Wir essen nicht nur Müll, manche von uns reden auch Müll, sagte er.

Stimmt! Sie strahlte ihn an, fühlte sich nicht gemeint. Weißt du, ich möchte mein Christophchen nicht als Gerippe, damit das klar ist, ich käme ja vor Gericht, wenn ich eine Hungerkur mit ihm durchzöge.

Keine Angst, sagte er. Ich nehme an, bei seinem Vater kriegt er zu essen so viel er will.

Obwohl ... sie blickte durch ihn hindurch, schien nichts gehört zu haben. Ein leibhaftes Modell wäre gut für mich. Es täte meiner *Arbeit* gut.

Wie geistesabwesend ergriff sie die Platte mit den Resten des Coq au vin und schob sich mit den Fingern zu blassen Fleischstücken durch, die in den Trümmern des ehemaligen Tiers herumlagen, und er mußte an menschliche Leichenteile und zerfetzte Gepäckstücke denken, die man nach einem Flugzeugabsturz an der Unglücksstelle findet.

Na, du sagst Sachen. Er versuchte zu lachen und fühlte sich verdammt unbehaglich, aber dann spitzte er die Ohren und freute sich, weil Christoph sich endlich zu Wort meldete. Für sein Alter – er schätzte ihn auf höchstens vier, er verstand nicht viel von kleinen Kindern – konnte er schon gut sprechen: Mami! Mami? Warum ißt denn du weiter?

Die Mami hat noch ein großes Pensum vor sich, sagte sie. Sie erklärte, für den Nachmittag habe sie sich ein Flüchtlingslager vorgenommen. Irgendwas Ausgemergeltes unter sengender Sonne. Die Rebellen, irgendwelche Bürgerkriegstypen, sie haben diese Menschengruppe, die ich schon vor mir sehe, in die Flucht geschlagen. Sie blickte schwärmerisch in ihre Schreckensvision, leckte Fingerspitzen ab, rüttelte zärtlich an den runden Schultern des kleinen Christoph, drehte mit einem verliebten Ausdruck im hübschen Gesicht sich dem Freund zu und schloß ihr Kurzreferat mit den Worten ab: Man sieht, die Mami muß sich stärken, sie hat noch viel viel vor.

Besser, ich gehe, sagte er, nachdem er gelangweilt in ein paar Kunstzeitschriften geblättert hatte, während sie Christoph nebenan bei seinem Freund ablieferte, wo er vermutlich ein paar Schokoriegel oder Eis bekam, Grund für seinen gemäßigten Widerstand, vermutete der Beobachter.

Aber nein! Diesmal schob sie in der Art von Shampoo-Werbespots an ihren langen schönen Haaren herum, und dazu zeigte sie ihm im schmalen Gesicht ihre Reklame für *Liebemachen.* Doch nicht ehe wir … sie drückte sich an ihn. Wie immer, Liebster, was soll denn heute anders sein.

Könnte sein, ich bin zu erschüttert, nicht wahr?

Von meiner Kunst? Jetzt blickte sie zu ihm hinauf wie die huldigende verliebte Studentin zu ihrem großen Vorbild, dem Professor. Erwartungsvoll, stolz.

Von deinen *verschiedenen* Künsten. Die Doppeldeutigkeit verstand sie bestimmt nicht.

Weil sie im Bett besser war als vor Staffelei, Zeichentisch und Bastelbank für Mobiles, verlief zunächst alles wie gewohnt. Aber zwischendurch dachte er, ob er ihr nun Modell stände für die Ästhetik des Hungers und dergleichen. *Sie* benahm sich hungrig, konnte wiederum Schauspielerei sein, und er hatte entschieden zu viel und, als es um Christophs Ernährung plötzlich so schlecht gestanden hatte, zu hastig gegessen. Die Sexszene wurde ein Reinfall.

Macht doch nichts, macht doch ganz und gar nichts. Nächstes Mal zeige ich dir meine Arbeiten erst hinterher.

Nachts rief sie ihn nochmal an. Weißt du, es ist alles, was ich in der Sache tun kann. Über meine Kunst. Spenden und so – wie oft erreichen die nicht die Adressaten. In den Elendsgebieten wird geplündert, sie fallen drüber her wie die Geier. Hörst du mir eigentlich zu? Hast du Besuch?

Ja, aber macht nichts. Er hatte keinen Besuch, aber ebensowenig Lust, ihr zuzuhören.

Na schön, umso besser. Sie holte frischen Atem wie aus der Tiefe heraus, er sah das Bild eines Tauchers vor sich. Und, über diese dreckige kleine schlimme Lebenszeit weg, ich meine: hinausdenkend – die Kunst ist mehr als Mehl und Zucker und Getreide es sind, irgendwelche *Produkte*.

Aber die da unten, deine armen Helden, sie sehen deine Sachen nicht, sagte er.

Es ist ja auch nur wichtig, daß die reiche Welt hier bei uns sie sieht. Ach, bist du begriffsstutzig! Oder willst du mich ärgern? Du warst heut komisch.

Du aber auch. Du kannst nicht mitten im Essen dem Kind den Teller wegreißen.

Und ob ich das kann. Du hasts ja nicht mitverfolgt, aber er ist schon so viel reifer jetzt.

Er sah das bald durchtriebene, bald vor Zorn und Verblüffung halbblöde dicke Christophgesicht vor sich und schwieg, unter anderm, weil sie weiterredete. Außerdem fiel ihm weder etwas ein noch wollte er sich mitten in der Nacht streiten.

Meine *Menschen*, ich meine die in natura, sie werden sterben, ja, das werden sie zwar tun. Ich denke das sehr bekümmert, glaub mir, gerade eben, wo mein Blick auf die sanft schaukelnden schwarzen Skelettmobiles fällt, ich hab eine Kerze drunter gestellt, weißt du? Und die dicken Bäuche zwischen den spindeldürren Gliedmaßen, ich krieg selber ein bißchen Angst.

Du, ich hab mit Wäscheklammern die Blätter der *To-deskarawane in S.* an einer Leine befestigt, komm morgen schon und sieh dir das an.

Nur, wenn wir beiden Männer unsere Teller leeressen dürfen, sagte er und holte ein Lachen aus der Kehle, ungefähr so wie morgens früh, wenn er Schleim drin hatte und den dann vom Mund abpflückte. Sie wirkte bei all dem absolut widerwärtigen und kaum noch zu ertragenden anspruchsvollen Quatsch, den sie von sich gab, doch immer wieder unschuldig und rührend auf ihn, und außerdem sah er ihr rotbraunes Haar wie einen Fächer über die nackte weiße Schulter gebreitet, bereitgelegt, um von seinen Küssen weggeschoben zu werden. Aber dann redete sie wieder diese schrecklichen Sachen, und er nahm sich zum hundertsten Mal vor, wahrscheinlich wieder vergeblich: Ich geb ihr den Laufpaß. Ich trotte nicht mehr hin wie ein braver treuer Hund, den man abfüttert mit Kunst und etwas Essen und der sich damit sein eigenes Futter verdient, und sowieso brauchte ich einmal eine längere Sexquarantäne.

Also ich war stehengeblieben dabei, daß sie zwar sterben werden, nicht wahr?

Okay. Ich werde ein bißchen müde, weißt du?

Bin gleich fertig. Sie hob die Stimme: Aber bei mir, und bald in der Galerie Xero, die Interesse angemeldet hat, und dann in den Händen von Kunstliebhabern, bei mir und dort bei denen, da werden sie überleben, meine armen Elenden.

Und das macht mir bei allem größten Mitleiden ein gutes Gewissen, als Künstlerin, sagte sie am nächsten Tag, als er doch wieder bei ihr auf dem Boden saß. Noch ein bißchen Sauce, Liebster?

Ausgegrenzt

Ein tiefer böser Seufzer wallte wie ein Luftzug aus der Schatteninsel unter dem Ahorn hervor, wo Freda auf ihrem Liegestuhl Zeitung las.

Ist was? fragte ihr Mann, der Schriftsteller Traugott Wotan, ohne Lust auf einen Dialog mit seiner Frau. An seinem Schattenplatz unter den Balken der Loggia war er mit dem Leitartikel seiner Lieblingszeitung beschäftigt und haßte Kommunikation während der Lektüre. Er war ein langsamer Leser im Unterschied zu Freda, was den Genuß seiner Mittagspausen schmälerte; sein Herzklopfen ging auf ihr, der Geschwinden, Konto.

Da haben wirs, schimpfte Freda. Sie haben dich wieder mal nicht gefragt.

Weswegen denn gefragt? Wotan wurde wachsam. Vermutlich war Freda im Recht und es gäbe Ärger, aber er wollte keinen Ärger. Gewiß, die Redakteure übergingen ihn, sie behandelten ihn wie einen Toten, oder schlimmer: wie einen Niemand. Chronisch war das ärgerlich. Wotan seufzte nun auch, doch mehr aus Fatalismus. Er mußte wohl den Dingen ihren Lauf lassen. Freda würde reden, und schon tat sie es: Man hat mal wieder eine Umfrage gestartet, und alle kommen sie vor, die sie in ihrer Adrema haben, alle antworten so, wie man es von ihnen längst vorher wußte, alles hundertmal gehört, falls es irgendwen überhaupt interessiert haben sollte, was XYZ von sich geben.

Um was gehts denn diesmal? erkundigte sich Wotan, der immer noch versuchte, sich nicht zu ärgern. Sicher wieder der alte Ost-West-Kram, was West über Ost meint und so weiter. Diese Kollegenquerelen. Simulatorisches Gähnen Wotans, demonstrativ. Freda sollte darüber staunen, wie kalt ihn der tägliche Kleinkrieg ließ. Sie gab ihm die gewünschte Auskunft, er hatte richtig vermutet und sagte: Immer dasselbe. Und sie kapieren nicht, daß Künstler keine Intellektuellen sind. Künstler reagieren immer bloß emotional auf Politisches.

Immer dieselben Leute, die sie befragen. Und nie bist du dabei. Nie und nimmer. Freda motzte weiter.

Jahrmarkt der Eitelkeiten, gähnte Wotan hoheitsvoll.

Gut, Freda hatte vollkommen recht, und mit ihm meinte sie es gut. Aber er mußte sie, aus Selbstschutz, dämpfen. Den Souveränen markieren. Wotan hatte in letzter Zeit häufig das unheilvolle Gefühl, sein Herz säße am falschen Platz, zu hoch. Es schien zu quellen. Zu viel gegessen: Damit wehrte er mit halbem Erfolg die Beängstigung ab. Gleichzeitig kam ihm eine Erinnerung zu Hilfe.

Neulich, bei der Diskussionsrunde über Politik und Literatur, und ich war übrigens eingeladen, vergiß das nicht, Freda, stellte mich der junge Feuilletonchef, diese wichtige und mächtige Figur, als einen der erfolgreichsten Schriftsteller vor, er sprach von einem gigantisch zu nennenden Publikum, er meinte damit *meine* Leser, also bitte, und er leitet das snobistischste Feuilleton, wer was auf sich hält, abonniert *seine* Zeitung ... Wotan überlegte. Der junge einflußreiche Mann hatte ihm doch vor dem Auditorium noch ein anderes rühmendes Etikett verpaßt.

Und wie verträgt sich so viel Lobhudelei damit, daß auch dieser Bursche dich bei Umfragen nicht berücksichtigt? Freda störte Wotans Stöbern im Gedächtnis. Gigantisches Publikum! Entweder hat er nur so dahergeredet, weil er als Moderator der Diskussion alle Teilnehmer auf einen Sockel stellen muß, schon um die Zuhörer zu beeindrucken, damit die denken, wir sind in die richtige Veranstaltung gegangen, oder, wenn ers ernst meint, dann sollte er doch denken: Halt! Offenbar wollen sehr viele Leute was von diesem Autor wissen.

Er hat mich, glaub ich, mit dem Wotan, dem Odin verglichen, der Name paßt, irgendsowas. Wotan paßt. Ich bin produktiv. Wotan war im Gedächtnis fündig geworden.

Ein Kriegsgott, pah! Und auch noch germanisch. Puh. Neue Seufzer kamen aus Fredas Ahornschattenreich herüber.

Wotan war auch der Gott der Intellektuellen und der magisch-mantischen Fähigkeiten. Er brachte Göttern und Menschen den Dichtermet. Reg dich ab, Freda.

Ich verstehs nicht, daß sie immer wieder diese Naivitäten deiner Kollegen bringen. Und du verstehst es ebenso wenig. Und der Feuilletonchef ist scheinheilig.

Unschlagbare Logik Fredas. Sie redete sich ihren Verdruß von der Seele. Die heißgeliebten Asylanten, weil sie anderswo kampieren als ihre humanen Verehrer, der böse böse Golfkrieg der bösen bösen Amerikaner, die Engel der Friedensbewegung, die in Watte zu packenden deutschen Soldaten, diese Heilsarmee, daß man ihr bloß kein Härchen krümmt, und die Ex-DDR-Literaten und ihre grausamen Sockelstürze von ihren SED-Mitgliedschaftsdenkmälern, die räuberischen westdeutschen Kolonisatoren: Freda sagte Wotan auf den Kopf zu, zu allem Aufgezählten und zu noch einigem mehr, worauf sie jetzt spontan nicht gekommen sei, habe er eine dezidierte Meinnung.

Und die ist sogar originell, endlich mal was anderes. Und nicht so verträumt wie die deiner Kollegen mit dem sozialmoralischen Heiligenschein.

Wotan erlebte seine Verletzungen nun leider wirklich mit. Aber seinen Herzkranzgefäßen schien das gut zu tun. Er fühlte sich wieder gesünder. Es verletzte ihn, wenn er, der die politischen Ereignisse in den Hintergrundkommentaren gescheiter Journalisten seiner Lieblingszeitung geradezu süchtig in sich einsog, wie ein unpolitischer Idylliker übergangen wurde, sobald ein Redakteur es für interessant hielt, unter Künstlern, meist Literaten, Stellungnahmen abzufragen. Das war kränkend, oh ja, das wars.

Ich mache uns jetzt einen Kaffee. Freda wuchtete sich aus ihrem Liegestuhl. Mit einer Gefühlsmelange aus Rührung und müder Gereiztheit sah Wotan ihren kurzen emsigen Körper, der in ein absurdes einteiliges Hosengebilde verpackt war. Freda machte die Lächerlichkeiten der Mode mit. Sie hatte kein Empfinden dafür, wann die Modedesigner es wirklich schlecht mit den Frauen meinten. Sie war nicht dick, aber ihre früheren Konturen hatten sich in ihren mittleren Jahren zu einer Einheit zusammengetan, und nun glich sie einem kleinen festgefügten Faß.

Wie wärs, wenn du ihn anrufst, schlug Freda am Kaffeetisch vor.

Sie saßen im Zimmer, draußen lastete die Augusthitze auch auf den schattigen Stellen des Gartens.

Wen anrufst? Wotan tat ahnungslos.

Deinen jungen *wichtigen mächtigen* Feuilletonmann. Ihr hattet doch so was ausgemacht, oder nicht? Daß du dich bei ihm meldest.

Neuerdings blieb entweder der rechte oder der linke Winkel ihrer Oberlippe an Fredas Vorderzähnen kleben. Wotan machte wieder einmal diese Beobachtung, und heute war es der rechte Winkel. Genauso ergreifend wie deprimierend.

Freda sagte, und brachte dabei die Oberlippe an den

richtigen Platz zurück: Mir hast du gesagt, du hättest ihm versprochen, irgendwann irgendwas für ihn zu rezensieren, und du würdest mit ihm deshalb telephonieren.

Wotan kaute seinen Zitronenkeks zu Ende und erwiderte: Halbwegs. Halbwegs hab ichs versprochen. Und zwar für *irgendwann*. *Irgendwas*.

Erzähl mir jetzt nicht lang und breit, daß du weder ein Buch vorschlagen kannst noch Lust hast zu rezensieren. Freda geriet immer mehr in Fahrt. Du sagst ihm, was du an Ort und Stelle, ich meine, bei dieser Diskussion, nicht losgeworden bist. Nur zu, sei *einmal* mutig, sei es ein einziges Mal.

Wotan blieb sitzen, das geschwürartige Unbehagen überall im Körper. Es ist Feigheit, gab er vor sich selber zu. Er verabscheute es, einfach so draufloszutelephonieren. Der junge wichtige Mann wüßte zunächst einmal nicht, wer da am andern Ende der Leitung sprach, und dafür war Wotan sich zu schade. Vielleicht ließe der Typ sich überhaupt verleugnen.

Die Leute sind immer in irgendwelchen Besprechungen, wie du weißt, sagte er. Freda, warum bleibt schon wieder deine Oberlippe rechts kleben, woran denn bloß? Trink mal einen Schluck Kaffee.

Freda war nicht beleidigt, sie hatte gar keine Zeit dazu. Er hat doch mit dir sogar drüber gesprochen, daß du *ausgegrenzt* bist. Du hast mirs jedenfalls so erzählt.

Das war, als ein Politiker im Auditorium forderte, zu einer Frage wie der nach der Ausländerfeindlichkeit müßten sich doch auf der Stelle die Schriftsteller äußern. Und als ich zurückgab: Dazu müßte man natürlich zuallererst ein Forum haben. Und mir bieten die Redakteure keins an.

Na ja, eben, eben drum! Sag das dem Burschen! So lang der Kontakt zu ihm noch einigermaßen frisch ist.

Es war Freda, die an Wotans Statt zum Telephon ging, die Zeitung in der Hand, um im Impressum die Nummer zu finden, und die dann wählte. Dann überreichte sie Wotan den Hörer und ließ ihn allein. Während er mit zwei Sekretärinnen sprach und immer zwischendurch, eingebettet in eine Saitenzupfmusik, die sich wie Watte in sein Ohr legte, den Tonbandbefehl »Bitte warten« einer Frauenstimme mit verstopfter Nase hörte, sah er Freda in ihrem albernen Gewand wegtänzeln, diese kleine bewegliche Säule auf zwei kegelförmigen Beinen. Er hätte Freda fast lieber in seiner Nähe behalten, obwohl es ihn meistens genierte, wenn sie seinen Telephonaten zuhörte.

Freda gab ihm reichlich Zeit, und er fand sie auf der Loggia. Fröhlich nach außen, bitter im Innern, kehrte Wotan nach vollendetem Gespräch mit dem jungen Feuilletonchef zurück.

Was hat er gesagt? Wie ists gelaufen? Freda hob den Kopf und ließ ihn nicht wieder zurück auf den Liegestuhl fallen.

Er schlug mir vor … Wotan hörte auf, fing neu an. Er möchte dringend ein Manuskript von mir, das möchte er wirklich.

Das ist ja fein. Fabelhaft. Freda klatschte Beifall. Was für ein Thema? Plant er eine Umfrage über die Rechtsradikalen oder über die Entlassenen in den Stahlwerken? Sie lachte. Sie wirkte befreit. Sie brachte die Oberlippe runter.

Wotan redete bald rasch, bald zögernd. Ja, also … eine Stellungnahme von mir, die will er. Daran ist er absolut glaubwürdig interessiert.

Wotan verschwand schnell aus der Rufweite der Ahornschatten, aber Freda verstand er trotzdem: Na, wer sagts denn! Und worum gehts? Wenn du Bier suchst, das steht schon hier.

Später, Liebes, später!

Freda rief ihm nach: Es wäre so heilsam, endlich was Scharfes von dir über alle diese beklagenswerten Ost-Nischen-Märtyrer zu lesen, die jetzt beleidigt mauern. Sie *mußten* ja in der Partei sein, ach die Armen, sie *mußten* ja das schwere Los auf sich nehmen, andere zu bespitzeln. Und nun schweigen sie tief verletzt und hoheitsvoll.

Ich hab eine Schreibidee, Liebes. Aber Wotan log. Was er brauchte, war Ruhe. Bis später, ja?

Nur zu. Ich überlasse dich ganz deinen Inspirationen. Gibs ihnen! Freda lachte.

Wotan hockte vor seinem Schreibtisch. Kein leeres Papier war im allgemeinen vor ihm sicher. Aber diesmal: keine Idee. Der Feuilletonchef hatte tatsächlich ein paar neue Meinungen von Intellektuellen, Künstlern, Literaten gesammelt. Einige Ihrer Kollegen, lieber Traugott Wotan, sagen wir die Stars, geben ihre Stimme an dpa, wissen Sie. Es geht diesmal um …

Verdammt, sagte Wotan an seinem Schreibtisch. Das aktuelle Thema: Politikverdrossenheit. Und dazu hatte er scharfe Worte parat. Warum wird ein Schriftsteller Schriftsteller und nicht Politiker, wenn sie doch glauben, alles besser machen zu können? Andererseits wünsche ich mir keinen einzigen von meinen Kollegen als Kanzler, als Bundespräsidenten, oder irgendeinen der Minister am Kabinettstisch. Und so weiter. Oh, Wotan würde seinem Namen gerecht, ließe man ihn nur.

Aber der Feuilletonchef war mit einem Vorschlag herausgekommen: Mein Guter, schreiben Sie doch ganz einfach über Ihre Ausgrenzung. Bei der laufenden Umfrage bin ich ja leider komplett, alle Beiträge sind da. Interessiert mich wirklich, Ihre Ausgrenzung.

Und damit sollte Wotan der für ihn ehrgeizigen erwartungshungrigen Freda gegenübertreten? Wotan kannte nur eine Lösung. Er belog Freda nur bis zu dem Punkt, der Feuilletonchef hätte gern einen Beitrag von ihm über die Politikverdrossenheit.

Na prima, rief sie.

Nichts ist prima, rief Wotan. Merkst du denn nicht, daß ich es war, der gefragt hat, ob er mitmachen darf? Ich stehe ja so dämlich da wie ein Kind auf dem Schulhof, das drum bettelt, man solle es mitspielen lassen. Nein, meine Beste, dazu bin ich zu stolz. So nicht. Ich habs nicht nötig, irgendwo meine Meinung publizieren zu lassen.

Er blickte in Fredas enttäuschtes, merkwürdig verkrümmtes und plötzlich huhnartiges Gesicht. Ihre Haut sah gegerbt aus, ältlich.

Und nun mußte sie heraus, die Wahrheit: Über Ausgrenzung hätte er auch gern was. Er findet, ich sei ausgegrenzt.

Und grenzt dich selber aus, der Trottel. Aber gut, mach doch das! Machst du es?

Freda, Freda. Das läßt sich doch in einem Satz sagen: Man fragt mich nicht, und ich weiß nicht warum.

Diesen Satz sagte Wotan nicht, stattdessen: Schon möglich.

Wie es nicht war

Schön und gut, sie hatte Angela versprochen, von morgens bis abends an sie zu denken, *alle verfügbaren Daumen drücke ich dir* zugesichert, aber schon bei diesem Gelübde für sich gedacht: Hat Angela nicht ohnehin bereits alles, worum ich sie beneide? Warum soll ich ihr nun auch noch *dabei* helfen? Sie hat diese helle Springkrautsamenfrisur aus weißlichem Blond und die kühle geradlinige Art zu sprechen, immer nur Gescheites, sie weiß in aller Ruhe fachkompetent Bescheid, beherrscht ihr Metier, sieht verdammt gut aus und zieht sich mit Geschmack an, und vor allem ist sie noch teuflisch jung, noch nicht mal vierzig. Sie wird ihren Weg machen. Sie muß ja auch nicht zwischen bürgerlicher Ehe und der eigenen unerfüllten Welt ein Doppelleben führen – halt! Damit kein falscher Verdacht aufkommt: Ich liebe meinen Mann und die Kinder. Und fleißiger, als ich es bin, das ist sie leider, was nicht ganz leicht ist, denn ich bin tierisch fleißig.

Wirklich, Hilda versuchte, den Anschluß an ihr berufliches Leben nicht zu verlieren. Aber bei jedem Kräftemessen mit der offenbar konsequenter und systematischer arbeitenden Angela war sie im Hintertreffen, und vor der Zielgeraden gab sie bei diesem Sprint lieber auf. Tat lachend plötzlich so, als sei es ziemlich stur und hirnverbrannt, vor lauter Arbeiten die Lebenslust verkommen zu lassen.

Aber Angela ließ die Lebenslust nicht verkommen, nur kannte sie die Kunst der richtigen Dosierung. Angela war Hildas Stieftochter. Schwer aufrechtzuerhalten, Reginald, ihren eigenen Sohn, übrigens in Angelas Alter, als den Größten in der neuen Familie weiterzuführen. Dennoch, weil er der Größte sein sollte, blieb er es, wenn auch nur für seine Mutter. Als vor zwei Jahren Angelas Zeitprofessur gefeiert wurde, rief Hilda mitten in das stolze väterliche *du hasts geschafft, meine Kleine* und ins Gegeneinanderklacken der Champagnerkelche hinein: Hoffentlich gehts gut, ich meine nur, weil nämlich Reginald das universitäre Feld für genauso spießig und vor allem gespickt mit Intrigen und Mafiabildungen hält wie fast jedes andere. Die geben sich zwar elitär, aber fragt Reginald, was wirklich dran ist.

Tatsache war: Reginald verzettelte sich beim Fernsehen, stieg dort nicht auf, hangelte sich durch freie Mitarbeiter-Jobs bei schrecklich dummen Unterhaltungssendungen, immer irgendwo im Hintergrund als Zuarbeiter ... und Hilda, seine bekümmerte Mutter, fügte für sich hinzu: Zuarbeiter beim Verblödungsprozeß, der gegen die Menschheit unserer Gegenwart im Gang ist. Und währenddessen kam die zarte, feingliedrige Angela, die jede Frau eifersüchtig gemacht hätte, nicht nur mich, sagte sich Hilda, stetig vom Fleck, ohne an Anmut und Liebreiz einzubüßen, und auch zwischen den von Reginald verteufelten akademischen Schändlichkeiten nahm sie keinerlei Schaden. Ob sie wollte oder nicht, und sie wollte nicht, Hilda fing an, ihrem Sohn zu mißtrauen. Er hatte nach viel großspurigem Tamtam über sein gewichtiges Thema für die Doktorarbeit den Bettel hingeschmissen, so ungefähr in seinen Worten, und erklärt, er durchschaue diese Brüder, die Professoren, die Uni könne ihn mal ... sie könne ihm im Mondschein begegnen. Angela, diese souveräne Fee, eine kühle Blonde, hatte zu diesem Ausbruch nur ein wenig schräg gelächelt. Länger her, irgendwann bei einem dieser Feste des Kirchenjahrs, wenn die Stiefkinder einander bei den Eltern begegneten, wo sie natürlich beide längst nicht mehr wohnten. Hilda seufzte und dachte daran, daß sie den Daumen zu drücken hatte. Jeden verfügbaren, puh – Frauenblödsinn.

An diesem Tag mit dem versprochenen Daumendrücken jagte Hilda zuerst durch den Haushalt, erledigte nur das Allernötigste und versuchte dann mit einer Übersetzung am Computer weiterzukommen. Sie hatte vor ihrer zweiten Ehe als Fremdsprachenkorrespondentin gearbeitet. Und das wollte sie, sobald sich etwas tat auf dem Stellenmarkt, von neuem in Angriff nehmen. Das war, was sie nach außen hin verkündete. Im Innern wußte sie: Ich bin noch längst nicht soweit. Sehr fraglich, ob ich den Anschluß je wieder finde. Schon der Computer machte sie nervös. Nur in Rivalität zu ihrer Stieftochter hatte sie ihn angeschafft, zu ihrer eigenen Qual.

Hilda kam mit der Arbeit heute überhaupt nicht voran, machte Fehler auf Fehler und mußte an Angela denken. Die führte an diesem Tag in einer der ehrwürdigsten renommiertesten Universitäten ein Vorstellungsgespräch, bei dem es, hochgestecktes Ziel, um einen Lehrstuhl in Anglistik ging. Ausgerechnet die Literatur, die mir am nächsten steht, kennt sie so viel besser als ich, dachte Hilda. Sie liest natürlich alles im Original, oh, das werde ich auch wieder tun. Nicht zum ersten Mal faßte Hilda diesen Vorsatz, aber immer wieder war sie zu faul fürs Lesen in der Originalsprache, sie brauchte auch zu oft das Wörterbuch.

Hilda gab nun das Arbeiten für ihre zukünftige Berufstätigkeit ebenfalls auf. Ein kleiner Rundgang täte gut. Sie brauchte Bewegung, wollte sich abreagieren.

Ist das eigentlich Daumendrücken, fragte sie sich. Nicht das, worauf Angela hofft, das gewiß nicht. Aber an sie denken, das tue ich heute geradezu fanatisch. Wer weiß, vielleicht nützt ihr mein Neid? Und so, traurig und ratlos und grimmig, bugsierte sie sich durch den Tag, so daß es keine Lüge war, als sie spät in der Nacht zu ihrem Mann sagte: Ich würde es für sinnlos halten, wenn ich mich ins Bett legte, ich war den ganzen Tag wie blockiert durchs Denken an sie und ich bins immer noch, richtig blockiert.

Ihr auf seine Prinzessin Angela stolzer Mann blieb selbstverständlich auf. Nach dem Vorsprechen auf ihrer Durchreise nach Haus wollte Angela bei den frisch zusammengewürfelten Eltern Station machen. Sie war mit dem Auto unterwegs, und deshalb wußte man nicht genau, wann sie einträfe.

Und es war wieder keine Lüge, als Hilda gegen Mitternacht die zwar erschöpfte, gleichwohl immer noch wie sprudelnd frisches Quellwasser frisch glitzernde Angela mit den Worten begrüßte: Es muß einfach geklappt haben, das muß es! Ich habe heute den ganzen langen Tag hindurch nichts anderes getan, als an dich zu denken. Sämtliche verfügbare Daumen! Sie lachte.

Nein, das war wirklich keine Lüge, nur das Strahlen und Schmusen und die inständig innigen Blicke, die waren Schauspielerei.

Es hat geholfen, Hilda, rief Angela mit ihrer immer ein wenig gedämpften, angelsächsisch untertreibenden hellen Stimme, und das mit weißlichen Tupfern vermischte blonde Springkrauthaar umgab wie eine Gloriole ihr hübsches Gesicht, das mitten im Erfolg seinen sachlichen Ausdruck nicht verlor. Es hat wirklich wundersam geholfen. Ich bin auf Platz Eins.

Und der Vater dieses Wunderwesens, Hildas Mann,

tat daraufhin das absolut Erstaunliche. Bevor er Angela gratulierte und sie in die Arme nahm, umschlang er Hilda.

Danke, sagte er fast feierlich.

Glanz und Gloria

Lautsprecherdurchsage im Zug: »Verehrte Reisende, ich bitte um Ihre Aufmerksamkeit. Es ist ein Schmuckstück gefunden worden. Der Verlierer möge sich bitte an den Zugführer wenden.«

Draußen der wie von ungeputztem Messing herbstlich schimmernde Rhein, innen die konzentrierte Stille der hauptsächlich von Männern besetzten Sitze im Großraumwagen und im Organismus das Coffein von der Doppelportion aus dem Kaffeebecher – war es das, was Gloria vergnügt auf die Suche schickte? Was gibt es doch noch für gute, ehrbare Menschen, dachte sie, still ergriffen und lebhaft gerührt zugleich.

Sie sind der Zugführer, oder? Gloria lachte die uniformierte junge Frau an, der sie vor ungefähr einer Stunde ihr Billet zum Abstempeln gereicht hatte. Die schwarze Kappe saß tief im Nacken auf der elegant geschnittenen blonden Lockenfrisur der Beamtin. Sie konnte höchstens Anfang zwanzig sein.

Bin ich, ja. Um was gehts?

Dumme Frage, fand Gloria, wehrte einer Beeinträchtigung ihres Kaffee-, Rhein- und Reisehochgefühls und behielt ihr Lächeln standhaft bei, ein kokettes Lächeln wie für einen Mann, mit leichter Frau-zu-Frau-Nuance.

Es geht um das Schmuckstück. Ich habs verloren. Gloria lächelte nun, wie sie für gewiß nahm, vertrauenerweckend und flirtfrei. Diese Durchsage eben hat mich gewaltig erleichtert.

Ah ja. Glück gehabt. Die Zugführerin griff in ihre

Jackentasche und überreichte dann Gloria eine Uhr am Gliederhalsband. Dabei sah sie Gloria sehr freundlich an. Ein schönes Stück, etwas Altes, oder?

Es sah wie Gold aus.

Oh ja, ein Erbstück. Ich Glückspilz. Gloria schwankte in einer leichten Kurve, die der Zug dem Rheinverlauf nachmachte, die junge Frau blieb beruflich geübt fest auf ihren Beinen stehen.

Was für ehrliche Menschen es doch noch gibt, sagte Gloria.

Kann man sagen.

Die Zugführerin hatte keine Zeit mehr für Glorias Glück, das diese als unwirklich und Rauschzustand durchlebte, und sie trennten sich.

Glanz und Gloria, dachte Gloria, als sie, von einem vergessenen Gedanken überrascht, schnell kehrt machte und der Zugführerin nachlief: Pardon! Aber wer ist der Finder? Ich möchte doch einen Menschen nicht unbelohnt lassen, der einen so guten Charakter hat.

Eine rundliche kleine Frau arbeitete sich durch die Zugschwankungen den Gang entlang auf Gloria und die Zugführerin zu. Es sah aus, als wate sie durch Morast. Gloria versenkte die Uhr in ihrer Umhängetasche. Eine Uhr mit den Mondphasen in der oberen Hälfte des Zifferblatts: welch ein Schatz!

Außer Atem hatte die kleine Frau sie erreicht, obwohl Gloria und die Zugführerin mittlerweile in den nächsten Waggon vorgedrungen waren. Die Zugführerin stand jetzt halb in einem Abteil und ließ sich die Fahrkarten der Zugestiegenen geben. Die rundliche Frau war rot im Gesicht und strahlte mit Gloria, die sich abwenden wollte. Auf den Finder und erst recht auf dessen Lohn konnte sie gut verzichten.

Das nennt man Glück, sagte die Frau. Ich war auf der Toilette, da muß es passiert sein. Diese Schließen an den alten Ketten, sie taugen nichts. Das Uhrchen ist neueren Datums, aber die Kette ist echt antik. Sie wandte sich der Zugführerin zu, als die mit den Passagieren des Abteils fertig war und die Tür schloß. Sie haben mein Schmuckstück? fragte die kleine Frau.

Nicht mehr, sagte die Zugführerin. Die Uhr gehört der Dame hier. Sie lief fröhlich lächelnd weiter und riß die nächste Abteiltür auf. Personalwechsel. Die Fahrtausweise, bitte.

Gloria und die kleine runde Frau blickten einander an. Das gerötete Gesicht der Frau, die zu spät gekommen war, drückte nicht nur Enttäuschung aus, auch Angst. Sie sah wie eine Haselmaus aus, gewöhnt an Mißgeschick und Panik. Hatte sie einen zänkischen Herrn Oberlehrer, einen Herrn Besserwisser als Ehemann, der ihr wegen einer vermutlich altbekannten Schußligkeit Ärger machen würde? Wahrscheinlich durfte sie diese Kette gar nicht tragen, bevor nicht ein Juwelier die antike Schließe mit zusätzlichen Riegeln sicherte. Und die Frau hatte es doch getan. Das gäbe eine Szene, Schimpf und Schande.

Gloria rang mit sich. Es ist die Uhr meines Lebens, empfand sie. Und außerdem bin ich auf einem gefühlsmäßigen Höhepunkt. Ihr Herz klopfte komischerweise im Hals, wenn so etwas medizinisch möglich war, und oberhalb der Taille taten ihr die Rippen weh. Es war, als hätte sie sich zu eng angezogen, aber im eigenen Skelett, das war zu eng, die Kleidung war weit geschnitten, nichts an ihr schnürte.

Diese Mondphasenuhren, sie gleichen einander, sagte sie schließlich zu der enttäuschten und ängstlichen Frau. Auch Glorias Gesicht glühte nun.

Aber die Kette …

Auch diese alten Ketten, sie sind kaum voneinander zu unterscheiden. Gloria glückte ein humanes Lächeln.

Schon ein merkwürdiger Zufall, zweimal das gleiche Schmuckstück in diesem Zug, zwei Verluste. Aber leider nur ein Fund.

Ich habe dem Herrn, der sie fand, bereits Finderlohn gegeben. Einen Hunderter sogar, sagte die Frau. So viel ist mir die Sache wert. Es ist wirlich wichtig für mich. Sie blieb noch immer vor Gloria stehen, der Weg zurück auf ihren Platz im Großraumwagen war versperrt. Ich muß wohl ein Pechvogel sein, sagte die haselmausartige Frau, offenbar gewillt, ihr Elend anzunehmen. Aber warum schaute sie trotzdem so bittend zu Gloria hinauf?

Es ist die Uhr meines Lebens, sagte Gloria, aber ich sehe nicht gern soviel Kummer.

Darf ich die Uhr und die Kette mal ganz kurz haben? fragte die Frau.

Aber ja. Gloria griff bereitwillig in ihre Tasche. Klar, worauf die andere hinauswollte. Diese Uhr oder die Kette, sie besaßen ein eindeutiges identifizierendes Merkmal. Ganz klarer Fall. Aber welches? Initialen? Irgendwo abgeblätterte Vergoldung, falls das Ding doch nicht massiv war? Besser wars, vorerst zu schweigen.

Sie ist wie meine, sagte die Frau betrübt. Ja, Sie haben recht, Ihr Schmuck und meiner, sie sind einander sehr ähnlich. Plötzlich, mitten in ihrer Not, mußte die kleine Frau ein bißchen lachen. Fast komisch, erklärte sie, oder beruhigend, daß auch bei Ihrer die Mondphase nicht stimmt. Wir haben jetzt abnehmenden Mond, und hierdrauf, auf dem Zifferblatt, hier nimmt er zu, sehen Sie, fast ists schon Vollmond auf der Uhr. Ganz wie bei meiner. Nun, mir hats nie was ausgemacht. Die Frau war wieder traurig geworden und gab die Uhr mit der Kette Gloria zurück.

Ist das meine Uhr? Man hat sie gefunden ... Von Gloria und der kleinen Frau unbemerkt hatte sich ein junges Mädchen zu ihnen gesellt. Ein Ruck warf die drei kurz aufeinander, das junge Mädchen fing sich als erste und rief: Oh ja, es ist meine! In seiner Erleichterung sah es so hübsch aus, daß Gloria ihm gegenüber mitleidlos blieb. Sie sagte: Sehr unklare Besitzverhältnisse mittlerweile. Sie lachte. Mondphasenuhren sind nicht gerade selten, aber alte Halsbänder schon.

Weiß ich, weiß ich, sagte das Mädchen eifrig. Mein Freund findet es so originell, daß ich die Uhr nicht am Handgelenk trage. Darf ich sie nun haben.

Sie scheint ihr zu gehören, sagte die kleine Haselmausfrau und nickte mit dem Kopf zu Gloria hin. Die Zugführerin gab sie ihr. Bestens an die Obrigkeit gewöhnt, urteilte Gloria, sie muß diesen schrecklichen Ehemann haben. Moment, sagte sie. Fest steht: Diese Dame hier hat bereits einen Hunderter als Finderlohn geblecht.

Ach so? Dem Mädchen blieb der Mund offen stehen. Und was ist mit Ihnen?

Mit mir? Gloria lachte versöhnlich. Tut mir schrecklich leid, aber sie gehört mir nun einmal.

In ihr ging folgendes vor, während die kleine Gruppe beisammenstand und der Rhein unbeachtet dahinströmte und der Zug gnadenlos seine Route verfolgte: Diese kleine kummervolle bescheidene Frau wird mit ihrem strengen Mann Scherereien bekommen, nicht nur wegen des Schmuckstücks, auch weil sie voreilig hundert Mark ausgegeben hat. Aber eine Uhr wie diese paßt überhaupt nicht zu ihr, die Kette schon eher, doch alles in allem: Sie braucht was Biederes. Und dieses junge Mädchen hat seine Schönheit und seine Jugend und diesen Freund, sie kann sich sehr bald eine zweite Uhr dieser Art schenken lassen und ein Halsband auch, muß ja nicht massiv Gold sein, vergoldet genügt.

Was sollen wir tun? Die runde Frau und das Mädchen schienen Gloria die Führung anzuvertrauen.

Ich gehe mit Ihnen zu dem Fahrgast, der Ihren Hunderter bekommen hat, und er wird, als höflicher und ehrlicher Mensch, ihn auch sofort wieder herausrücken. Gloria faßte die kleine Frau am Arm. Wie weich und hilfsbedürftig sich das Fleisch unter der beigen Bluse anfühlte, schrecklich. Gloria hoffte, ein zweiter Doppelbecher Kaffee werde ihr guttun, wenn alles erst einmal überstanden war. Und für Sie – sie schüttelte betrübt den Kopf zum jungen Mädchen hin – für Sie tuts mir schecklich leid.

Gloria und die Frau fanden den Herrn, zu dem Gloria mit viel Aufwand an Charme sagte: Wäre ich nicht unterwegs, ich zahlte Ihnen gern ebensoviel wie diese Dame, aber ich werde eine Woche lang reisen ...

Schon gut, lassen Sie nur. Der Herr sah Gloria und die kleine, nun erst recht gerötete und geknickte Frau erstaunt an. Was wird hier überhaupt gespielt?

Die kleine Frau fing an, sich höchst eigenartig zu benehmen. Sie kreiste um sich selber, gestikulierte, drängte aus dem Abteil. Ein anderer Fahrgast wollte wissen, was los sei.

Ich wüßte nicht, warum Sie das etwas angehen sollte, sagte Gloria hoheitsvoll als Beherrscherin der Lage, gleichzeitig genoß sie es, die kummervolle kleine Frau zu beschützen.

Es stellte sich heraus, daß die kleine Frau dem ehrlichen Finder gar nichts gegeben hatte.

Lauter Lügen, dachte Gloria, und wohin war das junge Mädchen entschwunden? Schlechtes Gewissen, vermutlich, lautete ihr Fazit. Besitzverhältnisse wie diese waren nun einmal nicht zu klären. Schlechtes Gewissen. Der zweite Kaffee tat ihr nicht gut. Die Menschen lügen, und dann müssen sie eben mit einem schlechten Gewissen büßen, wiederholte sie ihre Diagnose. Die sonderbarerweise nicht auf sie zutraf. Noch nicht. Glanz und Gloria. Man muß siegen können. Sie schaute auf den Rhein, aber der hatte gar nichts damit zu schaffen.

Ihr Kaffee war erstklassig

Es war eine gute Ehe, Bennies und meine, es ist eine gute Ehe, sie wäre dauernd gut, wenn nicht Frau Elsässer und die Drehers gelegentlich hineinfunkten. Samantha seufzte. Sie fand, die funkten immerzu rein, denn das sittliche Gebot, regelmäßig bei Frau Elsässer oder bei den Drehers aufzukreuzen, schwebte als Damoklesschwert über jedem Wochenende. Gliche ich doch meinem gerechten Benny! Gerecht? Samantha überlegte. War ihr Mann, der metronomartig korrekte Benny, nicht einfach emotional unterentwickelt, mit ihr verglichen? Sie hörte das Tick-Tack seiner Gefühlsarmut. Ja, sanfter wollte sie es jetzt nicht benennen. Einfach ein wenig gefühlsarm, das war Benny, und daher so widerstandsfähig. Tief ein ließ er sich nirgendwo. Sie jedenfalls entdeckte sich als die geborene Parteigängerin, und natürlich gehörte sie als eingeschworenes Mitglied der Dreher-Partei an. Dort konnte die Hausfrau noch nicht einmal einen anständigen Kaffee machen. Na und? Samantha verteidigte diesen schwachen Kaffee Benny gegenüber als angloamerikanisch, und daran schloß sie die hoheitsvoll gesprochenen Worte: Sie trinken nun einmal üblicherweise *Tee*. Samantha hielt Tee für das vornehmere Getränk. Die Mehrheit trank Kaffee, einfallslos. Jeder Depp kann autofahren – die Drehers konnten nicht autofahren – und jede Schussel- und Backe-backe-Kuchen-Hausfrau stellt dir den besten Kaffee hin. Tee ist viel feiner. Benny, so hoffte sie, gäbe ihr im stillen recht. Blöderweise konnte Frau Elsässer autofahren, aber sie besaß jetzt kein Auto mehr.

Absichtlich schnitt Samantha ein muffiges Gesicht dort in ihrem Stammsessel, wenn es Frau Elsässers Wochenende war. Hier mußte sie wenigstens Bennies kritische Natur nicht fürchten. Bei den Drehers fürchtete sie die sehr. Frau Elsässer am kleinen Tisch gegenüber schien die störrische Einsilbigkeit Samanthas gar nicht zu bemerken, weil sie, wie immer gesprächig, ein paar leider ziemlich gescheite Bemerkungen über ein leider ziemlich gescheites Buch machte, in dem sie gerade las, bei gleichzeitiger Verdammung des derzeitigen Fernsehangebots, und Samantha, die an die Abend für Abend das Fernsehen auskostenden Drehers denken mußte, spürte einen Klumpen wie aus Gips im Magen. Sie wünschte, in der ersten Sprechpause ergriffe Benny das Wort, und zwar eines, durch das seine Kritikasternatur zur vollen Blüte heranwüchse. Gleichermaßen entdeckte Benny bei den Drehers und bei Frau Elsässer häusliche Mißstände. Von Staub und Spinnennetzen und nicht gut genug abgewaschenem Geschirr bis hin zu abblätternder Möbelpolitur, defekten Wasserhähnen, kaputten Schlössern an Gartentüren. Nur, leider, Pech: Frau Elsässer nahm Bennies Hinweise in größter Ruhe entgegen, manchmal sogar dankbar: Weißt du, ich sehe in der Nähe nicht mehr sehr gut. Du mußt deine Lesebrille aufsetzen, sag ich mir ja, aber dann ists mir auch wieder egal. Die Drehers hingegen, Samanthas geliebte und bemitleidenswerte Partei, sie litten unter Bennies Mahnungen und Tips, sie faßten sie als Anschuldigungen auf, oder Samantha tat das und litt mit.

Aber trotz aller Eifersucht – ja, sie war auf Frau Elsässer eifersüchtig – reizte es sie, diese Rivalin zu besuchen. Wir sollten sie mal wieder besuchen, Benny, schlug sie mit unerklärbarem Masochismus vor. Wären dir nicht die Drehers lieber? Wären die nicht dran?

fragte Benny gutmütig arglos zurück. Nein, es wurde zu Frau Elsässer gefahren. Ich werde abweisend sein, und diesmal wird sie es mitkriegen. Samantha fürchtete, der Kaffee wäre zu gut, und sie wünschte, Frau Elsässer würde zu Politik, kulturellen Ereignissen und sonstwas dumme Bemerkungen machen oder wenigstens solche, die Bennies Beifall nicht fänden. Vergebens gehofft! Diese Frau, warum und wie kann ich sie bloß als Konkurrenz empfinden? Sie ist nicht attraktiv, wann wäscht sie eigentlich mal ihre strähnigen Haare, und was für eine veraltete Frisur sie hat, diese Etuikleider sind ihr viel zu eng – äußerlich nichts los mit ihr, und melodisch wie die Drehers mit ihren weichen behutsamen Stimmen spricht sie auch nicht. Eigentlich krächzt sie, die kleine pummelige Person, sie keift, sie ist eine Krähe. Aber ihre Klugheit und ihr Realismus, verdammt, an denen gab es nichts mit spöttischer Verachtung zu verkleinern. Samantha mußte sich eingestehen, daß Frau Elsässers klarer Kopf alle äußerlichen Schlampereien wettmachte, und dann fühlte sie sich machtlos, vor allem weil ihr die weniger klaren Köpfe der Drehers einfielen.

Gib ihr einfach mal einen Kuß! Und sie tat es, ganz ungeplant, beim Abschied des auf ihr Betreiben hin besonders kurzen Besuchs.

Und wirklich, zum ersten Mal machte Frau Elsässer ein fast dummes, geradezu geistloses Gesicht. Ich hab sie reingelegt, Triumph! Jaja, so benimmt man sich in der Dreher-Partei. Zärtlich. Man küßt sich, man fällt sich in die Arme, tauscht Liebesworte aus. Die Liebe ist das Wichtigste. Samantha sprach keinen ihrer Gedanken aus, wollte es aber tun, wenigstens das über die Liebe, jetzt gleich, sofort sag ichs schadenfroh, plante sie, als Frau Elsässers sonst eher harter Ausdruck merkwürdig milchig und sanft wurde und man ihr Kindergesicht ahnte. Sie lächelte, was selten geschah. Sie sah dankbar aus. Sie wartete, den Blick auf Samantha, als folge nun eine Umarmung. Die ließ Samantha weg. Vorerst. Beim nächsten Mal.

Dazu kam es nicht. Wir haben sie zu lang nicht besucht, es waren diesmal acht Wochen, sagte Samantha auf dem Weg zu den Drehers, wo sie sich dafür jetzt schon schämte, daß man die dort beim Lesen von Illustrierten erwischen würde.

Tick-tack, machte Bennies Metronom im wohlsortierten Gemüt, und er kam mit den acht Wochen gut zurecht.

Nur ein Kuß, sonst nichts Nettes in all den Jahren. Aber eifersüchtig bin ich immer noch. Samantha kam nicht gut mit dem Tod der Rivalin, ihrer Schwiegermutter, zurecht. Allmählich gewöhnte sie sich an, Kaffee als Getränk dem Tee gegenüber aufzuwerten. Ihr Kaffee war erstklassig, stimmts, Benny?

Genau, sagte Benny.

Nennen wir es doch Parkhotel

Und wo ist hier der Park? Die Frau mit den zwei schwarzen Reisetaschen und einer weiteren abgeschabten, braunmelierten, die über ihrer Schulter hing – vorsichtig ausgedrückt *braunmeliert* – war schwer bestimmbar alt, eben nicht jung und nicht alt, aber auf jeden Fall wäre sie ein schwieriger Gast. Das stand für Hildegard Reichel auf den allerersten Blick fest. Und nun war schon zum dritten Mal diese Person – einen Friseur sollte sie so bald wie möglich aufsuchen – im Parterre vor der hübschen, weißgestrichenen Rezeption erschienen, vermutlich nicht nur, um sich nach dem Park zu erkundigen. Doch schon die Frage nach dem Park rangierte bei Hildegard unter ... na, zumindest ungewöhnlich, irgendwie aufsässig und wirkte auf ihr Vorwarnsystem. Andere Gäste akzeptierten das Naturgelände unterhalb der Südfenster ohne Rückfragen als Park, in den warmen Jahreszeiten, Frühjahr, Sommer, Frühherbst setzten sie sich auf die weißen Gartenstühle unter die fröhlich gelb und grün und rot gestreiften Sonnenschirme, verdammt, sie genossen es einfach, Park hin, Park her. Es war, zugegeben, kein Park im eigentlichen Sinn, aber wen kümmerte das. Es war nett hier.

Da draußen. Der Park geht ins freie Naturgebiet über. Hildegard deutete über die kleine Terrasse zu den mit hellfarbigem Blumenmuster überzogenen Kissen auf den Stühlen und Korbsesseln. Auch in der Halle gruppierten sich Gartenmöbel um kleine runde Tische. Hildegard streckte ihren Arm nochmals hinaus, in

Richtung der hohen Fenster und Fenstertüren, alles im Landhausgeschmack, Sprossenfenster, obwohl die umständlicher in der Pflege waren. Sie wiederholte, diesmal im Befehlston: Da draußen ist der Park.

In Wirklichkeit beginnt dort die Landschaft, sagte diese Frau, der neue problematische Hotelgast, durch den es bis jetzt bloß Scherereien gegeben hatte, und es waren noch nicht einmal anderthalb Stunden seit ihrer Ankunft vergangen.

Sie haben Ansichtskarten?

Aber gewiß, die haben wir. Hildegard richtete sich auf, innerlich und äußerlich. Sie und Irmtraut Kelcher, ihre Freundin, hatten nach Abschluß von Umbau und Renovierung ihres neuen Besitzes, des *Parkhotels am Stintersand*, eigens einen ortsansässigen Künstler gebeten, Karten zu zeichnen. Sie erbaten sich etwas von der Art Naiver Malerei, und der Künstler hatte das sehr schön hingekriegt. Das Hotel im Landhausstil putzig, und winzige holzpuppenartige übers Gelände verteilte Gäste, ganz possierlich für Groß und Klein, ja, es hatte was von einem Kinderbuch, das Kartenmaterial. Es widerspiegelte eine Idylle, völlig zeitlos, und war viel viel besser, als Photos das reizende Anwesen abzubilden vermocht hätten, abgesehen davon, daß Photos weniger, ja überhaupt nicht originell waren. Photographierte Ansichtskarten hatte jedes Hotel, und die Freundinnen verlangte es nach Individuellem. Immer wieder bewunderten sie die Karten mit dem weißen freundlichen, zweieinhalbstöckigen Haus, der Terrasse und dem blumenreichen Garten, und sie freuten sich an den vergnügten kleinen Menschen, ihren Gästen, die sich dort ergingen, alle hatten sie kugelrunde Gesichter. Auch die Gäste waren von diesen Karten begeistert, zahlten gern ein bißchen mehr, weil es sich ja um reproduzierte Kunstwerke

handelte, und die Freundinnen hatten schon nach-
drucken lassen.

Bitte, hier sind unsere Karten vom Haus.

Die gibts sicher kostenlos, als Werbung?

Hildegard würde Irmtraut, die noch nicht vom Zahn-
arzt zurückgekehrt war, vor dem neuen Gast warnen
müssen. Sie wird eine Plage sein, meine Liebe.

Im Gegenteil, diese Original-Künstlerkarten kosten
zwei Mark pro Stück.

Ah, dann vielleicht später. Ich drehe mal eine Runde
da draußen. Landschaft habe ich ja lieber als *Park*.

Mein Gott, Irmchen, empfing Hildegard Reichel
später ihre Freundin. Da haben wir eine ziemlich nerv-
tötende anmaßende Person ins Haus gekriegt.

Die von Nummer 14? Irmtraut Kelcher streifte ihren
Mantel ab. Ja. Tiefer Seufzer Hildegards.

Für eine Nacht aber bloß, oder, sagte Irmtraut, die
gewohnheitsmäßig versuchte, allem eine Schokoladen-
seite anzudichten.

Die Freundinnen, beide mehr oder weniger kurz vor
Erreichen des sechzigsten Lebensjahrs, bewirtschafte-
ten nach gemeinsamem Kauf, der durch zwei Erb-
schaften möglich geworden war, das 30-Betten-Hotel,
abgesehen von buchhalterischen Hilfsdiensten eines
Schwagers und einem überschaubar kleinen Personal-
stab, allein und mit großem Engagement und gemüt-
vollem Vergnügen. Vorbildungen fürs Hotelfach besaßen sie keine. Sie bestätigten sich schon in den
Gründungswochen: Anscheinend haben wir ein ange-
borenes Talent dafür. Es klappt.

Parkhotel, nennen wir es doch Parkhotel. Hotel am
Stintersand oder Hotel Reichel oder Hotel Kelcher
oder Reichel und Kelcher, also, nichts gegen unsere
Namen, aber es klingt nach nichts. Und: Hildegard und
Irmtraut? Hört sich mehr nach Boutique an. Schicke

Hotels, die nicht spießigen Hotels, heißen sehr oft Parkhotel. So hatten sie damals hin und her argumentiert, dann entschieden. Und alles soll weiß sein. Innen wie außen. Licht, luftig, weiß. Ein fröhliches Haus, der Eintretende solls gleich merken, ein freundlicher Geist, und blitzblank.

Und auf der Höhe der Zeit müßten wir auch sein, proklamierte Hildegard.

Die kleinere, etwas pummelige Irmtraut bewunderte wieder einmal ihre nicht nur körperlich größere Freundin, wie sie da einem dieser vielen Vertreter gegenübertrat – oh wie viele es von ihnen gab! Und alle alle kamen mit ihren Angeboten, und wieviel raffiniertes Hotelzubehör galt es zu prüfen! Einfach einmalig und als wäre sie nie etwas anderes als eine Frau vom Hotelfach gewesen, Hildegard! Wie sie vor dem untersetzten Mann mit seinem wichtigtuerischen bedächtigen Begutachterernst prahlte: Wir wünschen uns für unsere Gäste alles so ideal, daß sie bleiben, solang sie können, und vor allem, daß sie unbedingt wiederkommen wollen. Es soll hier eine kleine liebe Heimat entstehen.

Aber verwechseln Sie diese Stadt nicht mit einem Kurort. Und Sehenswürdigkeiten gibts auch nicht, hatte der Mann gesagt. Blöder Spielverderber, der doch schließlich seine Gebläseanlage für die Bäder loswerden wollte.

Ich wiederhole, wir werden kein Durchgangshotel sein. Die Stadtrandlage und die hübsche Umgebung …

Irmtraut hatte Hildegard nicht mehr genau zugehört, weil sie gern hinzugefügt hätte: Kostenmäßig soll sichs schon in Grenzen halten. Doch sie traute sich nicht. Außerdem wußte sie, Hildegard hatte alles gut im Griff. Und im Grunde ihrer Seele – oder wo saßen solche Eigenschaften? – war eher Hildegard als sie ein

Geizhals. Und leider leider abwesend, als ein Vertreter
da war, wegen der Fernsehapparate für die Doppel-
zimmer. Was die Einzelzimmer betraf, so hatte Hildegard beschlossen: Wir nennen sie Zimmer für Indivi-
dualisten oder Kreativzimmer, und da kommen keine
Fernseher rein. Nun also bot der Telekom-Mann seine
Apparate an und Irmtraut war allein mit ihm. Kleine
Geräte, aber mit Fernbedienung und allen Program-
men, auch wenn man sie nicht reinbekam. Geräte ohne
Fernbedienung seien überhaupt nicht mehr im Handel,
und die Gegend würde sehr bald verkabelt, und als
Irmtraut sich die ganze Anlage aufschwätzen ließ und
auch noch hörte, es sei elegant und im Grunde längst
überall gang und gäbe, daß der Fernsehton im Bad
ebenfalls, dort sogar lauter wegen eventuellen Wasser-
rauschens zu hören sei, verfügte sie längst über keinen
eigenen Willen mehr, stark beeindruckt wie sie war.
Hildegard hatte nachträglich geschimpft. Die Verstimmung überdauerte den Tag nicht. Die Frauen waren bei
einem fiktiven gemeinsamen, auf den Ostersonntag
verlegten sechzigsten Geburtstag – egal ob wirs schon
sind oder nicht, bleiben wir jetzt einfach eine Weile bei
dieser Zahl – übereingekommen, sich nie länger als
maximal drei Stunden lang zu zanken beziehungsweise
einander im Groll aus dem Weg zu gehen. Das Leben
ist von jetzt an zu kurz für so was, vom Ärger kriegt
man Krebs oder Probleme mit den Herzkranzgefäßen,
dozierte damals Hildegard, und Irmtraut begrüßte die
Verabredung nur allzu innig.
  Zwei Abende vor der Neueröffnung probierte Irmtraut die geschickt in die Enge der Räume geschobenen
Bad/Dusche/WC-Situationen als Verbraucherin aus.
Lachend kehrte sie zu Hildegard zurück, die dem Re-
zeptionspult den letzten Schliff gab: mit schräggestell-
ten kleinen Regalen für Stadtführer und die Kunst-

karten vom Hotel und dergleichen. Dickere Leute und überhaupt: Männer, ich meine, größere Menschen kriegen Schwierigkeiten mit dem WC, berichtete Irmtraut. Man sitzt mit der Nase zur Wanne, das ist das Handicap. Sie mußte immer noch kichern.

Sie können sich seitlich draufsetzen, sagte Hildegard. Sie hatte wieder einmal Schnupfen. Ihre Nase war eigentlich immer gerötet, und der Umkreis darum ebenfalls.

Zwischen WC und dem Rand der Badewanne betrug der Abstand wenige Zentimeter, Knie paßten nicht dazwischen. In den Zimmern mit Dusche war für die Knie beim Sitzen auf der Toilette Platz. Daran dachte Hildegard jetzt, als die schwierige Frau von ihrem Spaziergang durch den von ihr als *Gelände* oder *Landschaft* runtergemachten *Park* zurückkehrte. Allerdings war sie viel länger weggeblieben, als man, selbst bloß bummelnd, für das Terrain brauchte.

Könnte ich einen Espresso haben?

Aha. Nach dem Espresso fragt sie aus purer Impertinenz. Hildegard machte ihr Ich-habs-ja-gleich-gewußt-Gesicht. Eine Espressomaschine besaßen sie nicht. Vielleicht: Noch nicht. Schließlich war schwer einzusehen, warum die Leute mit Espresso-Bedürfnis nicht ein italienisches Lokal aufsuchten. Dies hier war ein deutsches Hotel und der deutsche Kaffee erstklassig. Hildegard sagte: Die Espresso-Maschine macht seit gestern Zicken. Ich hab jemand von der Firma bestellt, aber Sie wissen ja, wie das ist, man muß Geduld haben.

Ja, mit Handwerkern ists schwierig. Die Frau lächelte verständnisvoll.

Hildegard wurde aus dieser Person nicht schlau. Sie bediente sich einer freundlichen Arroganz. Arroganz kannte Hildegard, aber nicht diese Variation, sie war so lässig und paßte zu der Aufmachung der Frau in reichlich abgenutzten Jeans, aber mit einem schicken Blazer drüber.

Tut mir leid, mit dem Espresso. Aber Kaffee – sehr gern.

Gut, dann eine Portion Kaffee. Ich warte drauf und nehme ihn dann mit rauf in mein Zimmerchen.

Zimmerchen! Hildegard mußte schlucken. Wir bringen es Ihnen gern hoch.

Ich möchte lieber warten. Von ihrem Spaziergang durch den Wind war die Frau reichlich zerzaust. Sie sind hier weit weg von jeder Möglichkeit, irgendwas einzukaufen, oder gibts ein Viertel, das mir entgangen ist?

Höflich, immerzu höflich, doch warum kam trotzdem Hildegard jedes Wort wie eine Feindseligkeit vor? All diese kleinen Attacken, seit der Ankunft, nicht genug Kopfkissen, keine Lampe, um am Tisch zu schreiben, auch keine zum Lesen, apropos Lesen: ob es wohl im Haus einen Sessel gäbe? Und jetzt griff die Frau auch noch den Standort des *Parkhotels am Stintersand* an. Oder bin ich paranoid? fragte sich Hildegard. Ihr Gegenüber lächelte doch sogar.

Nein, hier oben gibts keine Geschäfte. Man müßte dann schon mit einem Taxi in die Stadt fahren. Taxis sind binnen zehn Minuten hier draußen bei uns. Ich kümmere mich jetzt um Ihren Kaffee. Und Hildegard drehte bei, sie fühlte sich wie ein Schiff auf bewegter See, aber eigentlich war sie nur ein hoher Mastbaum, und sie nahm Kurs auf die Küche. Alle alle Gäste fühlen sich bei uns wundervoll, ließ sie sich mutwillig durch ihren schnupfigen Kopf gehen. Sie brachte die Kaffeemaschine in Gang und suchte dann Irmtraut auf, fand sie in der Speisekammer, wo sie ein bißchen zu verschreckt vom Bord mit dem Kaffeegebäck zurückwich.

Ich prüfe den Bestand, sagte Irmtraut.

Nicht zu übersehen, daß sie etwas in die Backentasche geschoben hatte und versuchen mußte, nicht zu kauen.

Du klingst klößig, sagte Hildegard.

Ich hab ein bißchen Zahnweh, sagte Irmtraut.

Hildegard hatte jetzt keine Zeit, die Naschsucht der Freundin zu diskutieren – altes Thema, oft diskutiert. Irmchen, ich möchte, daß du nach vorne an die Rezeption gehst. Die Frau von Nummer 14 wartet dort auf eine Portion Kaffee, sie bestand drauf zu warten, und bei ihr kann man nie wissen, kurzum, ich mags nicht, wenn diese seltsame Person allein dort rumsteht und sich womöglich bei unseren Kunstkarten bedient. Sie hat ja gleich gesagt, die gäbs wohl umsonst, als Werbung fürs Hotel. Also bitte, geh.

Als aber Irmtraut eintraf, glücklich beim Zerteilen von Haselnüssen in der Nougatcreme, ihrem letzten Bissen, bevor Hildegard sie gestört hatte, war von der Frau nichts mehr zu sehen. Schließlich mußte man ihr doch den Kaffee aufs Zimmer bringen.

Aber das Hin und Her mit ihr ging weiter. Sie erschien wieder und fragte immer nach Dingen, die es im Hotel nicht gab. Hotelbriefpapier? Es ist leider ausgegangen. Diese Zeitungen, ja, wir haben sie zwar, aber heute morgen sind sie nicht geliefert worden. Dies und das, lauter Banalitäten, aber es war so destruktiv. Die Freundinnen empfanden Unbehagen, Kritik oder Spott oder beides klebte an jeder Äußerung dieses Gasts. Und nun erschien sie wieder und, was ja wirklich recht nett war und auch gut tat, sie lobte den mittlerweile getrunkenen Kaffee, oh Wunder.

Sicher hole ich mir später noch mal eine Portion. Es ist auch sehr praktisch, daß Sie diese kleinen Thermoskannen haben, man muß den Kaffee nicht auf einmal austrinken.

Irmtraut strahlte, und Hildegard lächelte sportlich wie bei der Übergabe mindestens einer Bronzemedaille.

Aber was ist mit dem Zimmer? Es wird nicht warm. Die Frau klang zwar geradezu freundschaftlich, und doch war wieder Herablassung im Spiel. Sie müssen wissen, ich bin überhaupt kein verfrorener Mensch. Meistens ists mir überall zu warm. Die Frau lachte, den Freundinnen wurde immer mulmiger zumute. Es ist wie eine Strafe! Sie lachte wieder. Eine Strafe, die ich vielleicht verdient habe: Sonst drehe ich nämlich sofort, wenn ich in ein Hotelzimmer komme, den Thermostat am Heizkörper runter ... aber hier ...

Sie müssen nur aufdrehen. Hildegard klang drohend.

Hab ich. Natürlich hab ich das gemacht. Und der Heizkörper ist auch heiß geworden, aber das Zimmer bleibt kalt. Die Wärme teilt sich dem Zimmer nicht mit.

Ganz so wie deine, dachte Hildegard. Oder unsere. Eine Wärme, die sich nicht mitteilt. Sie war verwirrt, kam nicht weiter.

Der Fußboden ist ziemlich eisig, sagte die Frau.

Woran merken Sie das? Durch die Schuhsohlen durch? fragte Hildegard.

Ich ziehe die Schuhe aus, ich laufe in Strümpfen rum. Ich weiß nicht, ob sich das empfiehlt.

Irmtraut hörte in stummem Entsetzen zu. Sie und Hildegard wußten genau, was los war. Sie hatten das Zimmer tagelang nicht geheizt. Das Zimmer hatte zwei eiskalte Wochen hinter sich, die letzte vom Oktober, die erste vom November. Dann war das Wetter etwas freundlicher geworden. Sie mußten nicht dringend sparen, aber beim Aushecken ökonomisierender Machenschaften handelte es sich um etwas Triebhaftes.

218

Hildegard lieferte die Ideen, Irmtraut den Beifall. Und Sparen war sowieso immer gut. Schließlich, im Hotel selber hatten sie es, einmal abgesehen von der Enge der Zimmer und speziell der Badewannenrand-Toilettensitz-Bedingungen, an nichts fehlen lassen. Es hingen hübsche Farbaquarelle an den Wänden, die hellen Vorhänge waren gerüscht, auch Nummer 14 sah wie ein richtiges Jungmädchenzimmer aus. Man hörte im Bad nich nur den Ton des Fernsehapparats, sondern auch eine Art Sturmgeheul: Kaum öffnete man die Tür und schaltete das Licht an, da brauste auch schon ein Ventilator drauflos, allzeit bereit, unerquickliche Gerüche temperamentvoll wegzusaugen. Ästhetik und Hygiene symbiotisch im ganzen Haus, und das kostete!

Und weil Irmtraut gedanklich beim Ventilator hängengeblieben war, erwähnte sie ihn jetzt, um Hildegard zu helfen. Sie wollte einfach klarstellen, wieviel Aufwand sie in ihrem Schmuckkästchen von Hotel getrieben hätten.

Diese Dinger hat man leider viel in der Provinz, sagte die allmählich wirklich schlimme Frau. Vor weiteren beleidigenden Äußerungen schien sie sich zu bremsen, aber nach kurzer Pause fragte sie: Haben Sie jemals von Problemen größerer oder dickerer Gäste gehört, die in Zimmer 14 wohnten, ich denke jetzt ans WC.

Nichts dergleichen, sagte Hildegard barsch. Gerade für Zimmer 14 gibts besondere Liebhaber.

Überhaupt, wir haben hauptsächlich Stammkunden, ergänzte Irmtraut die Freundin, aber sie tat es mit weinerlicher Stimme.

Wie schön für Sie, sagte die Frau. Na, dann geh ich mal wieder in mein Liebhaberzimmer. Sie war schon ein paar Schritte auf die Treppe zugegangen, da wurde den Freundinnen wieder schwer ums Herz, denn sie kehrte um und fragte aus kurzer Distanz: Könnten Sie mir mit zwei Aspirin aushelfen?

Gehörte Aspirin etwa auch zum Standard? Lieber Himmel! Während Irmtraut so tat, als suche sie in der Schublade mit den Anmeldeformularen und Stempeln und sonstigem Büromaterial nach dem Gewünschten, erklärte längst Hildegard energisch: Eine Apotheke sind wir nicht.

Aber es ist eigentlich üblich ... Die Frau blieb liebenswürdig, doch wieder mit dieser angepappten Überlegenheit, gönnerhaft.

Wir mögen Medikamente nicht, sagte Hildegard.

Ich mache Ihnen sehr gern eine schöne heiße Milch mit Honig, rief Irmtraut eifrig.

Die Frau lachte und ging zum zweiten Mal auf die Treppe zu. Danke danke. Halb so schlimm. Es war nur eine Frage.

Sie fragt, um zu fragen, brummte Hildegard. Als nächstes will sie das *Wall Street Journal*.

Bewundernd blickte Irmtraut zur Freundin auf. Das *Wall Street Journal*! Sollte sie nicht beim nächsten Mal zu dieser Frau sagen: Wenn Sie wiederkommen, werden wir auch das *Wall Street Journal* haben. Damit würde man ihr imponieren.

Als die Freundinnen ihren schwierigen Gast wiedersahen, sagte Irmtraut nichts dergleichen, sie hatte es glattweg vergessen überm Stolz auf den Kaffee des Hauses, die Frau wünschte eine weitere Portion, und diesmal setzte sie sich, sie sagte *auf ein erstes Täßchen* in einen der hübschen Korbsessel mit den blumigen Sitzkissen, die in der Halle standen. Sie war ziemlich gesprächig. Und doch schien sie sich nie ehrlich anzuvertrauen, fanden die Freundinnen später, obwohl sie ungewöhnlich private Sachen sagte. Ob sie irgendwas eingenommen hatte?

220

Daß ich mich jemals zum Aufwärmen aus meinem Zimmer flüchten würde, in einem Hotel! Die Frau lachte, und die Freundinnen gingen über die Kränkung hinweg, denn schließlich war der kleinen Geselligkeit das Lob des Kaffees vorausgegangen.

Übrigens, ich zu Haus, ich *wohne* in einem Park. Alles ist furchtbar gepflegt und es gibt viel zu viele Spaziergänger, vor allem am Wochenende.

Hildegard ging in die Offensive, Irmtraut, der das nicht gegeben war, in die Defensive, aber bald merkten beide, daß diese Taktik aufgegeben werden konnte. Natürlich störten ein paar Vokabeln bei dieser Frau, aber sie schwärmte doch: Mir gefällt diese öde Gegend hier bei Ihnen tausendmal besser. So ein Satz war ein typisches Beispiel für die Mischungen, mit denen die Frau das Üble und das Erhebende zusammenbrachte. *Öde* Gegend ... *tausendmal* besser.

Ich bin durch ein Birkenwäldchen gelaufen, und da sind mir fast die Tränen gekommen, einfach so, ohne jeden Grund.

Die beiden Freundinnen blickten geniert von der Frau weg, Irmtraut hielt nicht lang durch, sie war einfach neugierig. Aber dann folgte sie Hildegard, schon um später keinen Ärger zu kriegen, und machte sich wie sie mit irgendwelchen Papieren an der Rezeption zu schaffen. Als Irmtraut da wirklich nichts mehr zu tun einfiel, gruppierte sie sinnlos die Schlüssel am Schlüsselbord um und ordnete sie danach wieder richtig den Zimmernummern zu. Unhöflich wollte sie auch nicht sein, und deshalb warf sie der Frau drüben im Sessel einen warmherzigen Blick zu, den Hildegard nicht mitkriegte.

Es ist so zivilisationsfern da draußen in den Feldern, erzählte die eigenartige Person, diesmal frei von Arroganz, aber vielleicht deshalb wurde man erst recht nicht schlau aus ihr. Sie klang zutraulich. Andererseits hatte jede Bemerkung doch weiterhin etwas Niedermachendes, darauf wurde Irmtraut aufmerksam, als Hildegard ziemlich scharf sagte: Es ist nicht zivilisationsfern, es ist urwüchsig. Leider sind wir nur wenige Kilometer von der Autobahn entfernt.

Irmtraut vermutete, Hildegard bekäme morgen einen schlechten Tag und neuen Schnupfen. Hildegard selber hielt ihre vielen Schnupfen für Nervensache. Streß aller Art war schuld. Deshalb rief Irmtraut mit milder Stimme zur Frau hinüber: Sie müßten das alles im Sommer sehen.

Das Frühjahr genügt auch schon, sagte Hildegard.

Oh ja, und der frühe Herbst, wunderschön, und so warm noch, manchmal, rief Irmtraut. Jetzt ists leider eher etwas herb. Kommen Sie, wenns heiter ist.

Lieber nicht. Die Frau lächelte. Ich habs gern grau und rauh. Übrigens hätte ich eine große Bitte. Ich möchte das kleine Bild in meinem Zimmer kaufen.

Was hing in Nummer 14? Hildegard wußte es sofort. Außer dem Aquarell mit ineinanderlaufenden matten Blau- und Gelbtönen, undefinierbare Blumen, die so aussahen, als wären sie in der Wäschetrommel umhergewälzt worden, hing da ein Nachdruck, nichts Besonderes, und sie mochte den trüben winterlichen Teich mit den im Wasser versinkenden Baumstämmen und überhaupt die ganze milchig graue Stimmung nicht sehr gern, hatte oft überlegt, das Bild durch ein anderes zu ersetzen. Es sollte schließlich ein fröhliches Zimmer sein. Hildegard witterte ein Geschäft.

Auch Irmtraut fiel nun dieses Nebelbildchen ein. Wie Hildegard plante auch sie einen Wechsel, und sie dachte an den einheimischen Künstler, ihn könnte man um eine lustige Gartenszene wieder nach der Art der Naiven Malerei bitten. Die Freundinnen schauten einander an. Langjähriges Zusammensein führte zu schneller Verständigung, während sie hörten, daß die Frau sagte: Wissen Sie, nicht weinen zu können, das ist eins meiner Probleme. Aber bei diesem Bildchen ergings mir wie mit dem kleinen Birkenwald, und ich war nah dran … nicht daß ich geweint *hätte*.

Tja, machte Hildegard, wir hängen auch an diesem Kunstwerk.

Gut gelogen! Irmtraut bewunderte wieder einmal die große Freundin und war stolz auf sie.

So um die hundertfünfzig müßten wir schon dafür verlangen, und es wäre immer noch so gut wie geschenkt.

Sie hatten damals weniger als die Hälfte für das Bildchen bezahlt, Irmtraut erinnerte sich etwas nervös, und diesmal kämpfte eine leise Betrübnis mit dem Stolz auf die Freundin, Betrübnis, nicht viel mehr als ein Flor, der sich um den Stolz wand.

Es kam zum Kauf, und wenn auch der zwielichtig komplizierte Gast noch einmal mit dem Rat störte, die Gebläse in den Bädern entfernen zu lassen, da es den beiden ja ums Sparen gehe, siehe fehlende Beinfreiheit zwischen Toilettensitz und Badewannenrand, abschließend sagte er überzeugend: Und der Kaffee war wirklich gut.

Dem Lob haftete dieses eine Mal wirklich keine Herablassung oder was immer das war, Ironie womöglich? an, nein, nichts dergleichen, es war Anerkennung. Irmtraut, ohne Blickkontakt mit Hildegard, traute sich in einem Überschwang selbständiges Handeln zu und klappte vor der Frau das Gästebuch des *Parkhotels am Stintersand* auf: Bitte, schreiben Sie das doch gerade rein, ja? Das wäre wirklich nett. Es wäre richtig originell. Ja?

Hildegard staunte über die brave Irmtraut, während

die Frau sich in das Gästebuch eintrug. Sie verschwieg die Absicht, in der Küche anzuweisen: Den Kaffee nicht mehr so stark, verstanden? Wir sind ein kleines Hotel mit dem Motto *Gesundes Leben.*

Die Freundinnen betrachteten sich am nächsten Morgen, als das Taxi mit der Schwierigen abfuhr, nochmals diese Inschrift: »Schöne Gegend, schön öde, und der Kaffee war wirklich gut.« Darunter das Datum und unleserlich die Unterschrift. Hildegard beauftragte die Freundin, die eine Leidenschaft fürs Basteln hatte, auf irgendeine Weise, die sie ihr überließ, das »öde« zu tilgen, und Irmtraut brachte ein winziges Männchen nach der Art des ortsansässigen Künstlers zustande, wirklich nicht einfach, sah aber putzig aus. Nun ja, sagte Hildegard, sie klappte zufrieden das Buch zu, als schlösse sie die Akte über der seltsamen Frau, damit läßt sich doch leben.

Ein Orkan war in der Nacht über die Idylle gefegt, aber nennenswerte Schäden konnten die Freundinnen an diesem düsteren Morgen nirgends erkennen.

Die Schönste im ganzen Land

Nein! Stop! Nicht so! Du klingst ja schon wieder verdammt nach Ruhrgebiet!

Diesmal hatte der Manager gebrüllt. Limona Miller,
einstmals Hannegret Kittelmann, war gar nicht beleidigt. Im Gegenteil: Sie sah den um ihretwillen toben-
den Mann gläubig an, lächelte ihm das Lächeln mit
dem Prädikat *scheues Kind* gelungen hin. Schließlich
ging es dem Manager ausschließlich um ihr Wohl und
um ihr Fortkommen auf der Leiter zur obersten
Sprosse, auf der *Top-Model* stand.

Heute morgen bereitete man sich auf einen wichtigen Interview- und Phototermin vor. Limona wiederholte ihren Satz, diesmal voll konzentriert auf
die Sprechweise eines Menschen, dem das Englische
die geläufigste Ausdrucksform ist, der Deutsch
verlernt oder nie gekannt hat. Eines geographisch
nicht einzuordnenden Menschen, denn auch das
Englische mußte ein wenig ungelenk klingen. Limona kannte die Lehre: Du bist ein Kunstwesen. Die
Erde hat dich nicht mehr oder hat dich nie gehabt.
Nirgendwo heimisch, unseßhaft, irgendsowas wie
galaktisch. Sie sagte den Satz in englisch gefärbtem
Deutsch, eine Sprache, die sie noch nicht ausgelernt
hatte: Isch bin immä ain natürlische Mänsch gewä-
sen. Isch …

Der Manager unterbrach: Ein paar *however*, vergiß
die nicht. Und du hast wieder versäumt, mit *well* los-
zulegen. Und lächeln, du kannsts doch, lächeln beim
Sprechen, stell dir eine Torte vor. Uff! Der Manager

fuhr sich mit der Handfläche über sein angespanntes Gesicht. Weiter!

An meine Pärsönlischkaid will isch noch faile ... however ... well ... Erwartungsvoll blickte Limona zum Manager, der mit dem Agenten und den Typen von der Parfum-Firma tuschelte. Alle sahen ärgerlich aus. Für die Parfum-Firma sollte Limona Miller heute ab zwölf Uhr in der City eine große Kampagne als *Miss Duftwolke* starten. Sie gäbe viele Autogramme. Schon beim Aussteigen aus dem Daimler würden die Autogrammjäger und die Photographen und die Leute vom Fernsehen sie bestürmen. Limona hatte die Gleichzeitigkeit von Dauerlächeln und Seufzern gut gelernt und auch das krakelige hochbuchstabige Schreiben mit der linken Hand, obwohl sie Rechtshänderin war. Lesbar war dann *Limona Miller* nicht, doch das war Absicht, und diese Hochhaussilhouette, diese Steilgipfelzacken, die waren dann ihr Name.

Well, isch wollde immä gans noomaal leewen, well, wie alle ...

Das war jetzt Hessisch. Nicht die Spur von angloamerikanischem Akzent. Hast du schlecht geschlafen? Was ist los mit dir? Streng dich an, Honey, paß auf, ich stell dir jetzt die Fragen, die du zu hören kriegen wirst. Der Manager setzte sich dicht vor sie auf einen Hocker und legte ein Bein auf das andere. Limona mußte stehen. Sie war noch ziemlich müde so früh am Morgen, nur gut, daß sie schwankend nicht nur stehen durfte, sondern sie sollte es sogar, leicht schwanken.

Wo wurdest du entdeckt?

Isch wurde in aine Diskothejk ändäggd.

Bist du denn oft in Diskotheken?

Nain, aigendlisch nie ... however ... isch ließ misch aines, oh: wie sagd man zu *evening*?

Prima!

Oh, well, aines awends ließ isch misch üwerredä ...
unt, well, da hadd man misch äntdäggd.

Was bedeutet für dich Schönheit?

Oh! Well, Schönhaid. Innere Wehrde. Pärsönlischkaid.

Weil der Manager aufgesprungen war und wieder
mit den anderen zusammenstand, fragte Limona in die
Männergruppe hinüber: Besser? War ich besser?

Sie bekam keine Antwort und respektierte das. Die
Männer hatten nichts als ihre Erfolgszukunft im Kopf.
Zu ihrer Erleichterung hatte sich die junge Maskenbildnerin eingefunden, empfing Anweisungen vom
Manager, und Limona freute sich schon auf Spiegel,
Schminkköfferchen, die daunenweichen Fingerspitzen
der Maskenbildnerin, ihrer unentbehrlichen Gehilfin
beim Aufstieg zu den Sternen, auf die sanften Zärtlich-
keiten der Puderquaste, den Eyeliner, den Fön, Cre-
mes und winzige Bürsten für die ohnehin schon nach
oben gebogenen künstlichen riesigen Augenwimpern –
alles in allem: auf den unverwandten Blick in ihr wun-
derschönes, mit jedem Handgriff sich vervollkomm-
nendes und die alte Hannegret Kittelmann vergessen-
machendes Gesicht im Spiegel. Wirklich, sie war
wunderschön. So viele Menschen fanden das. Und unter den Machenschaften der Maskenbildnerin wuchsen
ihre Augen – was für Augen! Limona kicherte, als sie
an eine Konfrontation mit irgend so einer Miss Ost
oder Miss Zwickau – Zwickau! – kürzlich in einer Talk-
runde zum Thema *Wer ist die Schönste im ganzen Land*
zurückdachte. Es hatten noch ein paar andere Leute
mitgemacht, Psychologen oder so was, aber nur sie und
diese Miss Wasweißich als Beispiele für die Schönheit.
Die andere redete sächsisch, hatte nichts gelernt, keine
Ahnung von der internationalen und universumsmä-

ßigen Aura durch den englischen Akzent, sowieso stimmte nichts, von den Augen übers Haar bis zur Aufmachung. Alles bieder. Die war doch direkt spießig gewesen.

Bässä? fragte Limona wieder.

Ist das ein Bauch, da vorne bei dir? rief der Agent. Was hast du gefrühstückt?

Eine Grapefruit und ein Knäckebrot.

Wenn das einen Bauch vorstellt, dann zieh ihn ein.

Beide hatten recht, der Agent und Limona, die sich im Dienst der Sache durchhungerte, aber da war wirklich ein ballartiger Vorsprung unterhalb ihres Lackgürtels, der deshalb sogar ein wenig hochgerutscht war. Limona preßte die Bauchmuskulatur nach innen, und es tat eine Spur weh.

Mund auf! rief der Manager.

Du bist heute morgen ganz schön durcheinander, wie? Das war wieder der Agent.

Nie den Mund schließen, er muß immer leicht geöffnet sein, Kindchen, du kennst doch dein Pensum. Der Manager hörte sich diesmal freundlicher an. Gib dir Mühe. Trink einen Kaffee, und dann geht ihr zwei Mädchen ausgiebig in die Maske.

Der Manager beruhigte den Agenten und die Parfumtypen mit gedämpfter Stimme: Erst wenn sie total zurechtgemacht ist, läuft sie zur vollen Form auf. Keine Bange, meine Herren.

Und wie Aurora, nach ihrem Schönheitsbad sonnenüberglänzt, kehrte Limona Miller, auch strahlend, ins Studio zurück zu den Männern, ihren Herren, bereit zur Unterwerfung. Diesen Zustand liebte sie, sämtliche Opfer inbegriffen. Immer machte sie sich, erfüllt vom begierigen aufstrebenden Eifer, dieser Männerherrschaft untertänig, blindlings und voller Vertrauen. Oh gut, zwei Photographen hatten sich eingefunden.

So, Schatz, so kennen wir dich und so lieben wir dich. Und so verlassen wir uns auf dich.

Der Manager plazierte Limona auf einen Barhocker, ganz von der Art desjenigen, auf dem sie sich später im *Superbe*, der Bar vom Grand Hotel, den Reportern wundervoll präsentieren würde.

Kurzer Durchgang. Bitte Ruhe, wir sind auf Probe. Der Manager wandte sein angestrengtes Gesicht – ein Gesicht wie nach nicht mehr zu zählenden schlaflosen Nächten – voll Limona zu. Ich frage, du antwortest. Vergiß nicht, daß du, zwar Deutsche, und du *liebst* deine *Heimat*, wasweißich wie lang in den Staaten und sonstwo warst, also sprich dieses Akzentdeutsch. Du bist *läide läide* fast nie mehr *dahaiaim*.

Laide laide fast nie mee dahaim, wiederholte Limona gefügig.

Prima. Laß dein Kaff nicht wieder durchschimmern.

Limona Miller stammte aus Ratingen. Nein, aus Ratingen stammte Hannegret Kittelmann. Limona war nicht ortsfest, nicht einmal bei ihrer Geburt. Sie war eine Extraterrestrische, dritten Grades. Wahrscheinlich nicht mal aus der Milchstraße. Sie wußte es nicht so genau. Irgendwie kosmisch, das auf jeden Fall.

Und Hannegret Kittelmanns Eltern würden morgen noch früher als sonst aufstehen. Aus dieser Raupe Hannegret war der Schmetterling Limona hervorgegangen und immer noch ihre Tochter. Und sie würden früh aufstehen, denn die Interviews und die Shortstory über diese Tochter kämen vielleicht im Morgenmagazin schon sofort kurz nach sechs Uhr im Anschluß an die ersten Nachrichten.

Limona schüttelte den Gedanken ab, doch nicht aus Abscheu gegen die Ratinger Wohnküche mit den müden Eltern. Der Stolz auf sich selber überglänzte die beiden. Vielmehr mußte sie sich jetzt auf die Frage-

und Antwortprobe konzentrieren. Auf den stets leicht offenen Mund, den eingezogenen Bauch, in dem die Rohkost rumorte, auf ihre *however* und *well* und einwandfreies Englischdeutsch.

Vergiß nicht kleine Pausen, wenn du nach einem Wort suchst, und was machst du dann?

Dann mach ich *am*.

Beispiel!

Isch liebe maine Haimahd sähr ... am ... unt isch bin ... am ... immä ain natürlische Mänsch geblieben .., am ... well, das wärde isch blaibe, however ... Gut?

Fabelhaft! Bestens. Die *am* sind Klasse. Sophisticated. Zu den andern Männern grinsend, sagte der Manager: Eine Frau wird erst wach, wenn sie die Kriegsbemalung drauf hat.

Stimmt voll. Der Agent grinste auch. Meine Alte muffelt nur so vor sich hin, nichts los mit ihr, solange sie bloß wie Mutter Natur höchstpersönlich rumeiert.

Der Manager rückte sich den zweiten Barhocker dicht vor Limonas herrliche lange Beine, die in schwarzen Strümpfen steckten und umeinandergeschlungen bald am Hockerbein Halt fanden, dann wieder herunterbaumelten, er zupfte ihren minimalen engen Rock noch etwas höher, begann:

Wo wurdest du entdeckt?

Well, in aine Diskotheijk, antwortete Limona und behielt nach dem letzten Wort den Mund offen.

Schüttle ab und zu ein bißchen deine Locken, klemm sie links oder rechts auch mal hinters Ohrläppchen, tu so, als störten sie dich, sagte der Manager, ehe er wieder den Zeitungsmann spielte oder einen vom Fernsehen: Stimmt das denn wirklich mit dieser sensationellen Entdeckung in einer ganz gewöhnlichen Diskothek?

Oh well, ja, das schdimmd. Isch wurde dord äntdäggd. Limona wußte auf ein Zeichen des Managers hin, der wie mit unsichtbarem Taktstock ein Orchestermitglied aufforderte, daß noch mehr fällig war: Isch gehe so gud wie nie aus, however, ich maine, am ... isch bin ain sähr hoislische Mänsch. Am ... But nun guhd, aines ... am, wie sagt man für evening? Well, awends! Aines awends, well, ließ isch misch überredä, und ... am ... well, da äntdäggden sie misch.

Traumhaft! Der Manager gab sich zwar Mühe, einen euphorisiert schwärmenden Reporter zu imitieren, aber nur verbal. Nicht, was seine Physiognomie betraf. Die blieb steinhart, beschädigt von chronischer Überanstrengung.

Was bedeutet Schönheit für dich? Sie sind die Schönste im ganzen Land. Millionen Frauen möchten wissen, was das für ein Gefühl ist.

Well, es ist ein scheunes Gefühl. Very good feeling. Limona kannte die wichtige darstellerische Stelle, es ging um den oft geprobten Übergang von einem strahlenden zu einem nachdenklichen Lächeln, und sie schaffte ihn. Ahwer jede Frau kann scheun sain. Isch maine, von der Pärsönlischkaid her. Well, das Innere zähld. Innere Wehrde. Am ... an maine Pärsönlischkaid mäschde isch noch faile.

Die Mutter! rief der Agent zu den beiden auf ihren Barhockern hinüber.

Einer der Photographen knipste drauflos, während der andere nur gähnte.

Ah ja, verdammt, die Mutter. Mütter sind das A und O. Der Manager rieb sich wieder übers Gesicht.

Leg los! Frag sie was, das sie auf die Mutter bringt, rief der Agent.

Machs mal von allein, sagte der Manager zu Limona.

Warum kriegt man in diesem abgefuckten Studio eigentlich keinen Drink?

Was isch den Mänsche noch unbedingd sagen will? Limona fühlte sich in Bestform, es irritierte sie nicht, daß der Manager einen Lustschwund mitmachte, sie kannte das, er war ein überarbeiteter Mann, den sie verehrte, weil er seine Nerven ihrem, Limonas, wundersamen Aufstieg zum Top-Model opferte; die Bestform verdankte sie dem aufgeregten Photographieren und der Sicherheit, die sie aus den Spiegelbildern in der Maske mit auf den Barhocker genommen hatte.

Well, isch würde gärn sage, daß isch gärn ändlisch wieder einmal in maine Haimahd bin und daß isch maine Mutte bewundere. Limona machte eine winzige königliche Bewegung mit den Fingern ihrer rechten, leicht erhobenen Hand: Das schickste Zuwinken, das man je gesehen hat, fand sie. Hey, Mom! *Mudde*!

Die Eltern Kittelmann schauten fast verlegen auf den Bildschirm. Sie konnten auf keinen Fall jetzt einen Bissen vom Frühstück runterbringen.

Midd maine Mudde hab isch misch immä über alle Problems ausgeschbrochä, sie war so ... very very verschdändnisvoll.

Die Kittelmann-Tochter umschrieb vage mit ihren schönen langen Händen eine Problemfülle, an die sich ihre Eltern nicht erinnern konnten. Aber jetzt waren sie auch viel zu aufgeregt.

Wie schön sie geworden ist, murmelte die Mutter gerührt und ergriffen.

War sie immer, auch ohne all den Klimbim, sagte der Vater, dem Anschein nach ein bißchen ruppig.

In Andacht und staunend waren sie stolz vereint.

Aus der Familie sieht sie eigentlich keinem ähnlich, sagte die Mutter.

Das kommt von der Aufmachung, sagte der Vater.

Beide sprachen leise, wie um den Zauber auf dem Bildschirm nicht zu brechen.

Oder Tante Erna? fragte sich die Mutter.

Der doch ganz bestimmt nicht, sagte der Vater. Töchter kommen eher nach den Vätern.

Dir sieht sie nicht ähnlich, sagte die Mutter.

Beide hielten es insgeheim für einen Irrtum, für ein Mißverständnis, entweder die anderen oder sie selber irrten sich oder verstanden nicht: Die Eltern, nein, die Eltern dieses fernen Geschöpfs, die waren sie nicht. Nicht mehr.

Hörst du, sagte der Vater, sie spricht gerade von Ratingen.

Sie liebt ihre Heimat über alles, seufzte die Mutter.

Die Eltern dachten an das Telegramm vom Agenten ihrer Tochter: Liebe euch über alles stop kommen leider nicht möglich stop see you soon. *See you soon* hatten sie sich vom Nachbarssohn übersetzen lassen. Sie blickten starr und verständnislos auf den Bildschirm, als könnten sie durch festes Hinschauen vielleicht begreifen. Die junge, schönheitsschwellende Frau auf dem Barhocker und dann, wie sie aus einem riesigen Auto ausstieg und umlagert wurde von Menschen! Sie riß die Augen auf, schüttelte langes Haar von der Farbe eines Vanillepuddings und lächelte und behielt immer den Mund offen, als hätte sie eine verstopfte Nase. Die Tochter der Kittelmanns, Hannegret, die nie behauptet hatte, sie liebe ihre Heimat und sei ein häuslicher Mensch, und die dauernd in die Diskothek gegangen und braunhaarig war und nie mit ihrer Mutter über alle ihre Probleme gesprochen hatte, diese Tochter mußte aber doch irgendwo in ihr drin sein, in der Schönen dort, die Tochter in der Tochter, die jetzt einem gierig blickenden jungen Mann, der ihr ein knallrotes Mikrophonosterei dicht vor die Lippen hielt, mit ihrer neuen, merkwürdig verwaschenen Sprache erzählte, sie esse, was ihr schmecke.

Wenn das neuerdings stimmt, solls mir recht sein, sinnierte ihre Mutter.

Sie hat das doch von ihrer Mutter, nimmt sofort zu, dachte ihr Vater.

Well, but … am … Die Schönste im ganzen Land lächelte. Aber zum Glück schmecke ihr vor allem Obst. Sie fingerte ein bißchen an ihrer Taille herum und tatschte auf die bloßgelegten Oberschenkel – und ihre Eltern in der Küche genierten sich, die Mutter mit Ehrfurcht und Bewunderung, der Vater verärgert und eifersüchtig – und dann nahmen die Eltern zur Kenntnis, ihre Tochter, diese neue Tochter aus der guten alten kleinen Hannegret, könne essen, was sie wolle und soviel sie wolle, sie nehme nicht zu. Sie rauche nicht, sie trinke nicht, sie habe noch keinen festen Freund. Wie verlegen gelang ihr dieses Lächeln und Untersich-Blicken! Aber was war mit all diesen Heinis, die sich, schon als sie noch nicht mal fünfzehn war, mit ihr in die Wohnung und rauf in ihr Zimmer geschmuggelt hatten? Wäre bei den staunenden Eltern der rechte Glaube nicht mehr und mehr geschrumpft, wie gern hätten sie vernommen, daß ihre Tochter später eine Familie gründen und recht viele Kinder haben wolle.

Isch will werden wie maine Mutte, like mom, you know, wail … am … wegen der innere Wehrde und so …

Der Vater schaute auf seine Frau, er sah, neben ihr am Küchentisch in der Zuschauerposition, das konturlos gewordene Profil und braunes Gekräusel ihrer herausgewachsenen Dauerwelle wie von einer schmutzigen Feldmaus, doch der geringe Reiz dieses Anblicks änderte nichts an seinem ungläubigen Respekt für sie, diesem Vorbild einer Schönsten im ganzen Lande, sei-

234

nes Schneewittchens. Während die Mutter nicht mehr richtig aufpassen und genießen konnte. *Ein* Gedanke beherrschte sie seit ein paar Minuten: Hoffentlich hoffentlich schauen Frau Zobel und Frau Benz und all die andern zu.

Gleich und gleich gesellt sich gern

Anlaß zum Feiern, rief Ilse Bohn ihren Freunden reihum telephonisch zu. Und sie berichtete: Herbert ist mit den Worten *Das wäre geschafft* zurückgekehrt, und wie ihr euch vorstellen könnt, mit einem tiefen Aufatmen. Dieses Gerenne von Pontius zu Pilatus bringt gar nichts, wir hätten uns sofort ans oberste Gremium wenden müssen, ha! Was heißt: Gremium! Der OB ist schließlich mit meinem Herbertchen in die Tanzstunde gegangen. Also, nichts wie her mit euch, ihr Lieben, wir machen ein Faß auf. Einen unverdächtigeren Stoßseufzer der Erleichterung als den, der aus Ilse Bohns Inwendigkeiten in die Ohrmuscheln ihrer Zuhörer geblasen wurde, den konnte es gar nicht geben. Ilse Bohn war die Vorsitzende des außerdem von ihr ins Leben gerufenen und so treffsicher getauften *Komitees für die Nähe zum Fernen.* Nähe zum Fernen hatte in Ilses Grübeln zuvor bald Wärme, bald Liebe heißen sollen, Liebe zum Anderen, auch *humanitas* – bis sie auf dieses reizvolle Gegensatzpaar gestoßen war, ein Fund!

Sie gehören zu uns, alle alle, sie sind uns willkommen, wir müssen Erbarmen zeigen und mehr: Freundschaft. Gemeint waren ausländische Menschen, genannt: Mitmenschen, Mitbürger. Die Asylbewerber.

Ilse Bohn war von jeher eine engagierte Person gewesen, und Herbert Bohn hatte als Firmenchef der EVEDA oft davon profitiert, noch öfter aber auch überhaupt nicht, und am wenigsten von dem Eintreten seiner Frau für Behinderte. Ihre Aktion *Behinderte am Arbeitsplatz,* so entschied er damals, kam für seinen

Betrieb mit den doch zu komplizierten Aufgaben nicht in Betracht. Ilses beste Initiative: die von ihr gegründete Gruppe *Ossi-Ander.* Westmenschen fühlten sich durch kleine Sketchs dem Osten gegenüber aufgeschlossener, und die EVEDA hatte kürzlich – wohl auf einen Auftritt der Gruppe im Betrieb hin – mit einem der weniger maroden Ost-Unternehmen einen für die EVEDA äußerst günstigen Kooperationsvertrag abschließen können.

Ilse gründete auch ein *Asyl* genanntes kleines Café, in dem sich Gleichgesinnte trafen, nicht allzu viele Ausländer – bis jetzt nicht, aber Geduld, das kommt noch, sie müssen ihre Scheu überwinden, sagte Ilse – und im gemütlichen *Café Asyl* huldigte man der grenzüberschreitenden Menschenliebe in kleinen Vorträgen und Songs: Junge Menschen traten mit ihrer Band auf.

Alle diese Aktivitäten fanden im Stadtteil Lohberg statt, nicht im Villenquartier, das die Bohns und ihre und der Ausländer Freunde in schönen Häusern auf großen Grundstücken bewohnten. In Lohberg aber lebten die Ausländer, und die galt es ja zu erreichen, nicht wahr? Sie würden sich in die besseren Viertel nicht hineintrauen, wären noch befangener als ohnehin schon.

Geschafft! Es wäre ein Wahnsinn gewesen, sie hier zu haben. Die Freunde feierten mit den Bohns, die es für sie alle über die besten Beziehungen erreicht hatten, das Damoklesschwert, welches seit fast zwei Monaten der Angst und des Zorns über ihnen schwang, von ihnen abzuwenden und, wer wußte schon genau wohin, niedergehen zu lassen, Hauptsache, anderswo. Über einer Wohngegend, wohin die Leute, um die es ging, einfach viel besser paßten. Garantiert zu den sozial schlechter Gestellten, die sich zwar vorerst dumm anstellten bei der Akzeptanz der Fremden, beim *Mit-*

einander, wie Ilse Bohn das nannte, und sie versprach: Eines Tages, laßt ihnen Zeit, jeder braucht seinen Lernprozeß, eines Tages spüren sie, daß sie sich zum Kontakt mit den Ausländern viel besser eignen als wir. Wir sind nur die Vorreiter.

Gleich und gleich gesellt sich gern, stimmts? Stimmts oder hab ich recht? Prost! Es war ein fröhliches Fest, ausgelassene Gäste, befreundete Nachbarn, die ihre Ruhe im Quartier sichergestellt wußten. Und morgen wieder: Treffpunkt *Café Asyl*! Nicht vergessen! Hab ich richtig gehört, Ilschen, wir kriegen ein kabarettistisches Programm geboten? Oh ja, und einen Vortrag, aber kurz, keine Angst, vom Pfarrer. Über Nächstenliebe. Auch davor keine Angst, bitte! Er wirds mehr politisch-pädagogisch machen und so, ihr wißt schon.

Sie redeten über ihre Gärten, das Frühjahr kam, die Swimmingpools müßten gereinigt werden, sie brachten Toasts aus. Den ersten auf Ilse Bohn. Den zweiten, aber beim heutigen Anlaß äußerst speziellen und beinah frenetischen auf Herbert Bohn, den Retter des Villenviertels und seiner pflanzenreichen, tags wie nachts fast lautlosen Schönheit. Natürlich tranken sie alle wie immer auf die Flüchtlinge dieser Erde, auf die Vertriebenen und Asylsuchenden, sie stießen mit ihren gefüllten Gläsern auf ihr Motto *Die Nähe zum Fernen* an und durch das leise Klirren und gedämpfte Lachen rief jemand: Hoch soll sie leben! Gemeint war Ilse Bohn, die unermüdliche Begründerin, die kein Opfer scheute – fast keins: ruhiges Wohnen war ein Ding für sich, die Liebe zu den Ausländern ein anderes – und man sang im Chor ... hoch hoch hoch! Und zwei Partygäste ergriffen die Arme von Ilse Bohn, die an diesem Abend den Titel *Engel der Asylanten* verliehen bekam.

Buffet Vitesse

Immer montags und freitags kehre ich, um nicht auf dem Bahnsteig herumzustehen, ins *Buffet Vitesse* ein. Es ist 9 Uhr, mein Zug geht 9 Uhr 54, ich habe eine Dreiviertelstunde Zeit, reichlich, weil sie im *Buffet Vitesse* Selbstbedienung haben und man gleich hat, was man will.

Jetzt habe ich sie schon mindestens siebenmal an einem der kleinen Tische gesehen, am Anfang zählte ich noch nicht mit, kann also auch öfter gewesen sein. Sie ist nicht übermäßig schwer bepackt, aber ihre beiden Taschen, eine größere und eine kleinere, scheinen einiges zu wiegen. Um die Schulter hängt eine weitere kleinere Tasche. Die setzt sie auf dem Tischchen ab. Sie holt sich oft keinen Kaffee oder sonstwas, obwohl der Verzehr von Getränken oder Eßwaren hier Pflicht ist, es gibt entsprechende Hinweisschilder. Sie kommt mir hastig vor, immer so, als habe sie eigentlich überhaupt keine Zeit für die Pause im *Vitesse*. Offenbar ist sie eine versierte Reisende, denn die Frist zwischen ihren beiden Zügen scheint kürzer zu sein als meine. Andererseits: Für jemand Routiniertes ist sie zu unruhig. Wenn sie keinen leeren Tisch findet, bevorzugt sie Männer, zu denen sie sich setzt – schon das fällt auf, sie setzt sich zu diesen abgetakelten unrasierten Typen, wie man sie auf allen größeren Bahnhöfen trifft und die zur Frühstücksstunde schon Bier trinken. Noch absonderlicher – ich will nicht falsch verstanden werden, Sie wissen schon, in puncto Ausländerfeindlichkeit und so weiter – also noch *ungewöhnlicher*, daß sie häufig, wenn es überfüllt ist, meistens bei Ausländern, sogar rabenschwarzen Gruppen, vielleicht von Eritreern oder so ähnlich, mit dem Blick fragt: Ist hier noch frei?

Was tut sie? Erstens: Sie raucht. Ich habe sie ein paarmal unmittelbar unter dem Schwebebalken mit der Aufschrift *Hier Nichtraucherraum* rauchen sehen. Passiert ist nichts, ich dachte: schade. Damit Sie nicht denken, ich sei schadenfroh oder selber einer von diesen selbstgerechten angriffslustigen Nichtrauchern: Schade fand ich es nicht um ihre Bestrafung oder Zurechtweisung, nur aus Neugier. Ich wäre wirklich neugierig drauf gewesen, wie diese Frau sich dann benommen hätte.

Und zweitens: Sie schreibt Ansichtskarten. So zwei bis drei. Bei der dritten, wenn sie bis zu der dritten kommt, wird sie ziemlich nervös, schaut dauernd bald auf die Uhr an der Südwand des *Vitesse*, bald auf ihre Armbanduhr, wozu sie den Mantelärmel hochstruppt; sie vergleicht, sie scheint weder dem einen noch dem andern Zifferblatt zu trauen.

Ich wüßte zu gern, mit der Häufigkeit meiner Beobachtungen immer dringender, wohin sie fährt, woher sie kommt. Letzteres sollte ich bald erfahren. Ich hatte nämlich beschlossen, an einem Freitag später als sonst am Zielort einzutreffen, meine Termine erlaubten das, und daher übersprang ich einen Zug. Als die Frau in Eile mühsam beherrscht aufbrach, folgte ich ihr. Im *Buffet Vitesse* war sie jemand mit Reisefieber und sehr wenig Zeit. Nun ging sie zwar zügig, aber bloß von Bahnsteig zu Bahnsteig. Sie schleppte ihre Sachen, eben noch am Gleis drei, dann an sechs und sieben entlang, danach lief sie über den ganzen Bahnsteig am Gleis zehn bis zum Buchstaben E und wieder zurück. Sie betrachtete daraufhin die Kioske, die Sachen in den Schaufenstern der Läden, die Auslagen der Markthalle, trat nirgends ein, kaufte aber am Presse-Zentrum ziemlich viele Zeitungen und brachte sie mit Mühe in ihrer kleineren Tasche unter. Manchmal setzte sie ihr Gepäck ab. Ansichtskarten studierte sie offenbar gern, immer mal wieder hielt sie eine in der Hand, aber dann steckte sie die Karte in den Ständer zurück. Sie betrat ein Tabakgeschäft, ich blieb draußen und sah sie im Innern mit der Verkäuferin reden und auf die Ausstellware deuten: Aha, sie erstand ein Tischfeuerzeug mit dem Emblem der Stars and Stripes und der Nachahmung eines Sprengkörpers, ein Feuerzeug in Raketenform, Marke Patriot.

Wie merkwürdig, verdammt viel Zeit hatte sie hier draußen plötzlich. Schon fürchtete ich, ich würde auch meinen zweiten Zug abfahren lassen müssen. Und genauso kam es.

Die Frau verließ den Bahnhof. Ich hinterher, ziemlich geschockt. In einem Bus der Line 23 verlor sie die Würde einer interessanten Fernreisenden.

Und ich bin niemand anders als ein städtischer Verkehrsteilnehmer mit viel zu wenig Platz für mein Reisegepäck von früher, als du mich, mich chronischen Passagier, liebevoll empfingst und ich Stunden brauchte, bis ich eingelebt und meine Reise los war und dann wieder weggefahren bin. Hat die Frau mir das erzählt? Oder führe ich jetzt schon Selbstgespräche? Es ist jeden Tag dasselbe mit ihr. Das *Buffet Vitesse*, ihr Umhergehen auf dem Bahnhofsgebiet. Wissen Sie, ich übe, ich spiele mein früheres Leben nach. Ich reise ab wie eh und je und bin doch stets geblieben, ich bleibe da und bin wie eh und je doch immer abgereist.

Morgen wieder der Bahnhof, das Rauchen im *Buffet Vitesse* im Nichtrauchersektor, weil man von da aus die Uhr besser sieht, vielleicht eine Ansichtskarte, die beiläufig heimlich aus dem Ständer in meine Tasche wandert – ich sehe nämlich sehr gedankenverloren aus, zudem seriös, eine geübte Reisende, mich verdächtigt so leicht keiner – und zu den Ausländern setze ich mich, weil ich es bevorzuge, nichts von dem zu verstehen, was um mich herum geredet wird, und ich rauche zwischen den Nichtrauchern und schreibe dummes Zeug an Leute von früher und ich verzehre nichts – und alles, was sonst noch verboten ist. Spielt doch längst keine Rolle mehr, nach *seinem* Tod, gut, ich bin noch nervös, aber es ist mir gleichzeitig egal, was mit mir passieren könnte. Ich bin auf der Durchreise, was denn sonst? Wissen Sie jetzt endlich genug von mir?

Schwer zu beantworten, verdammt schwer. Und wem denn überhaupt.

Anders können sie nicht sein

Wenn es auf Weihnachten oder sonst irgendwelche Feiertage zugeht, fange ich an, sogar mein blödes sogenanntes Apartment im Studentenwohnheim gut zu finden. Es ist ganz in Ordnung, sage ich mir, weiß nicht, was ich immer dagegen habe. Ich vergleiche es nämlich mit zu Haus. Dort ist mein Ex-Zimmer zwar besser möbliert, Bad und WC sind auch besser, aber die habe ich nicht für mich allein, und *allein*, das ist schon das Stichwort. Es steht für das ganze Übel.

Es gab ein paar bessere Jahre zu Haus, die letzten drei, da waren meine Eltern richtig angenehm, richtige Kumpels, obwohl ... trotzdem lebe ich lieber allein, und ich bin auch in diesen besseren Zeiten jedesmal erleichtert wieder abgereist. Meine Mutter hat in dieser guten Phase nur noch sehr selten den Eindruck einer in Gnaden wieder aufgenommenen Person gemacht, immer bei Streit zwischen den beiden, ja, leider gibts Streit dort, ich kapiers nicht, warum sie nicht endlich damit aufhören können. Und mein Vater hat nicht mehr den Bewährungshelfer meiner Mutter gespielt oder, je nachdem, den Aufpasser. Da wars schon oft nett mit ihnen. Sie können ja nett sein. Mit meinem Vater kann man Quatsch machen, mit meiner Mutter sowieso, aber bei meinem Vater, der auf andere eher verschlossen und etwas streng wirkt, erstaunt es mehr, ja und dann ist er witzig und geistreich und richtig süß, wenns ihm gut geht. Und ob es ihm gut geht oder nicht, das hängt so ziemlich ausschließlich von meiner Mutter ab. Deswegen bin ich auch jetzt auf sie böse, weil sie doch wieder irgendwelchen Unsinn gemacht hat, es will mir nicht in den Kopf rein, warum sie das nicht bleiben lassen oder, wenn es schon sein muß, geschickter machen kann.

Als ich ankam, merkte ich gleich, daß etwas nicht stimmte zwischen ihnen und es wie früher war. Ich merkte es, weil dann mein Vater, ich sags mal hochgestochen, weil er dann seine Qualitäten nicht entfalten kann. Alles, was grantig und oft auch ausgesprochen widerwärtig an ihm ist, und was meine Mutter sicher schon am Anfang ihrer Ehe zu spüren bekam, weil sie vermutlich damals in ihrer Jugend erst recht kein zuverlässiger Mensch war, alles das kehrt er dann heraus. Aber ich wiederhole es: Das ist die Reaktion auf sie, bei meinem Vater, seine eklige Art. Mit einer anderen Frau wäre vielleicht dieses Eklige an ihm nie zum Vorschein gekommen.

Oh verflucht, Weihnachten ist das grausigste von allen diesen die Familie zusammenpfeifenden Festen, ich meine, wenn Kriegsstimmung herrscht. Meine Mutter beherrscht sich besser als mein Vater, oder so: sie verstellt sich. Er nennt aber alles, was sie mir und sogar auch ihm an Lustigem bietet und womit sie uns verwöhnt: die Fassade. Alles Heuchelei. Deine Mutter und die Wahrheit, das sind zwei Antipoden, das ist wie Feuer und Wasser, wie Heiß und Kalt. Für mich klingt das wie eine Beschreibung von ihm und ihr. Ich habe Eltern, die nicht zueinander passen. In guten Zeiten denkt man: sie ergänzen sich. Aber für zwei Antipoden dauern gute Zeiten kurz.

Ich kann nun mal nicht losflennen wie andere Frauen, sagte meine Mutter.

Leider leider, sagte mein Vater und machte ein gekränktes strafendes Gesicht.

Als ich noch ein Kind war, da wollten sie mich schon

dazu bringen, daß ich Partei ergreife. Weniger meine Mutter, der es schon immer drum ging, so bald wie möglich die jeweilige Katastrophe in den Orkus zu versenken, alles in Vergessenheit geraten zu lassen, bei ihr soll ganz schnell Gras drüber wachsen, und ich glaube, sie hat auch wirklich viel von dem, was sie angestellt hat, vergessen oder verdrängt, sie kümmert sich nicht mehr drum. Dann mahnt mein Vater, der will, daß ich bei ihm Parteimitglied werde, die samt und sonders in seinem Gedächtnis registrierte Vergangenheit an, er weiß wirklich noch jede Einzelheit, mit der sie ihn verletzt und ihm geschadet hat, die ganze lange Sündenlatte. Ich bin dann immer weggelaufen. Vielleicht hat sich mein kleiner Kinderverstand schon gemeldet mit der Forderung: Du brauchst eine Kindheit, also mach dich aus dem Staub. Zieh ab, wenn sie sich zanken und schimpfen, hör dir das nicht an, damit du zu deiner richtigen guten wichtigen Kindheit kommst. Und doch habe ich, dann auch später als junges Mädchen – so ab circa zwölf hatte ich die ersten langweiligen Freunde – Sätze von zu Haus mit in die Schule und in unsere Freizeitvergnügungen genommen, kein Spaß, wirklich nicht, und ich höre sie so ähnlich bis heute. Meine Mutter: Wovon du nichts verstehst, nicht das geringste, das ist Erbarmen. Mein Vater: Habe ich dir nicht wieder und wieder verziehen? Meine Mutter: Das war nie wahrhaftes Verzeihen. Du bist vielleicht muffelig zur Tagesordnung übergegangen... Da unterbricht er sie mit irgendwas Empörtem, so nach der Art: Als wenn das nichts wäre! Nach dem, was mir angetan wurde. Anstatt dankbar zu sein ... Ich bin dir ja auch dankbar: Jetzt macht meine Mutter sich wieder klein, bevor sie dummerweise von neuem rebelliert: Bei wirklichem Verzeihen würdest du mir nicht immer von neuem die uralten Suppen aufgewärmt auftischen, wenn wieder mal was passiert ist. Mein Vater macht sein Hahaha: Ja ja, wenn wieder mal was passiert ist. Meine Mutter: Von Erbarmen verstehst du nichts. Von Gnade. Bei Gott gibt es beides. Mein Vater erklärt: Ich bin nicht Gott. Gott sei Dank, sagt meine Mutter, nicht sehr diplomatisch. Manchmal braucht doch auch sie, die mit der Harmoniesucht, reichlich lang, bis sie auf den Frieden zusteuert, ich glaube, sie kriegt einfach die Kurve nicht, und schreit los: Ich sehne mich nach Gerechtigkeit! Ziemlich dumm von ihr, denn mein Vater steht immer auf der Seite des Rechts, oder: des Rechthabens. Er ists ja nie, der was Verkehrtes gemacht hat.

Meine Mutter, das kenne ich von ihr, wollte sich nichts anmerken lassen, aber mein Vater lehnt jedes Versteckspiel ab. Versteckspiel: auch ein Stichwort. Das ist es ja, was er an meiner Mutter verabscheut. Meine Mutter lebt nach dem Spruch: Was ich nicht weiß, macht mich nicht heiß. Beziehungsweise: Was er nicht weiß, macht ihn ... und so weiter. Und so muß der Bedauernswerte lebenslänglich mit einem Verdacht gegen sie rumlaufen, sicher nicht schön für ihn. Richtig untreu ist sie ihm nie gewesen, sie hat es mir einmal gesagt, ich wollte überhaupt nichts davon wissen, aber sie war damals gerade wieder ins Glas gefallen, und dann ist sie immer vertrauensselig und gesprächig. Richtig oder nur beinah richtig untreu: Wischiwaschi für meinen Vater. Aber weiter im Text: Das erste Abendessen war ein Reinfall. Stumm und so als stehe seine Kreuzigung bevor saß mein Vater am Tisch, und wie um sein Benehmen zu überdecken, übertrieb es meine Mutter mit dem Sprechen. Zwischendurch jedoch blickte sie bitter und böse zu ihm hin oder vor sich hin und sie seufzte tief, stöhnte, was auf Außenstehende ziemlich komisch gewirkt hätte, weil sie kurz vorher noch herumgealbert hatte.

In der Küche hantierte ich mit ihr, sie stand am Spülbecken, ich trocknete das Geschirr ab. Sie sagte: Tut mir leid, die Stimmung ist auf dem Tiefpunkt. Ich wollte dirs ersparen, zu uns zu kommen, aber dein Vater fand, du solltest ruhig sehen, wie es hier zugeht. Ich bin mal wieder die Schuldige. Tut mir wirklich leid, Schätzchen. Du hast eine schreckliche Mutter.

Sie ging mir auf die Nerven. Gut, ich bedauerte sie, aber ich fand sie einigermaßen würdelos. Wahrscheinlich wünschte sie sich, nach dem Malheur gefragt zu werden, doch den Gefallen tat ich ihr nicht. Ich habs nicht wissen wollen. Mich selber fand ich übrigens auch nicht sympathisch. Leider verschaffen meine Eltern mir dieses miese Gefühl von früh an bis heute. Wie ich zu ihnen bin, weil sie so sind, wie sie nicht anders sein können, das mag ich nicht. Und an ihr finde ich es schlimm und intelligent schon gar nicht, wenn sie plötzlich laut ausruft: Herrgott, was für eine unglückliche Ehe ich doch führe!

Mein Vater fängt dann an, ein hämisches Lachen auszustoßen, es klingt künstlich, lachen muß er überhaupt nicht, und er wendet sich, wieder mal auf der Jagd nach mir als seinem Parteigänger, mir zu, sagt mit einer hundertprozentigen Feindschaft, so als habe er nicht das mindeste für diese Frau, seine Frau immerhin, übrig: Da hast du sie, wie sie leibt und lebt. Sie denkt nur an sich. Ihr Selbstmitleid macht sie blind gegen alles und alle. Dann brüllt er meine Mutter an: Und was für eine Ehe führe ich? Ist meine Ehe etwa glücklich?

Glücklicher als meine ganz gewiß. Nicht gerade glücklich, aber doch befriedigend. Und meine Mutter erläutert ziemlich logisch, warum und wieso: Du kommst, als notorischer Rechthaber, bei mir voll auf deine Kosten.

Mir wärs lieber, wenn auch du ein einziges Mal in deinem Leben recht hättest. Am liebsten wärs mir, wenn du immer recht hättest. Das würde mir viel Zeit und Nervenschmalz ersparen: So weit mein Vater, ebenfalls ziemlich logisch.

Für Außenstehende mag das unverständlich klingen, und doch, nein, ich wollte nicht wissen, was diesmal vorgefallen und sie entzweit hatte. Wie bitte? Ob ich mich nicht genug für meine Eltern interessiere? Was bedeuten würde: Ich liebe sie nicht, nicht wie eine Tochter ihre Eltern lieben müßte? Ja, finden Sie das eigentlich nach allem, was ich hier angedeutet habe, denn wirklich erstaunlich?

.

Kein Stoff für Unbegabte

Weiber, Weiber. Was soll man schon groß von ihnen erwarten. Lehr du mich die Frauen verstehen.

Die beiden Männer seufzten sich feixend zu, tranken die Bierreste aus ihren vom abgesackten Schaum blinden Gläsern, es war Zeit zu zahlen und die Pinte zu verlassen, Zeit für den Heimweg. Weiber, Weiber. Wenn nach dem vorabendlichen Ritual, im Anschluß an die Arbeit noch zwei, manchmal drei Bier am Tresen zu trinken, das Gespräch auf ihre Ehefrauen kam, endete das im fatalistischen Resumé: Weiber, Weiber. Crispin und Sales arbeiteten als angestellte Architekten bei einer Firma für Fertighäuser. Seit einiger Zeit wurde von bevorstehenden Entlassungen gemunkelt, und daher fanden beide, sie hätten Anlaß, sich Sorgen zu machen. Hingegen die Frauen, die Frauen seien zu beneiden. Denn wenn sie auch selbstverständlich die Probleme ihrer Männer miterlitten – sie müßten sich einschränken, sollte es tatsächlich zum Verlust der Jobs kommen – so bliebe es ihnen doch erspart, sich von heute auf morgen nutzlos zu fühlen, arbeitslos herumzuhocken. Die Frauen, sie hatten ihr Nest. Sie hatten ihr Reich, und sie würden es verteidigen.

Es wird rauskommen, wie sehr sie sich langweilen, sagte Crispin. Und daraufhin konnten die beiden ein bißchen lachen, nicht ohne Häme. Mit der gleichen Häme bedachten sie auch die neue Ambition, die Friedel, Crispins Frau, und Irm, die Frau von Sales, einmal in der Woche befeuerte. Sie besuchten einen Volkshochschulkurs, den ein abgetakelter Schriftsteller leitete – Crispin und Sales nannten ihn *abgetakelt*, wenn er so etwas betrieb wie dieses Geschäft, mußte es sich ja um einen erfolglosen Schriftsteller handeln – und der sich *Schöpferisches Schreiben* nannte. Schadenfroh stellten die zwei Ehemänner sich das trübsinnige ehrgeizige Grüppchen von Möchtegernschreibern vor und ihre Frauen mittendrin, wie sie mit glühenden Köpfen plötzlich ihre jahrzehntelang schlummernde Begabung entdeckten.

Sieht nach Föhn aus, sagte Sales zu Crispin mit einer kleinen zum Himmel hin schnickenden Kopfbewegung. Föhnfische.

Da heißts dann wieder: Sprich bitte nicht so laut, dreh den Fernseher leiser. Crispin machte ein mekkerndes Geräusch, das sein Freund als Lachen über die unvermeidlichen Nöte des alltäglichen Ehelebens wiedererkannte.

Ja klar, sie werden Migräne haben.

Bis zum Donnerstag, dann ist *Schöpferisches Schreiben* dran.

Crispin betrachtete die weißlichen filzigen Fischgräten, die sich über dem immer noch hellen Blau des Himmels zerfaserten. Es war ein drückender Juliabend. Er bezweifelte, ob sie diesen Fischhimmel richtig deuteten. Auf Föhn wies sonst nichts hin, diese Schwüle war nicht danach. Und seine Bemerkung über die Migräne ungerecht. Friedel und Irm ging es jetzt eigentlich die ganze Woche über ziemlich gut, denn für die Donnerstage bereiteten sie sich vor, was soviel bedeutete wie: Sie schrieben. Sie machten ihre Hausaufgaben. Bei aller Freundschaft zwischen Friedel und Irm, ihre Männer vermuteten, sie schrieben um die Wette. Jede wollte die Beste sein. Die Nummer Eins beim heruntergekommenen Schriftsteller. Crispin gestand es Sales nicht, und Sales vertraute es Crispin nicht an: Friedel und Irm waren in den Schriftsteller verliebt.

Im Vorortzug lasen sie wie gewöhnlich die Abendzeitung.

Jetzt gibts schon im Weltall Müllprobleme. Sales schüttelte seine Zeitung so zurecht, daß er auf der nächsten Seite weiterlesen konnte. Wäre was für den Chef. Müll im Weltall.

He he, machte Crispin, der mit dieser Variation auf der Skala seiner Möglichkeiten zu lachen auf eine andere Zeitungsmeldung reagierte.

Was gibts?

Gute Nachrichten für unsere zukünftigen Erfolgsschriftstellerinnen. Crispin las vor. Es handelte sich um eine neue Diät zum Abnehmen. Die Leute sollten alles essen, worauf sie Lust hatten. Das Wesentliche bestand darin, daß sie es ohne schlechtes Gewissen taten.

Das wird ihnen mächtig gut gefallen.

Und sie werden kein Gramm verlieren.

Die beiden freuten sich, es war eine Mixtur aus Gutmütigkeit und Rachegelüst. Seit Friedel und Irm den Kurs *Schöpferisches Schreiben* besuchten, waren sie drauf aus, Körpergewicht zu verlieren, was auch nach dem Dafürhalten ihrer Männer höchste Zeit und das bisher beste Ergebnis ihres neuen Ehrgeizes war. Andererseits bewies die Sehnsucht nach wohlgestalteter Schlankheit und Rückgewinnung eines attraktiven Erscheinungsbilds noch viel eindeutiger als der Eifer an den Schreibtischen: Die beiden Frauen waren verliebt.

Sollte man diesen Scharlatan von einem *Dichter* womöglich mal unter die Lupe nehmen? fragte Crispin.

Ich schätze, das lohnt sich nicht, sagte Sales. Machs gut. Er stieg eine Station vor Crispins aus.

Machs besser.

Werd mir Mühe geben.

Aufrichtig Mühe gab sich indessen seine Frau. Friedel meldete sich. Endlich hatte sie genug Mut gesammelt. Sie hoffte dringend, sie würde nicht erröten. Obwohl ... junge Mädchen erröteten. Und Tasso gefiele das vielleicht. Es würde sie verjüngen. Irm und sie nannten ihren Lehrmeister, den jungen Schriftsteller, Tasso. Tasso paßte viel besser zu ihm. Ed Becker konnte wirklich jeder heißen. Obwohl *Ed* gut war. Nun, sie hatte jetzt diesen Mut angesammelt, Friedel kam zu Wort: Ich weiß, wir haben ja auch ein paar Männer hier unter uns, und wenn mein Vorschlag bei Ihnen ankommt, könnte man vielleicht dies eine Mal an eine Aufgabentrennung denken, für uns Frauen dieses Thema, das ich gleich vorschlage, und für die Männer irgendwas mehr aus ihrer Erfahrungswelt. Ich hoffe, Sie halten mich nicht für unverschämt. Alle bisherigen Themenstellungen haben uns sehr fasziniert. Friedel tat so, als sähe sie sich nach den paar anderen um, aber in Wirklichkeit sah sie vor lauter Aufregung überhaupt nichts, nur ein paar Farbkleckse. Ich glaube, im Namen aller zu sprechen.

Sie mußte aufhören, ihr Herz klopfte wie verrückt, und sie dachte: Gleich hämmert es mir eine Rippe kaputt.

Und was gibts, Frau ...

Oh, offenbar wußte Tasso wieder einmal Friedels Nachnamen nicht: Irm hatte ihren Spaß dran. Sie liebte ihre Freundin, sie brauchte sie, das war sicher soviel wie *lieben*, aber dies hier im Kurs, Raum 14 unter ödem Neonlicht aus Deckenleisten, einem Licht wie von viel zu hellem verlaufenem Eigelb, dies hier war Konkurrenz.

Der Großkritiker Pabst hat kürzlich irgendwo gesagt oder geschrieben ... Friedel schluckte, kam dann weiter: Das würde uns schon interessieren, wie Frauen den Orgasmus erleben.

Es war heraus. Friedel vernahm ringsum Geraune oder auch Kichern, aber alles in allem war die Mutprobe bestanden, und selbstsicher fügte sie hinzu: Pabst meinte: In der Literatur von Frauen. Da würde es ihn interessieren.

Irm machte ein komisches Gesicht, sah wie eine unbeteiligte Fremde vor sich hin. Das gefiel Friedel nicht schlecht, aber wichtiger war schließlich die Wirkung auf Tasso. Sie suchte seinen Blick, doch oho! Seine wundervollen dunklen Augen unter den wuscheligen Ornamenten seiner Brauen, die sich auf der Nasenwurzel in dünnen Ausläufern trafen, sie wichen ihr aus – Weißderhimmel, ich habe ihn verwirrt, jubelte es in Friedel, die sich vornahm, als Orgasmus-Spender sich ihren interessant-levantinischen Lehrer vorzustellen. Irm und sie unterstellten ihm eine südländische Mutter. Jetzt, in der Konfrontation mit Friedels Mut, reagierte er zwar ergreifend verlegen, aber in der Liebe würde er feurig sein, einfühlsam sanft und abrupt dann fast brutal.

Friedel verlor sich in Phantasien, bekam aber Tassos Antwort mit: Gut, wenn Sie es versuchen wollen. Gut, ich habe sowieso noch nie etwas gegen eine selbständige Themenwahl gehabt. Nur bleibt es bei meiner Warnung vor zu viel … anscheinend genierte er sich wieder. Dann nahm er sich zusammen und sagte knapp: Nun ja, vor dem *Zu viel* eben.

Tasso predigte seinen Schülern, deren jüngster ein neunzehnjähriger angehender Bankkaufmann war, sie sollten sich möglichst unscheinbare Alltagskleinigkeiten vornehmen und vor allem immer etwas, worin sie sich gut auskannten, und so aufhören, als habe sie gerade jemand vom Schreibplatz weggerufen. Schmucklos! rief er ihnen zu. Aber diese Warnungen vor dem Wuchern der Einbildungskraft verstanden sie alle miteinander nicht.

Also erhielt er Berichte aus der Unterwelt und Atlantiküberquerungen in Ruderbooten von den vier Männern und historisch überlieferte Passionen, Liebesgeschichten aus Peru, Dramatisches über verlorene Töchter und deren glückliche Rettung samt Rückkehr in den Schoß der Familie von den Frauen. Er las diese Texte vor, manche nur auszugsweise, und seine Gruppe hörte zu, am meisten beeindruckt die jeweilige Person, die, als Urheber ins Zentrum gerückt, mit roten Ohren unter all den Aufmerksamen am aufmerksamsten lauschte. Schlecht kam an, was der Meister ihnen immerhin diskret, aber doch bemerkbar als Beispiel für gute Texte präsentierte. Diese Texte fanden sie ausgesprochen fade. Die Verfasserin hieß Norma Stech, und sie sah auch nach nichts aus, urteilten Friedel und Irm in schöner Übereinstimmung. Gut, sie war noch jung, eine echte Anfängerin, aber ebenso unscheinbar wie ihre kurzen Machwerke, und die beiden in Tasso verliebten Frauen einigten sich darauf, Tasso in seiner Milde bevorzuge aus Mitleid die junge Person mit den fettigen ermüdeten rötlichen Locken, und was die nichtssagenden Texte betraf, so paßten sie wahrscheinlich in Tassos Arbeitsprogramm: Zuerst die Fingerübungen, dann die Meisterwerke. Ja, Norma Stechs Arbeiten glichen Tonleitern, während Friedel und Irm und auch die andern im Kurs längst Beethoven und Mozart spielten.

Sales entkam dem stickigen Abteil früher als sein Freund, er klemmte seine Tasche unter den Arm und stieß die Tür auf. Weiber, Weiber. Crispin und Sales trennten sich wieder mit dem gewohnten Fazit. Sie hatten sich darüber verständigt, ihre Frauen seien in dieser Woche fast allzu gut von der Langeweile weg und mit dem Schreiben beschäftigt.

Sie schickt mich an den Kühlschrank. Ich soll mir da

irgendwas suchen, sie sei nicht zum Kochen gekommen, hatte Sales sich beschwert.

Es ist schon wie in Amerika. Wie in amerikanischen Filmen. Friedel machts genauso wie deine Irm. Und dann soll ich ein eiskaltes Hühnerbein oder ein Kotelett essen, das wie ein Leichnam schmeckt, eiskalt und nach gar nichts. Crispin seufzte und lachte in einem. Weiber, Weiber.

Ich weiß nicht, woran sie in dieser Woche so eifrig rumknollt, sagte Sales. Sie verstecktos vor mir, ich habs gemerkt, als ich ins Wohnzimmer kam, schnell weg mit dem Heft. Als hätte ich jemals nachgesehen, was sie so schreibt.

Genau dasselbe bei Friedel. Fast müßte man neugierig werden.

Die Männer knallten ihre Münzen auf den Tresen und verließen ihre Pinte. Diesmal verknäuelten sich am Himmel graue und schwärzlich-braune Wolken ineinander, und es sah vielversprechend nach einem Wetterwechsel aus.

Noch schwüler kanns ja nicht gut werden, meinte Crispin.

Hoffentlich hast du recht, erwiderte Sales, der im Vorortzug eine Meldung über Frauen vorlas, die neuerdings als Urlauberinnen in Florida abgemurkst wurden.

Spenden wir unseren beiden Künstlerinnen doch einen Flug nach Orlando/Florida. Macht euch ein paar schöne Tage in Miami.

Und Anregung fürs Schreiben gäbs noch und noch.

Die Männer fanden das komisch, mußten aber nicht lachen, was sie auch komisch fanden. Vielleicht sind wir einfach zu müde, dachten sie.

Mittwochs, am Tag vor dem Höhepunkt der Woche, trafen die Freundinnen sich und tranken Kaffee, danach Portwein oder einen Gimlet, manchmal auch Daiquiris oder Martinis – sie nahmen, wenn die Schülerarbeiten durchgegangen waren, zur Zeit angelsächsische Kurzgeschichten durch. Als davor Čechov der Vorbildautor gewesen war, hatten sie Tee mit Konfitüre, anschließend Wodka getrunken. Dazu wurde ziemlich viel geraucht.

Eigentlich erinnere ich mich nicht, nicht wirklich. Irm war heute sehr offen.

Sie hatten einander ihre Geschichten über das Thema, an dem der Großkritiker Pabst interessiert war, noch nicht vorgelesen, obwohl sie schon beim Alkohol, diesmal Rotwein, waren.

Friedel konnte zu Irm ehrlich sein, aber jetzt klappte es nicht, und sie behauptete: Crispin hat noch eine Menge zu bieten. Also ists für mich nicht eine Frage der *Erinnerung.*

Irm verteidigte ihren Mann und sich, das hieß soviel wie: ihre Ehe. Aber während sie sagte, auch Sales habe noch viel auf dem Kasten – sie bezweifelte, ob dieser Ausdruck dem Vorgang gerecht wurde – verstand sie nicht, was sich plötzlich zwischen Friedel und ihr verändert hatte. Das Gewohnte war, sie lästerten über ihre Ehen. Über den in festgefahrenen Bahnen verlaufenden Alltag. Über ihre müden Männer. Und gratulierten sich gleichzeitig zu dieser Müdigkeit. Es lebt sich so viel bequemer, wenn endlich Verlaß drauf ist, daß sie einen nicht mehr mit ihren Überfällen heimsuchen. Oh diese dämliche eheliche Pflicht und ihr Recht drauf, wie scheußlich, sich nur dran zu erinnern. So hatten sie immer miteinander darüber geredet. Irm sagte: Ich meinte, es gibt keine *wirkliche* Erinnerung, gleich wenns vorbei ist, ich sag ja nur, es ist im Grunde nicht in Worte zu fassen.

Darin liegt eben die Kunst. Und das ists, was wir hinkriegen müssen. Der berühmte Pabst will das aus der Literatur von Frauen erfahren. Friedel nahm einen großen Schluck. Sie fühlte sich gemein, denn sie wußte, sie würde mit ihrem Werk die Freundin ausstechen. Auf sie, Friedel Kraus, und nicht auf Irm Kettmann wäre Tasso nach der Lektüre scharf. Sie war sich ziemlich sicher, daß zwischen Irm und Sales so wenig los war wie zwischen Crispin und ihr, das entsprach dem Lauf der Welt. Aber ihr Einfall war grandios, und sie gäbe ihn nicht preis.

Irm sagte: Irgendwie süßlich, man hats als ziemlich süßlich und ziehend erlebt. Ein süßliches ziehendes und zehrendes Gefühl, oder?

Friedel näherte sich der Aussage ihres Textes, dessen Tendenz Tasso umwerfen würde: Ich bin ziemlich sicher, die meisten Frauen machen ihren Liebhabern nur was vor, von wegen Ekstase. Sie *spielen* Orgasmus, und Frauen sind gute Schauspieler, und Männer sind schlechte Beobachter.

Ziemlich erbärmlich, sagte Irm.

Friedel gab ihr recht und dachte dabei an ihren Satz: »Eine Frau, die tief und inbrünstig liebt, erlebt ihren Orgasmus in demjenigen, in dessen Armen sie ruht. Und das unsagbare Glück, welches ihm teilhaftig wird, sein Stöhnen und seine Liebesseufzer, sein Schweiß, das zusammengenommen ist *ihr* Höhepunkt. Cristallina erlebte ihn in diesem göttlichen trunkenen Augenblick. Was Amato empfand, empfand sie gleichsam mit, in jedem Atemzug. Frauen haben Phantasie. Die Liebe einer Frau gelangt auf ihren Gipfel, wenn der Mann den seinen gestürmt hat.« Friedel würde an den beiden Gipfeln noch feilen, sie wollte beide Gipfel zu einem gemeinsamen vereinen.

Er kriegt eine … na du weißt schon, wenn er meine Geschichte liest.

Oh Gott, Friedel! Irm wußte, was die Freundin Tasso unterstellte, aber nicht, ob sie neidisch war. Sie selber hatte nur drei Sätze zustandegebracht. Trotzdem schüttelte sie das Gefühl der Jämmerlichkeit ab und fragte streng: Du bist doch nicht etwa ordinär geworden? Es ist doch nichts Pornographisches, deine Geschichte?

Und wenn sie es wäre? Friedel lächelte anzüglich, schien plötzlich anderswo zu sein. Dann kehrte sie zurück. Irm, weißt du, ich fürchte, wir zwei leben nicht mehr ganz in der Welt von heute.

Ich schon. Ich kriege alles mit, was heute so abläuft. Ich sehe diese Serie *Pacific Paradise* und auch *Pasadena* und *Dritter Bezirk*, und sie sind alle miteinander ganz schön vulgär, ich meine in bezug auf Sex, ich würde mich also schon deshalb auskennen, wehrte sich Irm.

Aber beim Schreiben für den Kurs, da sind wir ein wenig altmodisch, sagte Friedel. Dabei nimmt Tasso Sachen mit uns durch, na ich denk jetzt bloß an die Geschichte von dem kleinen Jungen, der Fischen geht und, wenn er sich eine Frau und irgendwas Lüsternes mit ihr vorstellt, und er tuts dauernd, eine, na du weißt schon, kriegt. Also, ich muß zugeben, mich hats irgendwie schockiert. Friedel zündete sich eine neue Zigarette an. Sie inhalierte mit dem für sie bei diesem Vorgang typischen mondsüchtigen Ausdruck, die Augen halb geschlossen, bei zurückgelegtem Kopf, was Irm immer an eine Frau aus einem alten Film erinnerte, die ihrem Geliebten signalisiert: Du darfst mich jetzt küssen. Du sollst es. Mach schon!

Aber erregt hats mich auch, ich muß es zugeben. Friedel dachte: Und da haben wir ihn wieder, den Liebesgenuß der Frau, der sich aus den Phantasien über Männersex ableitet. Tasso wird, wenn er meine Arbeit liest, entscheiden: Friedel Kraus, sie wäre die ideale

Partnerin. Psychologen sprachen bei so was von Einfühlung, von Bezogensein. Friedel inhalierte, bog den Kopf zurück, schloß diesmal die Augen ganz und streichelte als die Cristallina aus ihrer Geschichte dunkle buschige Augenbrauen, nicht die Amatos, nein, es waren Tassos Augenbrauen und jetzt Friedels Finger, die sie sanft gegen den Strich bürsteten. Arme Irm, dachte sie ohne Mitleid.

Seit der kleinen Konferenz beim Chef erlebten Sales und Crispin umdüsterte Tage. Manchmal sah bei ihren Wegen zum Bahnhof der Himmel gewittrig aus, aber dieser Juli war hartnäckig, die Hitze verweigerte sich jedem Versuch der kraftlosen Tiefausläufer, mit ein paar Regenschauern die Lage zu mildern.

Der Chef hatte sie zu sich gebeten, und weil eine Flasche Whisky neben drei Gläsern auf dem Schreibtisch stand und der Chef Sales und Crispin in die Besuchersessel bat, wußten sie gleich, daß von dieser Audienz nichts Gutes zu erwarten war. Der Chef würde mit Konversation beginnen und Whisky kredenzen und so tun, als interessiere ihn vor allem sein Hobby, die Erforschung des Weltraums als Chance für die Menschheit oder eine neuentdeckte Supernova oder ein Quark, und dann käme er bald zur Sache: Die Konkurrenz in der Fertighausbranche, das Ende des Baubooms, die hohen Sozialabgaben und Löhne, Gehälter. Eine Firma wie unsere muß kleiner werden. Meine Herren, es sprengt vielleicht Ihre Freundschaft, wenn ich einen von Ihnen entlasse. Zuerst wollte ich Sie bitten, das unter sich auszumachen, wer geht, wer bleibt, aber glauben Sie mir, eine Freundschaft gehört zum Wichtigsten im Leben eines Mannes. Man setzt sie nicht aufs Spiel, sucht besser nach anderen Lösungen. Eine Männerfreundschaft, sie ist ein Geschenk. Ich kann mir keine zwei Architekten leisten, nicht bei der gegenwärtigen

Konjunkturlage. Und ich habe über Sie ernsthaft nachgedacht, das müssen Sie mir abnehmen, folglich kam ich zu dem Schluß: Wenn Ihre Freundschaft fortbestehen soll, und das soll sie, hieße das für mich: Ein neuer Mann für die Firma und zwei Kündigungen.

Sie haben den Neuen schon? erkundigte sich Sales, der sich früher als Crispin aus seiner Versteinerung hatte befreien können.

Im Auge, ja, im Auge schon, es gibt Bewerber. Aber ich wollte Ihnen doch die Vorhand lassen, ich denke an eine Frist, zum Überdenken der Angelegenheit. Das sollten Sie tun, ehe ich jemanden einstelle.

Die beiden bekamen noch das Neuste vom Cape Canaveral zu hören und vier Wochen Bedenkzeit. In dieser Zeit gingen sie vorsichtig miteinander um.

Du würdest ohne weiteres mein Freund bleiben, wenn wir dem Neuen keine Chance gäben, erklärte Crispin.

Ebenso, dito, beteuerte Sales.

Eine Zeitlang taten sie so, als läsen sie in ihren Zeitungen. Im Vorortzug war es stickig, die zur Hälfte heruntergelassene Fensterscheibe wehte eine wenig lindernde Luft ins Abteil und zerraufte die knapp werdenden bräunlichen Haare Crispins, der in Fahrtrichtung saß.

Ich hab keinerlei Verachtung für Arbeitslose.

Ich auch nicht.

Ich sähe keinen Grund, wieso nicht einer, der mein Freund ist und arbeitslos würde, nicht mein Freund bleiben sollte.

Nicht den mindesten Grund, ich auch nicht, sähe ich auch nicht.

Sie schnickten sich durch ihre simulierte Zeitungslektüre, dann sagte Crispin: Du fändest leicht eine andere Firma. Sales, ich habs dir nie gesagt, aber du hättest das Talent für die selbständige Architektur.

Danke, aber du kommst mir wahrhaftig zuvor. Gerade das wollte ich dir eben auch sagen. Hab sie immer für verschenkt gehalten, deine Begabung. Das bißchen Eigengestaltung, das dir bleibt. Fertighäuser, pah! Nichts für dich. Du fändest ein Architekturbüro, das so einen kreativen Architekten wie dich einstellt, aber sofort. Sales nickte sich selber Beifall zu.

Du auch, mein Lieber. Crispin pfiff leicht durch die Zähne, als gelte es, einem hübschen Mädchen ein Kompliment zu machen.

Ich bin älter, sagte Sales.

Die paar Jährchen, sagte Crispin. Komm mir nicht mit den paar Jährchen. Es ist die Qualifikation, die zählt.

Du hast sie, die Qualifikation, sagte Sales.

Leute wie dich braucht man immer. Crispin sandte einen Blick aus, von dem er hoffte, er sei überzeugend.

Dito, sagte Sales. Ehe ich mir wie ein Papagei vorkomme, der alles, was er zu hören kriegt, nachplappert.

Alles, sie wußten es, wessen sie einander versicherten, entsprach den Tatsachen nicht. Sie versanken in ein brütendes mürrisches Schweigen. Die drückende Juliluft umlauerte sie. Gefahr ringsumher: für ihre Zukunft als Architekten und als Freunde.

Der Schriftsteller Ed Becker kehrte mit einem Becher Kaffee an den Schreibtisch zurück, auf den er beim Nachhausekommen die Arbeiten der Kursteilnehmer gelegt hatte, eine Situation, die ihm widerwärtig war. Seinen Schreibtisch brauchte er rein und unbescholten, ihn ekelte vor all diesen Handschriften und Schreibmaschinentypen, durch die ihm seine Schüler leibhaftig ins Zimmer einzudringen schienen. Die Manuskripte von Friedel Kraus und Irm Kettmann schaufelte er unter die der andern. Er seufzte die vierzehn Seiten der Friedel Kraus an. Sie interessierten ihn nicht einmal als voyeuristisches Ereignis. Irm Kettmann schien sich mit einem kurzen Gedicht begnügt zu haben, löblich löblich, obwohl – er las da unbeabsichtigt Wörter: *fischiger Grund, süßlich zehrender Schlick* – auch unbegabte Menschen mit viel Ehrgeiz den größten Unfug auf kleinstem Raum unterzubringen vermochten.

Eigentlich wollte er sich heute abend auch nicht an den Text seiner Lieblingsschülerin heranwagen. Ja, es war ein Wagnis, denn Norma Stechs kleine Alltagsstücke machten ihn eifersüchtig. Es war aber auch ein Abenteuer, das Gewinn brachte. Ed Becker plante, bei Norma Anleihen zu machen. Ihre Texte endeten genau so, wie er es seinen Kursteilnehmern vergeblich abforderte. Als sei sie abberufen worden und hätte die Arbeit nicht wieder aufgenommen. Er sah sich den Schluß ihrer letzten Hausarbeit an. Das Orgasmusthema hatte sie offensichtlich nicht bearbeitet, oder gerade doch? »Und als ich den Weg abkürzte, in Gedanken war ich noch bei ihm, ich wollte es nicht, aber ich wurde ihn nicht los, da habe ich mich plötzlich auf der Wiese wieder ganz in Ordnung gefühlt. Mir tat auch nichts mehr weh, und ich fing an, ihn loszuwerden und wieder nur ich selber zu sein. Da baute sich, als ich auf den Weg zurückkam, ein kleiner blasser Mann vor mir auf und sagte: Nicht über die Wiese gehen! Doch, sagte ich. Die Wut des Mannes im Rücken, seine Wut auf alles, fing ich an zu rennen.«

Stilistisch noch nicht ganz in Ordnung, sagte sich Ed Becker. Er verspürte Lust, noch etwas Luft zu schnappen. Vielleicht hatte es ein bißchen abgekühlt.

Nein, kaum, nicht in den Straßen. Er ging langsam um den Block in Richtung John-F. Kennedy-Anlage. Hinter ihm näherten sich Schritte ziemlich schnell. Er machte sich nichts draus. Da mußten zwei Männer es eilig haben. Friedel Kraus und Irm Klettmann waren ja jetzt nicht hinter ihm her. Er mußte grinsen. Er fand die Frauen schwer erträglich, aber nett von ihnen, daß sie in ihn verliebt waren. So etwas honorierte er immer. Nur schreiben wollen, das sollten sie nicht. Warum schickten sie ihm nicht Süßigkeiten oder ab und zu einen Scheck, und wie wärs mit Wein und einer Strickjacke aus Kamelhaar?

Als Ed Becker sich an die Dunkelheit gewöhnt hatte, erkannte er Herrn Tentner aus dem Parterre, wie er ein Untermieter in Nr. 39, der nun stehenblieb, auf Geheiß seines kleinen zottigen Hundes. Der Hund mußte um einen Hauseingang herum das Pflaster abschnuppern. Die Männer, deren rasche Schritte er nun ganz dicht hinter sich hörte, fingen an, in einen Trab zu fallen, und als sie ihn erreicht hatten, rief der eine Mann mit unterdrückter Stimme: Weiter, ich glaub, es ist der andere, ich glaub, er hat einen Hund. Ed sah, wie sie Herrn Tentner gegenüber eine Wand bildeten.

Der Schriftsteller in ihm wollte sich einmischen und *was gibts denn* fragen, denn die Lage hatte etwas Bedrohliches. Doch der private schwache Mensch in ihm drückte sich an der Szene vorbei. Er hörte die aufgebrachten Männer, sie klangen brutal: Sie machen da ganz schöne Sauereien mit unseren Frauen, he? Das sollten Sie besser nicht tun.

Was Herr Tentner sagte, hörte Ed Becker auch: Es muß sich um ein Mißverständnis handeln. Ich kenne Ihre Frauen überhaupt nicht.

Der Schriftsteller lachte in sich hinein. Herr Tentner kannte gar keine Frauen, zumindest nicht näher. Herrn Tentners verläßlichster und bester Freund war der kleine Hund mit dem zottigen weißen Fell, und darüberhinaus suchte er nach Seinsverwandtschaften bei Männern.

Na dann denken Sie doch mal an Ihre Dichterschule, Sie schöpferisches Kleinkaliber.

Die Sache ist an sich schon Müll, alles Müll, aber wenn sie unsere Frauen zu schweinischen Schreibereien veranlassen, dann haben wir keine Lust, das länger mitanzusehen.

Der Schriftsteller schlich sich davon. Herr Tentner war nicht mehr zu verstehen. Gewiß erklärte er den Herren Kraus und Kettmann – denn nur um die konnte es sich handeln – er sei Computerfachmann, aber einer seiner Mitbewohner in Nr. 39 vielleicht der Gesuchte, wirklich ein Schriftsteller, aber ein sympathischer. Ed Becker versuchte, sich auf einer Parkbank in der John-F. Kennedy-Anlage zu erholen, als er das hohe ängstliche Gebell des kleinen Hundes hörte. Sonst war alles still, bis Herrn Tentners plötzlich kindische Stimme im Diskant rief: Lassen Sie das! Verdammt, Sie müssen verrückt sein! Tun Sie mir nicht weh!

Guter Stoff, dachte der Schriftsteller in Ed Becker, und der Mensch Becker fühlte sich schlecht, sann jedoch schon Einfällen der Freundlichkeiten hinterher, mit denen er den ahnungslosen Herrn Tentner entschädigen würde ...

Sales und Crispin hatten sich seit ihren Schulhofzeiten nicht mehr geprügelt. Sie waren erstaunt, wie gut sie das trotz Mangels an Übung noch immer konnten. In drei Tagen lief ihre Bedenkzeit ab, und dann müßten sie vor dem Chef antreten. Sie schwiegen sich darüber aus, ob ihre Freundschaft wirklich das hohe Gut war, von dem der Chef gesprochen hatte.

Die Frauen verließen den vorbereiteten Tisch und verzogen sich in die Ledersessel.

Wo die nur wieder bleiben, stöhnte Friedel.

Irm meinte, sie klebten mal wieder in ihrer Pinte

fest. Nicht das erste Mal, daß sie ihren Bridgeabend verbummelten.

Jetzt studiert Tasso meine Geschichte, träumte Friedel rauchend, in der Gib-mir-einen-Kuß-Haltung, während Irm sich ihr kurzes schlammig-poröses Gedicht an die Wand gegenüber Tassos Schreibmaschine gepinnt vorstellte.

Die Eingangstür wurde zugeknallt, die Tür zum Wohnzimmer aufgestoßen.

Okay okay, bißchen verspätet, aber da sind wir, knurrte Crispin.

Ich weiß nicht, mir kommt immer mehr der Verdacht, daß Bridge weibisch ist, brummte Sales.

Gnädig ließen sie sich am Bridgetisch nieder. Sie tranken Bier, die 52 Karten mischte Crispin, wobei er sagte: Alles Müll, sogar bis rauf in den Weltraum. Da wirbelt er rum.

Friedel stellte sich vor, ihr Partner sei Tasso, ebenso mit Tasso als Partner spielte Irm, gegen Sales und Crispin, die sich mäßig miteinander befreundet fühlten.

Ed Becker hüpfte treppab. Und das ist für dich! Er lockte Herrn Tentners Hund mit dessen Lieblingsspeise, einem Kokosriegel, vergebens. Der kleine Hund streckte sich platt auf die Fußmatte vor der offenen Wohnungstür im Parterre, er wedelte zwar, aber sein Blick war abweisend. Schwer zu deuten. Kein Stoff für Unbegabte.

Genieße sie doch

Ein paar Tage brauche ich immer, um mich von Anastasias kurzen Besuchen zu erholen. Statt Erholung sage ich zu Kuno natürlich jedesmal etwas Eindrucksvolleres, ihm gegenüber nenne ich das doch nicht Erholung! Käme mir viel zu landläufig vor. Kuno hätte bloß gedacht, na schön, versteht man, eine berufstätige Frau überanstrengt sich mit einer dritten Person im Haushalt. Er dächte dann weniger an Einkaufen und Kochen und so was, denn in diese Arbeiten teilen wir uns. Er würde mehr an mein *menschliches* Engagement denken, worauf er übrigens ziemlich stolz ist. Aber er weiß auch, daß ich es nicht besonders gut vertrage, und er würde die zu langen Abende mit anderen Menschen einbeziehen und daß ich dann immer etwas zu viel trinke. Und wenn Anastasia abgereist ist, sage ich selbstverständlich auch nicht, wir sind sie los, das ists, was ich denke, obwohl es nur räumlich stimmt – nein, nicht mal das, ein räumliches Problem bleibt sie eine Zeitlang über ihre Abreisen hinaus. Ich treffe sie im Bad, sie sitzt im Sessel und am Tisch. Innerlich werde ich sie nicht los, und vermutlich erscheint sie mir deshalb leibhaftig, und außerdem rieche ich überall noch ihr Parfum oder ich bilde es mir ein, aber das kommt ja auf dasselbe heraus.

Nein, Kuno schwafle ich etwas vor wie: Ich muß meine Identität zurückgewinnen. Ich muß mich wiederfinden. Es ist mir egal, ob ihm das imponiert oder nicht, ich glaube, es imponiert ihm nicht besonders, es gefällt ihm auch nicht, egal. Für mich ist was Wahres dran. Obwohl ich es einfacher ausdrücken könnte, nämlich so: Ich muß meine Eifersucht loswerden. Keinen wird es wundern, daß ich das nie über die Lippen brächte. Und die ganze Wahrheit wäre es nicht einmal, das darf ich zu meiner Verteidigung anführen. Es handelt sich nicht um simple Eifersucht, wirklich nicht. Da mischt sich Verlustschmerz ein, das Heimweh nach mir selber, nach mir von früher.

Gut, Väter sind oft in ihre Töchter ein bißchen vernarrt, aber ich finde, Kuno übertreibt. Beim letzten Mal mit dem Töchterlein gabs dafür mehrere Beispiele. Fragt er mich doch wahrhaftig: Schatz, warum trägst du deine Haare nicht auch wieder so wie sie? Und verdammt bewundernde Blicke auf Anastasias Kopf, *vor* dieser idiotischen Frage und nachher wieder. Er weiß ganz genau, warum das bei mir nicht mehr geht, glatt und kurzgeschnitten. Bedauerlicherweise *muß* ich mir zweimal im Jahr von irgendeinem aus dem jugendlichen Team meines Friseurs für ein Wahnsinnsgeld diese überhaupt nicht haltbaren Dauerwellen verpassen lassen. Der junge Mann oder die junge Frau, wer immer es ist, der sich mit berufsmäßiger bester Laune und Zuversicht meiner Haare annimmt, versteht sich vom Anfang bis zum Ende der Behandlung nicht nur als Verschönerungsspezialist, sondern auch als Psychotherapeut. Aber nein, *wenig* Haar haben Sie nicht, beziehungsweise da liegt nicht das Hauptproblem. Sie haben sehr *feines* Haar. Sie brauchen mehr Fülle. Das kriegen wir schon. Was ich jetzt auftrage? Das ist der Strukturand. Ja, gewiß, unentbehrlich wie alles andere, das wir bisher angewendet haben. Was wir anstreben, ist die Stabilität. Springt schön, die Welle. Nun haben wir *Volumen* drin. Bei der Abschlußbeschau kreist der Rückspiegel um meinen Kopf, niemand ist glücklich, aber der Behandelnde zeigt es nicht, die Behandelte zeigt es nicht, rückt im Gegenteil lächelnd mit rotem Gesicht und im Innern zornig ein verdammt überhöhtes Trinkgeld heraus, ich frage nicht *aber wie denn bloß, wie soll ich das mit diesem Kopf denn hinkriegen,* wenn man mir beim Abschied *tschüß und einen schönen Tag noch* zuruft.

Kuno muß all das wissen, und doch fragt er, warum ich meine Haare nicht so lasse wie Anastasia. Zur Strafe gebrauche ich den alten Kosenamen für sie, den wir uns den politischen Gegebenheiten beugend abgewöhnt haben, und sage: Stasi! Nun tu nicht so, als wäre dein Haarschnitt nicht ebenfalls vom Friseur. Und der Schnitt ists, bei dem sie am meisten kassieren. Komm, Stasi, gibs schon zu.

Stasi? Das haben wir uns doch längst abgewöhnt. Was ist mit dir los? Kuno versteht gar nichts. Und Anastasia könnte leider beweisen, daß eine Kommilitonin ihr die Haare schneidet.

Ich las damals wieder regelmäßig Kierkegaard und Pascal. Beide in angestrengtem, ermüdbarem Einverständnis. Und so gab ich Kuno und seinem Töchterchen gegenüber an, die letzte Dreiviertelstunde vor dem Zubettgehen brauchte ich noch eine Dosis vom Übergeordneten, dem banalen Alltag Abgekehrten, damit ich mit einem einigermaßen guten Gewissen einschlafen könne. Aber wenn Anastasia bei uns ist, schlafe ich nie gut ein. In meiner Schlaflosigkeit redete ich mir zu: Es ist doch völlig wertlos für das Große, Ganze, total unerheblich ists doch, ob nun ein einzelner schlaflos ist oder nicht. Unnützer Diener, unnützer Diener, prägte ich mir ein und wechselte über zu Pascals Mitleid aus Verachtung, er meinte die Ungläubigen, ich meinte leider Kuno und Anastasia.

Nun, sie war mal wieder weg. Aber in der schon erwähnten Weise für mich dennoch nicht richtig weg.

Du bist immer derartig wetterwendisch mit ihr, mal so, mal so, sagte Kuno.

Ich bin zur Zeit unter Druck. Ich hab ne Menge Streß im Büro, redete ich mich raus.

Ich arbeite in einer Anwaltssozietät, wir sind zu fünft. Seit ich die Kollegen dazu gebracht habe einzusehen, daß die Versicherungssachen nichts für mich sind, weil mein Talent auf dem menschlichen Sektor liegt, mache ich nur noch Scheidungen, und zwar gern.

Du bist mal richtig grob, und dann wieder sehr nett zu ihr. Und alles übertrieben, stellte Kuno fest.

Du bist immer nett zu ihr, und zwar sehr übertrieben, antwortete ich.

Ich bin völlig normal, ich bin wie ich immer bin. Kuno hatte recht, das mußte ich ihm zubilligen, behielt es aber für mich und sagte: Das bin *ich*. Genau wie sie war ich früher. Kuno sagte: Ja, eben. Eben drum. Er entspannte sich, lächelte mir zu.

Was heißt: Ja eben!

Nun, eben deshalb bin ich zu ihr so nett, wie du meinst, sogar übertrieben nett!

Lügengeschichten erzählt sie, das hast du bei mir früher nicht so nett gefunden ...

Sie hat Phantasie.

Wenn *ich* Phantasie hatte, gefiel dir das nicht besonders.

Man lernt mit der Zeit so einiges über Frauen.

Kuno kann das: sich gegen Verstimmungen wappnen. Und folglich war für ihn die kleine Auseinandersetzung beendet. Besser so. Ich hatte wirklich nicht vor, ihn mehr über mich rauskriegen zu lassen. Er ist nicht dumm, er wäre sicher ziemlich bald auf meine Eifersucht gestoßen.

Ich war früher nicht ganz so schön, überlegte ich. Sie ist das Ideal. Und dann auch noch: Anastasia! Was für ein Name. Stasi, dachte ich heimlich-gehässig. Auf Väter mit Töchtern soll man sich nicht einlassen, man sollte einen Bogen um sie machen. Sie hat es gut, sie hat es besser als ich in dem Alter. Sie trägt höllisch kurze Röcke und komische kurze Hosen über schwarzen dicken Strümpfen, höllisch gut ist auch ihr Profil. Etwas streng, ich habe nicht ihre Kopfform. Sie liebt die richtige Musik, wie es scheint, aber ich finds albern, wie Kuno sich mit ihr verjüngt, er *muß* sich ja dabei verstellen, oder nicht? Hört sich mit *ihrer* Begeisterung diese Rock-Sachen an. Begabt ist sie, doch, sie schreibt Songs.

Ich finde ihre Songs nicht übel, aber doch ein bißchen second hand, stimmts? Irgendwie wird man das Gefühl nicht los, man hätte das alles ungefähr so schon mal gehört. Nicht schlecht und trotzdem ...

Kuno war nichts Derartiges aufgefallen.

Außerdem verzettelt sie sich. Ihre Freundin Rheily ist viel weiter, sie blieb konsequent, einmal Jura, immer Jura. Und so weiter und so weiter; wenn ich einmal in Fahrt bin, kann ich mich schwer wieder bremsen, ich mag mich dann überhaupt nicht, und Rheily finde ich stur, Kunos Liebling tausendmal interessanter, und trotzdem: Kritik, den ganzen Tag lang Kritik. Du kannst es richtig spüren, wenn ein Mann dir aus dem Weg geht, und ich spürte es, und vielleicht bildete ich es mir nur ein, daß Kuno mich, ich sag mal vorsichtshalber: vorübergehend, nicht leiden konnte, aber etwas würde hängenbleiben. Daß Eifersucht normal ist, weiß ich, im Beruf habe ich hundertfach damit zu tun, aber ob mit meiner Eifersucht, die ein Heimweh nach mir ist, ob mit der alles stimmt, dessen bin ich mir nicht so sicher. Ich muß gestehen, daß ich vor ein paar Wochen Anastasia auf *unserem* Bahnhof sah. Ich holte damals eine Klientin ab. Der Zug hatte Verspätung, und während ich wartend am Gleis 10 hin- und her-ging, erkannte ich Anastasias schönes Profil. Auch sie wartete, saß auf einer Bank. Keine Ahnung, was sie in unserer Stadt wollte. War sie gekommen, um uns mit einem Besuch zu überraschen? Hatte die Lust verlo-ren? Und das Natürlichste von der Welt wäre gewesen, wenn ich zu ihr gegangen und *hallo, Kleines* gesagt hätte, irgendsowas. Aber ich habe mich hinter Leuten verborgen gehalten und bin auf die andere Seite vom Fahrplanständer gegangen, beobachtete sie von wei-tem. Sie sah müde und schön, etwas beschädigt aus.

Damit es keinen wirklichen Streit, keinen von der schlimmen Sorte an diesem Tag mehr gäbe, sagte ich zu Kuno: Ich bin müde. Sieh du dir die Sendung nur weiter an. Beim Einschlafen beruhigte mich das Ge-fühl: Wenn ich zum Fernseher zurückkehre, diskutie-ren die sieben alten Männer von der Historikerkonfe-renz noch immer. Und ich konnte endlich einmal wieder schlafen, richtig schlafen, wegen dieser sieben alten Männer, die eine plötzlich im Studio erschei-nende wunderschöne Anastasia in ihren schwarzen Strümpfen bis rauf zu dem winzigen Rock und mit einem ihrer ausgeliehenen Songs nicht aus dem Kon-zept brächte.

Am nächsten Tag fragte mich Kuno erstaunlicher-weise ganz von selbst, denn ich hatte ihm keinen An-laß gegeben: Warum quälst du dich eigentlich damit ab, an Anastasia herumzumäkeln? Genieße sie doch, so wie ich das tue.

Pah, machte ich, du bist der Vater.

Und sie ist dein Ebenbild.

Das macht die Sache nicht leichter, dachte ich mir, und schon gar nicht, wenn man sehr genau ist und be-merkt, daß sie mich überholt hat.

Dein Ebenbild von einst. Kuno kniff mich in die

Wange. Machs wie ich, genieße sie, deine Tochter. Ich verdanke sie schließlich dir, oder nicht?

Ich frag mich ja wirklich selber, was mit mir nicht stimmt. Die kleine mollige Stasi von früher, ich habe sie genau wie es sich für Mütter gehört geliebt … Stop! Stimmt nicht ganz. Haben Sie irgendwelche Erfahrungen mit dem Charme einer Dreijährigen gemacht? Wie auch immer, versuchen Sie mal, auch nur einen Vormittag lang damit zu konkurrieren. Sie werden schon sehen, wer da wem den Rang abläuft!

Wußtest du, daß Schlangen taub sind?

Jetzt haben sie den Fußgänger-Mörder in Washington gefaßt. 29 Jahre alt. Weißt du, der, der von seinem Auto aus auf Passanten geschossen hat.

Sonntagsmittagspause bei den Schobers. Sie lagerten auf ihrem überdachten Platz im Freien, den sie etwas kühn Little Italy nannten, im kleinen Garten hinter der Küche. Herr Schober las in der Zeitung. Frau Schober machte irgendwas, das er mit einem Seitenblick geprüft und dann gebilligt hatte, da es sich allem Anschein nach um eine dem Haushalt dienliche Tätigkeit handelte. Sie war von allerlei Material umgeben, offenbar entschlossen, endlich da und dort abgerissene Aufhänger an Handtücher anzunähen, Kopfkissenbezüge, aus denen das rote Inlett wie blutiges Gedärm quoll, wieder mit Knöpfen zu versehen, und eine Liste für Lebensmittelbestellungen mit bereitgelegtem Kugelschreiber sah Herr Schober auch. Er war richtig zufrieden. Ein angenehmer früher Nachmittag Ende April. Er wußte, daß seine Frau noch ein bißchen über die Kaffeezeit hinaus muffig wäre, denn sie war zu faul gewesen, den Platz im Little Italy für die Sommersaison herzurichten, aber schließlich hatte er sein Ziel erreicht, und irgendwann wäre Schluß mit ihrer albernen Gekränktheit nach Frauenart. Irgendwann gaben sie ja dann doch wieder klein bei. Suchten Anschluß. Hielten allzu langes Stummsein nicht aus, sie konnten es einfach nicht durchhalten, klapp klapp und schnatter schnatter wollten ihre Münder machen, ha ha ha, he he he.

Hast du gehört, sie haben ihn gefaßt.

Hmhm, machte Frau Schober.

Sechs Tote durch verseuchtes Trinkwasser, las Herr Schober vor. In Milwaukee, Wisconsin. Wahrscheinlich durch Parasiten. Was sagst du dazu.

Schlimm, sagte Frau Schober. Sie kritzelte auf ihrer Liste herum, nein, auf einem leeren weißen Blatt kritzelte sie herum.

Was soll nun das heißen. Herr Schober klang aufgebracht. Hör dir das an: TÜV-Plakette garantiert keine Mängelfreiheit.

Ttz tz, machte Frau Schober.

Herr Schober vertiefte sich in den Fall mit dem Aktenzeichen 4 U 2897/92. Es beruhigte ihn, er war nicht betroffen, und dann mußte er lachen: Pauker werden immer älter. Lesben erhalten Recht auf Pflegekinder.

Von seiner Frau hörte er einen leisen Zischlaut.

Ist was?

Ich wollte mich konzentrieren.

Dann mach doch lieber zuerst die Näharbeit. Was kritzelst du da eigentlich.

Nur ein paar Zeilen an Elli.

Wenn Frauen versuchen, beiläufig zu reden, mißlingt es immer! Herr Schober wußte, sie hatte was zu vertuschen. Vermutlich beklagte sie sich über ihn. Kritik können sie nicht vertragen, arme watschlige Geschöpfe, die Frauen, irgendwie undicht. Erst recht, wenn Kritik angebracht ist und sie das sehr wohl wissen. Frau Schober brachte es fertig, bis zu zwei aufeinanderfolgende Tage beleidigt zu sein. Und der Anlaß? Absolut lächerlich. Herr Schober konnte sich nicht einmal mehr darauf besinnen. Little Italy, na schön!

Aber Frau Schober konnte das, und wie gut sie es konnte. Zu ihrer eigenen Verzweiflung. Und daß sie diese Lappalien, mit denen ihr Mann sie belästigte und von denen sie dachte, sie beschädigen mein Leben, einfach nicht los wurde, daß sie nicht vergeben und vergessen konnte, quälte sie fast ebensosehr wie der Groll auf Herrn Schober, den Urheber, nur eine halbe Nummer kleiner. Sie liebte es, wenn sie beim Vaterunser an die Stelle »wie auch wir vergeben unsern Schuldigern« kam und gleichzeitig dachte: hab keinen. Aber nach Ehezank hatte sie einen, und dem mußte sie vergeben, und sie konnte es nicht, fühlte sich hart wie eine Nußschale, das weiche Innere konnte nicht heraus.

Tiermediziner sehen in Rinderwahnsinn keine Gefahr, las Herr Schober vor. Die kungeln doch mal wieder miteinander, die Fleischkonzerne werden die Virologen bestochen haben und so weiter. Ich finds übrigens nicht besonders wichtig, daß du Elli schon wieder schreibst. Hör dir das an: Selbstmörderin lag 14 Jahre unentdeckt unter Heuhaufen.

Ja ja, sagte Frau Schober, die noch nicht wußte, wie sie das schlimme Schicksal dieser Selbstmörderin in einen anklägerischen Verweis auf ihr Los an Herrn Schobers Seite umgestalten könnte. Ja ja.

Ja ja, ja ja, äffte Herr Schober sie nach. Was hast du deiner Freundin nur mal wieder alles zu schreiben. Es gibt so viel zu tun, das wirklich wichtig wäre.

Ich weiß, du hasts mir heut morgen erfreulicherweise vorgebetet. Spinnwebfäden vom Schrank bis zur Jalousie rüber ... Diese Tote hat Ruhe, ob Heuhaufen oder nicht, das war ihr 14 Jahre lang egal. Frau Schober seufzte bedeutungsvoll. Sie dachte sich aus, was ihrem Mann zu sagen wäre: Nie spürst du es, in all den beinah 30 Jahren war das so, nie hast dus gespürt, wenn du im Begriff bist, mir einen Tag meines Lebens zu vermasseln. Mir alles madig zu machen. Sie hätte sich gern erhoben und laut ausgerufen: Hör zu, das ist ein

Tag in meinem Leben! Das ist mein Leben, und ich hab nur dieses eine. Ihrer Freundin schrieb sie: »Unser Little Italy ist noch nicht perfekt, wir wollen bis zum Sommer farbig angestrichene Glühbirnen an den Balken haben und die Rückwand mit leergetrunkenen Chiantiflaschen dekorieren, du weißt, diese Flaschen in den Bastbehältern ums Glas herum, aber was die Heiratsabsichten deiner Ältesten betrifft: Ich an deiner Stelle würde ihr nicht zureden. Erstens ist sie doch noch sehr jung, und die Freiheit kriegt man nicht zweimal, und zweitens ...

Dänen sterben früher, las Herr Schober vor. Sind vom Platz 5 der längsten Lebenserwartung auf Platz 20 zurückgefallen. Er schwieg, las weiter, lachte dann behäbig und warf diesen Teil der Zeitung auf den Fliesenboden von Little Italy, rote Keramik, griff nach einem Bündel anderer Seiten. Sie habens dann doch wieder mit der alten Lebensweisheit: Lieber etwas besser und dafür nicht so lang zu leben. Braune Soße, die Dänen und ihre braune Soße! Und Sahne mit einem Fettgehalt von 38 Prozent. Während Herr Schober noch nach etwas Lesbarem suchte, das ihn ausreichend interessieren würde, sagte er: Vielleicht haben die Dänen gar nicht so unrecht. Wir hier übertreiben es mit allem Diätquatsch, und was haben wir davon? Uralte Wracks in Rollstühlen, diese ganze Krüppelpäppelei.

Frau Schobers Mutter würde demnächst 94 Jahre alt und wich nicht aus ihrer schönen Wohnung, weswegen eine Rund-um-die-Uhr-Versorgung organisiert war, die immer wieder zu Komplikationen führte, und Herr Schober würde es vielleicht nicht mehr erleben, sie zu beerben, und ganz bestimmt hatte er bei seinen letzten Worten an diese fossile anachronistische Supergreisin gedacht. Frau Schober vernahm einen Schmerz hinterm Brustbein, wirklich, sie hörte diesen Schmerz, er piepste ganz winzig, wie ein weit entferntes Baby. Es war immer dasselbe: Wenn sie auf *ihn* böse war, war sie es auch auf sich. Er *kränkte* sie, sie konnte nicht *vergeben.* Er fand, es sei für ihre Mutter Zeit zu sterben, sie fand es auch. Was ganz besonders schrecklich war. Aber diese Liebe und dieses wahrhaftig fast schon ewige Leben auf Erden war eine Tyrannei.

Frau Schober griff nun auch nach einem Teil der in viele Einzelseiten zerlegten Zeitung. Ein Glücksfall! Sie las laut:

Kinder leiden unter jungen Rabenmüttern.

Dann tat es ihr leid, daß sie überhaupt gesprochen hatte. Unverdiente Gnade für Herrn Schober, der gutmütig mokant sagte: Oho! Gnädige Frau reden wieder mit meiner Wenigkeit.

Nur, weil ichs nicht einsehe, mir von dir schon wieder mal einen Tag meines Lebens verhunzen zu lassen, sagte Frau Schober, obwohl sie wußte, daß sie damit alles erst recht verdarb.

Herr Schober hörte sich nicht mehr kumpelhaft an, als er sagte: Die Tage, die *du mir* verhunzt hast, wenn ich die zählen würde! Ich hab mir meine Lebensplanung weiß der Himmel anders vorgestellt.

Frau Schober wäre gern aufgestanden, aber sie wagte nicht, Little Italy zu verlassen, es würde eine weitere Verschlimmerung sein. Sie müßte sich die Auflistung ihrer Missetaten anhören. Sie war ihrem Mann zweimal untreu gewesen, und er hatte sich dreimal dafür gerächt. Sie hätte sich, alles Jahrzehnte her, an nichts mehr erinnert, nicht deutlich, nicht wirklich, wäre er ihr nicht bei jedem unangenähten Knopf oder übersehenen Spinnwebfaden wieder damit gekommen. Wenn *sie ihm* nach Beendigung seiner Beschwerde mit Ingrid, Waltraud und Wie-hieß-sie-

277

noch-gleich kam, konterte er, das sei nichts als ausgleichende Gerechtigkeit gewesen und er habe es nicht genossen.

Du bist wie ein altes Geschichtsbuch, sagte Frau Schober.

Und du bist ein Fall von Alzheimer, sagte Herr Schober. Ich habe ein gutes Gedächtnis, das ist alles.

Du bist nachtragend, das ist es.

Frau Schober schrieb: »... zweitens, Elli, weiß ich nicht, ob nicht die Ehe eine der idiotischsten Ideen des Menschen ist, auf dem Gebiet des Masochismus ... Nein, Quatsch. Als masochistische Idee ist die Ehe natürlich genial ...«

Da geschah etwas, das ungewöhnlich war. Herr Schober richtete seinen massigen Körper im Gartenliegemöbel auf, er schaffte seine Beine herunter und die Füße auf den Fliesenboden, erhob sich und verließ Little Italy. Frau Schobers Herz wurde flattrig und zappelte wie ein eingesperrter Wellensittich in seinem Käfig. Sie las betrübt und aufgeregt Artikelüberschriften: Staubwischen im All. Treibhauseffekt in der Dinosaurier-Zeit. Sie wollte ihm nachrufen: Wußtest du eigentlich, daß Schlangen taub sind, die Glücklichen? Aber da sah sie Herrn Schobers platten fetten Hintern, er war etwas schief in der hellen Hose. Ach, der arme arme alte Kerl.

Frauen unter sich

Anfangs habe ich mich noch nicht über beide geärgert. Nur über die Mama, denn schließlich war sie es, die hier bei uns den Unfrieden reingebracht hat. Aber jetzt ärgere ich mich doch auch über den Papa, ich finde nicht, daß er sich richtig verhält. Wie, weiß ich ja auch nicht genau, es ist mehr so ein Gefühl, und das sagt mir, er macht was nicht richtig, doch was er machen sollte, na gut, das weiß ich eben auch nicht. Wie es jetzt bei uns ist, das habe ich gar nicht gern. Manchmal bin ich auf ihrer Seite, manchmal auf seiner. Aber alles in allem: die Mama hat damit angefangen, das steht mal fest. Zum Glück kriegt meine kleine Schwester nichts davon mit, *fast* nichts, es ist schwer zu sagen, ob sie nicht doch was wittert oder so, nur werde ich mich hüten, mit ihr drüber zu reden.

Weil ich schon fünfzehn bin, man könnte auch sagen, sechzehn, denn das werde ich übernächsten Monat, und zum ersten Mal einen richtigen festen Freund habe, mit Silvio ziehe ich nicht einfach so rum, es ist mehr, wahrscheinlich Liebe, denkt die Mama, sie könnte mich wie ihresgleichen behandeln, wie eine Freundin. Das heißt, ich merke, sie will mit mir über ihr Problem reden. Ich habs nie gern gehabt, von Anfang an nicht, wenn sie versuchte, mich in diese Sache reinzuziehen, immer nur so halb, sie gibts nicht voll zu, daß sie verliebt ist, aber vielleicht würde sie es gern, nur gehe ich ja dann auch immer so bald wie möglich weg. Meistens brauche ich gar keinen Vorwand, denn ein ganz normaler Tag bei mir, der ist vollgepackt mit

Terminen. Dann hat sie neulich Silvio als Aufhänger benutzt, sie wußte, daß ich abends mit Silvio zu Annettes Fête gehen wollte und vorher ins Kino, und sie sagte, sie wollte mal so ganz allgemein mit mir über Liebe reden, und ich hätte ja auch meine Verabredungen und so weiter. Und da gäbe es doch Ähnlichkeiten. Dann hat sie gelacht, wie mit einer Erwachsenen, so wie sie mit ihrer besten Freundin lacht. Und ich habe das alles für Quatsch gehalten, denn mit mir und Silvio und meinen anderen Freunden ist ja sowieso alles total anders. Die Mama ist ja auch massig viel älter und sie hat uns, meinen Papa und meine kleine Schwester und mich. Sie benimmt sich reichlich komisch.

Siehst du, du kommst und gehst ja auch so ziemlich, wenns dir paßt, sagt sie zum Beispiel, aber das stimmt gar nicht, erstens muß ich da und da zu Haus sein, zu den Mahlzeiten und abends sowieso ab zehn Uhr, und bin ich etwa, zweitens, eine Ehefrau und Mutter? Ich bin fünfzehn, beziehungsweise schon eher sechzehn, und wenn Heinz oder Stephan lange Gesichter machen, weil ich jetzt so gut wie nur noch mit Silvio zusammen bin, dann ist das allein meine Sache, ich habe mich weder an Heinz und Stephan noch sonstwen gebunden, ich bin frei und kann tun und lassen, was ich will. Mama aber nicht, sie ist überhaupt nicht frei. Genau darauf aber, auf Freiheit, erhebt sie neuerdings Anspruch, so habe ich sie reden hören, mit Papa, sie war ziemlich laut und eigentlich ganz freundlich und lustig, aber nun mal mit dieser verrückten Idee von ihrer Freiheit, und der Papa hat wie üblich nichts gesagt, wenigstens nichts Richtiges, nicht ausführlich. Ich habe gesehen, daß meine Schwester sich gerade unten in der Küche eine Schokomilch angerührt hat, und bei den offenen Türen in unserem dreistöckigen Reihenhaus, wo beinah alle Zimmer übereinanderliegen, konnte sie die

Mama in der Etage drüber sicher hören. Wirklich, ich hoffe, meine kleine Schwester hat nichts kapiert, aber wenn das so weitergeht, ists leider anzunehmen, daß sie doch auf irgendwelche Gedanken kommt. Außerdem telephoniert die Mama oft und reichlich lang mit ihrer besten Freundin und auch mit diesem Typen – das macht sie, mit dem Typen, allerdings am oberen Telephon und bei geschlossener Tür, was ja aber auch gerade wieder ziemlich blöd ist, weils als Ausnahme auffällt – und da kriegt man so einiges zu hören, wo sie ihn trifft und wie sie den Zug verpaßt hat und wie schwierig alles ist und wie wunderschön gleichzeitig, also, das finde ich alles gar nicht mehr komisch.

Immer habe ich mir die Daumen gedrückt, damit mein Wunsch in Erfüllung ginge und der Papa seine Angeltour mit einem Freund abblasen würde. Unter diesen Umständen, meine ich. Weil das mit der Mama und ihrem Typen nicht aufhörte. Wahrscheinlich immer schlimmer wurde. Ich brauche ja nur an mich und Silvio zu denken, man will sich öfter und öfter sehen, ich kenne mich aus. Also, der Papa machte keine Anstalten, je näher die Ferien auch rückten, dem Freund zu sagen: Tut mir leid, such dir einen andern Partner, oder so was. Ich habe drauf gewartet und gewartet, daß er seinen Freund endlich anriefe. Nichts. Am ersten Ferientag fuhr er in aller Frühe los, das Auto vollbeladen mit seiner Anglerausrüstung und allem möglichen Picknickkram. Er war sehr gleichmütig an diesem Morgen, er war wie immer, und er hätte doch mißtrauisch sein müssen, weil die Mama so übertrieben vergnügt rumgezwitschert hat und ihm beim Packen half und so lang zum Abschiedskuß in seinen Armen lag, als ginge es um ein Aufnimmerwiedersehen.

Kaum war der Papa weg, nein, erst am zweiten Tag

nach seiner Abreise, am ersten Tag hat sich die Mama ganz besonders um uns gekümmert, wie sonst nie, so daß es sogar meiner kleinen Schwester nicht paßte, denn sie hat fast so viele Verabredungen und andere Termine wie ich, also am zweiten Tag, länger hielt sie nicht durch, fuhr die Mama mit dem Zug ab, das heißt zuerst mit dem Bus, und uns hat sie erzählt, sie wollte nach den Tanten sehen und außerdem in der Stadt nach günstigen Sachen, die es lang vorm Sommerschlußverkauf gibt, und sie hat alles so gründlich erklärt, das mit den jetzt noch nicht überfüllten Läden und den Sonderangeboten und mit dem Gichtfuß von der einen Tante, alles, was wir auswendig wissen, so viele Worte hat sie gemacht, daß es schon richtig verdächtig war. Und was ist passiert? Sie kam und kam nicht nach Haus. Ich war auf einer Fête gewesen, und als ich nach Haus kam, war sie noch nicht da. Ich wollte warten, bin aber halbwegs schon im Sessel eingeschlafen, obwohl ich den Fernseher laufen ließ, und dann bin ich schließlich ins Bett gewankt, lang nach Mitternacht, ich glaube, es war schon halb zwei. Die Mama blieb über Nacht weg.

Meine kleine Schwester ist viel früher aufgestanden als ich und ist in Mamas Schlafzimmer gegangen, und nun war nicht nur Papas Bett leer, sondern auch ihres war unbenutzt. Und da hat sie geheult. Beinah hätte ich sie beruhigt mit irgendwelchen Ausreden, so wie die Mama sie erfinden würde, wenn sie später auftauchte. Aber dann fand ichs aufs Ganze gesehen besser, meine kleine Schwester heulen zu lassen, und ich hoffte, sie hielte durch und würde heulen, bis die Mama endlich erschiene und sie so sähe, in ihrem Kummer und total verständnislos. Ja, ich dachte, so wärs besser, damit die Sache mal zu einer Klärung kommt.

Aber es hat nichts geholfen, zwar traf die Mama noch

rechtzeitig ein, das heißt, meine kleine Schwester hat doch noch immer so vor sich hingegluckst, aber dann war sie schnell zu trösten, weiß nicht wodurch, weil ich wegging, um mir Mamas Märchen nicht anzuhören. Ich bin ihr den ganzen Tag lang aus dem Weg gegangen, weil sie gesagt hat: Komm, wir zwei, wir reden mal ganz locker drüber, und du mit deinem Silvio – dabei hat sie gekichert, und ich fand das nicht gut – du wirst alles verstehen. Okay, ich hielt mich von ihr fern, warum, weiß ich nicht so recht, ein bißchen, um sie zu bestrafen, denn die Nacht über wegbleiben, das hätte sie auf keinen Fall tun dürfen, und dabei denke ich nicht nur an meine kleine Schwester, überhaupt nicht hätte sie das tun dürfen, und tierisch dumm kam es mir auch vor. Ein bißchen aber tat sie mir auch leid, komisch, aber so wars. Sie hat irgendwie Anschluß gesucht und auf mich gesetzt, vergebens. Übrigens sah sie sehr hübsch und aufgedreht aus, als sie nach Haus kam und reinstürmte, aber das verging ihr, sie war noch hübsch, aber schrecklich entsetzt, meine kleine Schwester in ihrer Panik zu sehen. Das weiß ich seitdem noch besser, als ichs sowieso schon immer wußte: wir zwei, meine Schwester und ich, würden immer den Vorrang haben, welcher andere Mann auch daherkäme und sie mit seinen Komplimenten in einen Rausch versetzen würde. Zu meinem Papa hat sie mal gesagt: Das Wichtigste sind für mich die Kinder. Natürlich wußte sie nicht, daß ich eine Treppe drüber in meinem Zimmer zuhörte, ich sage nicht: sie belauschte. Das mußte man ja einfach hören. Und der Papa hat wieder fast überhaupt nichts gesagt. Sie hat noch gesagt: Die Kinder dürfen auf keinen Fall Angst haben, daß sich für sie irgendwas ändert. Ha, schöne Idee, ein Klasse-Irrtum. Für mich hat sich eine Menge geändert, beinah alles. Und die Mama hat zum Papa gesagt: Ich will ja an dir festhalten, und er, er ist so rücksichtsvoll. Mit dem »er« hat sie ihren Typen gemeint. Rücksichtsvoll ist wohl das letzte, das ich von ihm behaupten würde. Sie würde am Papa und an der Ehe festhalten. Und jetzt kommts, warum ich mittlerweile auf den Papa auch oft ziemlich böse bin. Warum brüllt er sie nicht einfach mal an? Nein, anbrüllen wäre nicht gerade ideal, aber er könnte ihr doch wenigstens mal ganz scharf und bestimmt sagen: Das genügt mir nicht, jemand zu sein, an dem du auf jeden Fall festhalten willst. So wie sie mit ihm redet, als wäre es eine Gnade, wenn sie an ihm *festhält*, das dürfte er sich nun wirklich nicht gefallen lassen.

Sie ist aber in Papas Angelwoche nie mehr über Nacht weggeblieben. Tagsüber war sie oft nicht da. Ihre beste Freundin kam mal nachmittags, und ich habe sogar eine Verabredung mit Silvio sausen lassen, ich habe ihm gesagt, meine Familie zu retten, das wäre jetzt erst mal für mich das Wichtigste, und Silvio hats verstanden, und ich habe diesmal wirklich gelauscht, aber nicht viel mitbekommen, nur so viel, die Mama mit einer irgendwie kitschigen Stimme: Weißt du, es ist einfach wundervoll, ich sag ihm, laß uns das bißchen Zeit nicht vergeuden, laß uns hier bleiben – Wo ist *hier*? fragte ich mich – aber er hat drauf bestanden, er wolle im Supermarkt mit mir angeben und auf dem Postamt ... ja und alle diese kleinen Dinge seien so himmlisch, *himmlisch*! Hat sie wirklich gesagt! Daß sie zusammen einkaufen gehen, Wurst und so was, und Wein, *billigen*, wie zwei Studenten, knapp bei Kasse ... sie hat rumgekichert. Und ich dachte, die Mama findet es immer gräßlich, für die Familie einkaufen zu gehen, was ist das jetzt mit *himmlisch* und all dem Getue, sie spinnt ja wohl. Ich war oft genug mit im Supermarkt, und sie hats nie *himmlisch* gefunden, alles mußte immer rasch rasch gehen, ich hab *keine Zeit* und *trödle nicht rum, ich bitte dich* gehört, und in letzter Zeit besonders will sie es schnell hinter sich bringen, sie schmeißt das Zeug in den Wagen.

Aber der Papa, er macht mich wütend. Warum spricht er kein Machtwort? Gut, für unsere acht Tage Paris hätte das nicht gepaßt. Nach seinen acht Tagen Angelsport waren mit der Mama und mir diese acht Tage geplant, meine kleine Schwester ist mit ihrer Kindergruppe ins Camp vom CVJM gefahren. Für mich hatten sie die Idee, ich sollte ein bißchen Kunst und Kultur schnuppern und nebenbei mein Französisch aufbessern. Und die Reise kam wirklich zustande, ich hatte dran gezweifelt, wegen Mama und daß sie nicht aus dem Bezirk raus wollte, wo ihr Freund irgendwo, ich nehme an in einem Vorort der Stadt, lebt, und wäre nicht die Familienlage zu gefährlich gewesen, hätte michs gefreut, wenn alles ausgefallen wäre, denn der Abschied von Silvio fiel mir fürchterlich schwer, aber andererseits fuhr der ja auch mit seinen Eltern weg, runter nach Italien, wozu er gar keine Lust hatte, natürlich meinetwegen. Wie gesagt, ein Machtwort vom Papa hätte nach Paris nicht gepaßt. Sie waren ganz vergnügt miteinander, die zwei. Aber der Mama habe ich manchmal angemerkt, daß sie mit ihren Gedanken woanders war. Und ich glaube, sie hat auch ein paarmal mit dem Typen telephoniert, sie hat für Ansichtskarten Briefmarken besorgt, und auf einem Postamt kann man bekanntlich auch telephonieren.

Und einmal hat sie den Papa und mich ganz lang in einem Café warten lassen, ihr Eis war schon zerschmolzen, und ich habs nicht angerührt, als der Papa sagte: Iß du es auf, ehe es ganz hin ist. War der Typ ihr nachgereist und traf sie sich mit ihm? Ich sah damals wirklich schon Gespenster. Aber mir war eingefallen, wie ich sie mit ihrer besten Freundin mal wieder beobachtete und hörte, diesmal stand ich auf der Treppenstufe vorm offenen Wohnzimmer, und sie bemerkten mich nicht. Die Mama sagte: Keine Angst, sie kriegen *beide* nichts mit, nicht nur die Kleine. Die Große auch nicht, obwohl sie zur Zeit ihre erste große Liebe erlebt. Die Mama lachte, aber nicht so, als würde sie sich über mich lustig machen, und ihre Freundin lachte auch und machte *ui jeh*, ziemlich albern, und die Mama meinte, mit mir könne man schon so richtig locker über diese Dinge reden und ich hätte Verständnis. Das denkst du dir so, hats in mir geschimpft, und Achtung, habe ich mir gesagt, mal sehen, was jetzt kommt. Stell dir vor, hat die Mama ihrer besten Freundin zugetuschelt und diesmal wirklich albern rumgekichert, meine Große, sie hat mir vorwurfsvoll und mit einem rührend unerfahrenen Ausdruck gesagt: Eines Tages gehst du noch mit ihm ins Bett. Die Freundin hat wieder *ui jeh* und *lieber Himmel* und so was alles rausgebracht, und die Mama sagte: Daran siehst du, wie ahnungslos sie noch ist, wie unschuldig. Und sie wiederholte, während die andere sich den Kopf an den Schläfen mit beiden Händen festhielt, als könnte er ihr sonst runterfallen: Eines Tages gehst du noch mit ihm ins Bett. Und dann haben sie beide gelacht, aber mit todernsten Gesichtern. Das war ja jetzt nicht mehr schwer zu verstehen, und ich wußte, woran ich war. Komischerweise bin ich in dem Augenblick wieder mehr auf den Papa als auf die Mama böse gewesen.

Und dort in Paris in dem Café, als die Mama nicht kam und nicht kam, und der Papa so aussah, als würde er sich deswegen genieren, fiel mir diese miese Szene wieder ein, und obwohl die Mama uns sitzenließ und das gemein von ihr war, habe ich sie irgendwie besser verstanden als den Papa. Er war sicher nervös, aber mir hat er Theater vorgespielt und wissen wollen, wie es uns zu Haus während seiner Anglerwoche ergangen war, und ich habe gespürt, ist ja vielleicht Quatsch, wie er drauf lauerte, was über die Mama zu hören, ob sie immer bei uns war, und mir fiel die Nacht ein, die zweite gleich nach seiner Abreise, in der sie nicht nach Haus kam, und die Verzweiflung meiner kleinen Schwester. Aber wenn ich auch so enorm will, daß die Mama endlich mit dem Typen aufhört und zur Vernunft gebracht wird und alles wie früher ist, wenn das überhaupt noch geht, ich bin kein V-Mann, kein weiblicher verdeckter Ermittler. Hab also nichts verraten. Das war wieder so ein Moment, in dem ich mich über *beide* ärgerte. Papa, er hatte die Sache nicht im Griff. Mama, sie hintergeht ihn und uns alle. Leid tun sie mir auch, alle beide, es ist verrückt und zum Verrücktwerden erst recht.

Ich glaube, der Papa hat mich aus lauter Verlegenheit gefragt, ob ich noch ein Eis wollte, und er tat immer so, als wäre alles ganz normal, und bestellte für sich Kaffee, aber ich hätte kein Eis mehr runtergebracht, und das, wenn man bedenkt, daß ich sonst nie und nimmer genug kriegen kann, beim Eis! Ich dachte an das Machtwort vom Papa, und daß es leider nicht zu ihm paßt, eins zu sprechen, er es aber machen müßte, und als könnte er Gedanken lesen, fragte er mich plötzlich: Du denkst wohl, ich sollte was unternehmen. Weiß nicht, antwortete ich. Mir wars mulmig. Er fragte aber weiter: Du denkst, ich sollte die Mama vor die Wahl stellen, hm? Ich sollte streng sein und sie dabei an den Schultern packen und ihr in die Augen sehen: Er oder ich! Entscheide dich! Das denkst du, oder? Er hat mit mir wie mit einer Erwachsenen geredet, und alles war so plötzlich gekommen, drum konnte ich nicht gleich antworten. Einerseits, ja, ich dachte, das wäre gut, wenn ers täte. Aber beim Nachdenken, wobei ich auf

das gelb und rosa und weiß zusammengelaufene Süpp-
chen in Mamas Eisschale blickte, fand ich es nicht
mehr so gut. Ich dachte nämlich an Silvio und daran,
was Liebe ist und was man da so empfindet, und der
Papa wäre nicht wie für mich mein Silvio, Silvio wäre
der Typ für die Mama, und die Mama würde antworten: Er!

Da wußte ich die einzig richtige Antwort, ob die den
Papa nun kränkte oder nicht, aber ich erkannte die Lösung. Laß mich das machen, Papa, habe ich geantwor-
tet. Frag nicht du. Er – oder meine kleine Schwester
und ich. Ich finde, das ists, was sie entscheiden soll.
Gar nicht dumm, sagte der Papa. Er war richtig erleichtert, er saß auf einmal ganz anders in dem kleinen
engen Stuhl vom Café. Er redete was daher, *das Herz
einer Mutter*, ziemlich kitschig, und *Frauen unter sich
ha ha* und lobte mich. Ich war nicht stolz drauf, auf keinen von uns.

Klassische Zutaten

Irgendwas stimmt nicht mit den Rosinen, sagte er schließlich. Muesli, das war nach seiner Ansicht sowieso ein Frauenfrühstück. Mit den Rosinen stimmt alles. Sie sind einwandfrei, sagte sie.

Sie knirschen, sagte er.

Es sind die von dir gekauften Rosinen. Sie betonte jedes einzelne Wort, setzte Abstände dazwischen.

Wie alt? Wie lang ists her, daß ich sie gekauft habe? Den letzten Satzteil hatte er nach ihrer Manier ausgesprochen.

Es sind die vom März, als wir aufgehört haben, die Vögel zu füttern. Beziehungsweise: zu mästen. Das mit dem Mästen ging gegen ihn, er war der Vogelfanatiker.

Es könnte also am Alter der Rosinen liegen, daß irgendwas mit ihnen nicht stimmt.

Wenn er ehrlich zu sich war, dann hatte nur eine einzige Rosine geknirscht. Nur, die *hatte* geknirscht.

Sie knirschen, sagte er. Einige tuns, knirschen.

Vielleicht wars auch eine Haselnuß. Ich hab die Haselnüsse zerkleinert.

Haselnüsse. Hm.

Er überlegte. Haselnüsse, wurden die nicht ranzig?

Sind das schon etwas ältere Haselnüsse? fragte er.

Nein, sagte sie aufs Geratewohl. Sie hatte keine Ahnung, und er merkte ihr das an.

Alles in allem schmeckts, oder?

Es schmeckt, aber es schmeckt nicht wie in Arbon, nicht wie damals, als es wirklich schmeckte.

Sie hatte ihm vorhin seinen Napf mit den Worten

Erinnerung an die Schweiz zwischen seinen Oberkörper und die Morgenzeitung geklemmt. In Arbon hatten sie bei einem Abendspaziergang am Bodensee einen Kinderspielplatz entdeckt und sich, es war schon dunkel, auf Schaukeln, einer Rutschbahn und Wippen ausgetobt und sich wunderbar leicht gefühlt, von ihrem Leben losgelöst, als hätten sie dieses Leben wie einen Schildkrötenpanzer abgeworfen.

In Arbon hatten sie irgendeine blau färbende Frucht drin, im Muesli drin, sagte er.

Ich habe Orangen, Äpfel, etwas Banane drin, sagte sie. Klassische Zutaten. Sie gab sich souverän. Das bedeutete: Sie war gekränkt. Dafür hatte er kein Verständnis. Schließlich bekundete er nur Interesse. Und das sogar an einem für Frauen typischen Frühstücksangebot. In Arbon war das Muesli bläulich, was meinst du wohl, wovon? Bestimmt nicht von deinen *klassischen Zutaten.*

In Somalia haben sie überhaupt kein Muesli. Ebensowenig wie in Kalkutta oder in Bangladesh oder in Sarajewo.

Die Schweiz ist das klassische Land für Mueslis, sagte er.

Es gibt diverse Muesli-Rezepte. Diesmal klang sie hoheitsvoll, erzürnt war sie und wollte es nicht zeigen, und er hatte überhaupt keine Lust, von neuem in einen globalen Vergleich hineingezogen zu werden, sie würde ihm einen Mischmasch von Städten und Ländern auftischen, in denen Leute durch Kriege oder Hunger oder sonstwas starben, wie immer, wenn ihn beim Essen irgendein Detail interessierte, ja, lediglich interessierte, warum denn nicht?

Aber wir haben es, sagte er.

Was haben wir? fragte sie patzig.

Muesli. Wir sind hier und nicht in Hinterindien und

wir haben Muesli, und drum erkundige ich mich, warum die Rosinen knirschen oder die Haselnüsse und wie alt das Zeug ist und warum das Ganze nicht bläulich aussieht.

Laß es doch stehen. Leider wird kein Hungriger satt von dem, was du ißt oder nicht ißt. Sie hörte sich höhnisch an.

Du brauchst doch nicht gleich beleidigt zu sein. Warum bist du niemals sachlich. Man kann doch ganz natürlich über so was wie eine knirschende Rosine und eine *eventuell* ranzige Haselnuß reden. In aller Ruhe. Natürlich und neutral.

Neutral! Daß ich nicht lache! Ja, wenns nicht so traurig wäre, ich würde drüber lachen. Wenn ich – sie tippte sich auf die Stelle, von der aus ihre rechte Brust, die etwas größere, nach rechts abzweigte, und die linke nach links unter dem weiten T-Shirt mit der Aufschrift *Wilderness Canoe* – ich persönlich, wenn ich gestern abend gewagt hätte, ein Wort, auch nur ein Sterbenswörtchen Kritisches über die Kartoffelsuppe vorzubringen, ich weiß nicht, was dann passiert wäre.

Es war eine erstklassige Kartoffelsuppe, und du hasts bestätigt.

Ja ja, bestätigt schon, aber was ich mir so dachte … Sie machte tralalalala und lief herum und sang: Die Gedanken sind frei …

Tatsache ist, daß dir Sachen manchmal nicht perfekt gelingen, was ja weder ehrenrührig noch weiter schlimm wäre, für schlimm halt ichs allerdings, daß du keine Kritik verträgst. Du verträgst nicht mal ein bißchen Nachfragen.

Nachfragen! Wenn *du* das machst, was du *nachfragen* nennst, dann ists nichts als getarnte Kritik! Ihr Gesicht glühte, und er stellte bewundernd fest, wie gut ihr das stand.

Getarnte Kritik, oh ja! Er schrie sie an, obwohl er im Begriff war, sich fast wieder mal in sie zu verlieben. Ich muß sie ja tarnen, weil du sie eben nicht verträgst. Kritik. Er redete wieder ruhig. Und ein erwachsener Mensch muß Kritik vertragen. Er hatte Lust, diese wabbligen runden Gebilde unter ihrem grotesken weiten Hemdchen hin- und herzuschieben.

Aber du, du verträgst Kritik! Sie lachte, sehr ungeschickt bei dieser Anstrengung gegen das Weinen. Obwohl er es fürchterlich fand und er dem Phänomen jedesmal ohnmächtig gegenüberstand, war er scharf drauf, einfach aus Neugier, Weinen bei Frauen, richtige Frauen, sie weinten bei jeder Gelegenheit. Sie boten so viele Angriffsflächen, die armen Dinger mit ihren Brüsten und all den sonstigen Schwachstellen. Sie rief ihm unterdessen zu: Willst du im Ernst behaupten, daß du Kritik verträgst?

Fakt ist, daß bei mir Kritik nie überhaupt erst aufkommen muß. Alles stimmt, von vorne bis hinten.

Aha. Wenn das *so* ist. Sie stand neben seinem Stuhl am Eßtisch und packte seinen Muesli-Napf mit der rechten Hand, mit der linken entriß sie ihm den Löffel. Gib schon her. Quäl dich nicht länger mit meinen unzulänglichen Produktionen ab.

Und was bitte soll ich essen?

Hier das. Wenn sie es gewagt hätte, so mutig zu sein, wie ihre Empörung es forderte, hätte sie ihm die Sachen auf den Tisch geschmissen. So war es nur *fast* wie Hinschmeißen, die Waren schlitterten auf ihn zu, und sie kommentierte kalt: Hier hast du Brot, Margarine, Diätmarmelade, alles aus dem Supermarkt, ich habe nicht Hand dran gelegt.

Er begutachtete die Brotpackung. Nach kurzem Schweigen, in dessen Inhaltsschwere sie bestimmt spürte, daß er sie fixierte, fragte er: Hast du das gelesen?

Was gelesen?

Das Haltbarkeitsdatum.

Was ist mit dem *Haltbarkeitsdatum.* Sie äffte nicht ihn nach, sondern einen ekelhaften Pedanten, einen widerwärtigen Knallkopf, der solche Banalitäten wie Haltbarkeitsdaten für interessant hielt.

Es ist seit drei Tagen überschritten.

So so, ist es das. Jetzt hatte sie die Platte mit der spöttischen Stimme aufgelegt. Aber was es nicht ist, das ist: schimmlig. Es ist nicht schimmlig.

Ich frag mich trotzdem, warum wir immer verfallene Sachen im Haus haben.

Du weißt von Frau Malente, daß sie sowieso immer mit den Haltbarkeitsdaten mogeln. Sie muß es schließlich wissen. Frau Malente saß hinter einem Schalter am Telephon und nahm für den Supermarkt Lebensmittelbestellungen auf. Das Brot ist einwandfrei. Stolz, das heißt: um Stolz bemüht, richtete sie sich vor ihm auf. Meistens hielt sie sich etwas gebeugt, als zögen ihre nach rechts und links abzweigenden großformatigen Brüste, die rechte etwas mehr als die etwas kleinere linke, sie hinab, vielleicht wollte sie diesen neugierigmachenden Busen auch in der vorgebeugten Körperhaltung davor behüten, daß erste Blicke auf ihn fielen anstatt auf ihr rundes kluges aufmerksames Kindergesicht. Und jetzt rührte sie ihn wieder, dieses Kindergesichts wegen und weil sie ihre Scheu überwunden und vergessen hatte, ihm aufrecht gegenüberzustehen und ihn so böse, wie sie konnte – sie konnte das nicht gut – anzublicken, mit ihren braunen Kulleraugen. *Wilderness Canoe,* diese schwarzen Lettern auf ihrem weiten Hemdchen, das war merkwürdigerweise fast das Schlimmste, er fühlte, wie unschuldig sie war und wie penetrant er ihr zusetzte. Sie wandte sich von ihm ab, ging mit dem Napf Richtung

Spülbecken. Was machst du mit dem Muesli? Komm, gibs wieder her. Er schluckte. Gibs her, he? Frieden, hm? Einverstanden?

Sie drehte sich um.

Verbietet dir das dein Stolz oder würdest du zugeben, daß es doch gut schmeckt?

Ich sagte ja schon, alles in allem schmeckts gut.

Das hatte *ich* gesagt. *Du* hast mir Sachen erzählt von irgendwelchem *Knirschen* und ranzigen Haselnüssen.

Aber daß es insgesamt nicht gut war, habe ich nicht gesagt.

Man konnte es raushören.

Nur, es schmeckt anders als in Arbon.

Sie seufzte mit Vibrato. Arbon! So lang her, Arbon! Wir reisen seit werweißwann nirgendwo mehr hin.

Ach du lieber Himmel, jetzt geht das Wehklagen über deinen öden Alltag los. Nun bring mirs schon wieder her, dein Muesli mit den klassischen Zutaten.

Ich finde meinen Alltag nicht öde. Sie stellte den Muesli-Napf, in dem noch der Löffel steckte, zwischen Margarine, Brot, Marmelade. Mein Job ist alles andere als öde. Sie lachte schadenfroh und machte ein geheimniskrämerisches Gesicht, ihr Ich-arbeite-im-universitären-Bereich-Gesicht.

Um sie zu schonen, erwähnte er nicht, daß der Job befristet war. Was würde in anderthalb Jahren sein? Er aß sein Muesli und suchte nach der Stelle in der Zeitung, bei der er vorhin aufgehört hatte. He, was war das? Hast du das gehört? Paß mal auf, hör doch. Langsam und vorsichtig kaute er, den Blick auf sie gerichtet, die mit ihrem Kaffeebecher am Spülbecken lehnte und folgsam still war, sie starrte auf ihn und doch ins Leere, und ihr rundes freundliches Gesicht nahm den introvertierten Ausdruck eines Menschen an, der von der Toilette zurückkehrt, und zwar nach einem Mißerfolg.

Da, jetzt wieder. Hast dus gehört? Mitten im Kauen fragte er.

Ich hab nichts gehört. Sie schien sich zu wappnen. Sie lehnte unwillig ab, irgendwas gehört zu haben.

Es hat wieder geknirscht. Rosine oder Haselnuß, etwas knirscht. Am besten, ich pul sie raus. Sonst schmeckts, wirklich, das tut es.

Es sind die klassischen Zutaten, Rosinen und Haselnüsse. Walnüsse tuns auch. Sie gehören in ein klassisches Muesli. Du verstehst nichts davon.

Frische Rosinen und *frische* Nüsse vielleicht. Er piekte mit der Löffelspitze durch die weiche Masse und förderte die dunklen Fremdkörper zutage.

Fängst du wieder an. Ich denke, das ist das letzte Muesli, das ich dir vorsetze.

Sehr gut. Muesli ist ein weibisches Frühstück.

Macho! Chauvi! schmetterte sie zurück. Dabei wirkte sie zum ersten Mal geradezu erleichtert, ja beinah erleuchtet sah sie aus. Etwas in ihrem Kopf glühte und trat als Schimmer auf ihr kindliches hübsches Gesicht. Ein Gesicht, dazu geschaffen, lustig auszusehen.

Aber laß dir eine gescheite Alternative zum Muesli einfallen. Er hielt ihr die Margarinepackung hin, diese blöde gelbe Plastikpackung, auf der wie meistens der Deckel nicht fest zugedrückt war. Klassische Zutaten, spottete er. Margarine mit Eisschrankluft drin, verfallenes Brot, Winterfutterrosinen, die die Vögel übriggelassen haben, und die Marmelade kommt auch nicht aus dem Kühlschrank, ich hab gesehen, wie du sie aus dem Küchenschrank genommen hast, nicht aus dem Kühlschrank, wohin, wie du weißt, Diätmarmelade gehört, nachdem sie angebrochen ist. Wenn du es schon mir nicht glaubst, dann lies doch ein einziges Mal, was draufsteht.

Sie rief irgendwelche imaginären Zeugen an, die

anscheinend über dem Frühstückstisch um die beiden halb aufgeringelten gelblichen Fliegenfänger schwebten: Man höre und staune! Die halbe Menschheit verhungert, und dieser Mann hier mit seinen Fettpölsterchen nörgelt und schimpft und zankt sich durch diese winzigen trivialen Einzelheiten, es ist nicht zu fassen! Weißt du, an wen du mich erinnerst?

Hoffentlich an einen Mann, der in aller Ruhe bei einem nicht weiter aufwendigen, aber einwandfreien kleinen Frühstück seine Zeitung lesen wollte.

Du erinnerst mich an Frau Zigler und ihre dämliche Gartensprengerei. Wir sind kurz vorm Wassernotstand in diesem Klimakollapssommer, aber sie sprengt ihr albernes Gärtchen geschlagene zwei Stunden lang, als hänge das Weltgeschick davon ab.

Frau Zigler war ihre alte Grundstücksnachbarin. Übrigens mehr ihr als ihm zugetan. Sie grüßte nur sie freundlich, ihn kaum und mürrisch und in letzter Minute. Wahrscheinlich schob sie alle Schuld auf ihn, weil sie kein Ehepaar waren. Dachte: Typisch Mann, nutzt die Kleine aus, solang sie taufrisch ist, und dann, nichts wie weg.

Gibts noch Kaffee, fragte er. Sie hatten eine Zeitlang geschwiegen. Das lag an ihm. Wenn sie bei Themen wie *Wassernotstand* war, befürchtete er ein Referat über Entwicklungshilfeprobleme. Vorgetragen mit ihrer Ich-arbeite-im-universitären-Bereich-Stimme.

Bitte sehr, sagte sie patzig. Hier steht die Kanne. Wir haben hier Selbstbedienung, außer für Blinde oder sonstwie Behinderte.

Bin ich ja wohl, beides. In deinen Augen bin ichs, hm? Bediene dich.

Eigentlich ein Wunder, das hier in dieser Küche geschieht, sagte er. Er war aufgestanden und goß sich Kaffee aus der Maschine in seine Tasse.

Du meinst, daß der Kaffee trinkbar ist? Es knirscht nichts im Kaffee, nichts ist ranzig. Wirklich toll.

Das Wunder ist, du bleibst hier drin. Warum verschwindest du nicht einfach, wenn du dich über meine paar harmlosen, aus purem Interesse gestellten Fragen ärgerst? Knallst die Türe hinter dir zu und verschwindest?

Gerade als er anfangen wollte, sie zu bemitleiden, weil diese Frage sie offensichtlich reinlegte, antwortete sie mit Grandezza: Einem Meinungsstreit wie diesem bin ich mit links gewachsen.

Aha. Auch gut. Er trank Kaffee und las etwas, das er komisch genug fand, um es ihr zu erzählen, ohnehin wars Zeit, Frieden zu schließen: Hör dir das an. Zum ersten Mal seit Beginn der wissenschaftlichen Beobachtung des Affen durch den Menschen hat man lesbische Schimpansen ertappt. Sie waren seit Monaten ohne Männergesellschaft und dann wurden sie lesbisch.

Typisch Mensch! Der Wissenschaftler war bestimmt ein Mann, der das beobachtet hat. Als könnten diese Schimpansen nicht von *sich aus* lesbisch sein. Ich weiß wahrhaftig nicht, wieso es dazu des Männermangels bedürfte. Wahrhaftig, das weiß ich nicht.

Sag mal, ist nicht Dienstag? Doch, heute ist Dienstag.

Klar ist heute Dienstag. Und?

Ist nicht Dienstag Eitag?

Er blickte zu ihr, die immer noch mit ihrem Kaffeebecher dastand, die Hüfte ans Spülbecken gelehnt und nun wieder in der wie prophylaktisch vorgebeugten Haltung, und er kannte die Verwandlung ihres Ausdrucks. Dienstags bekam er ein weichgekochtes Ei, manchmal auch Spiegelei *over* – er fand sie jedesmal ganz süß, wenn sie mit dem eher verunglückten Ge-

bilde anrückte – oder Rührei. Von nun an sah sie ernsthaft aus, nachdenklich. Sie war traurig. Oh wie gut er
sie kannte, alles wußte, was in ihr vorging. Auf einmal,
er war ganz sicher, tat er ihr leid. Sie hatte keine Ahnung, warum. Er auch nicht. Das mit dem vergessenen
Ei am Eitag war keine Tragödie. Aber irgendwas anderes schien eine Tragödie zu sein, oder doch der Vor-
bote. Eine Fliege, endlich eine Fliege, war nicht so
schlau wie die paar anderen in der Küche an diesem
schrecklich heißen Sommermorgen und klebte am
goldgelben Fänger fest, der wie eine aufgerollte lang-
gezogene Locke über dem Küchentisch baumelte.

Armes Kerlchen, sagte er.

Ich find sie auch gemein, diese Fliegenfestkleber,
sagte sie.

Ich habe nicht die Fliege gemeint, sagte er.

Es braucht dir nicht mehr leid zu tun wegen dem
Muesli, sagte sie. Sie blickte immer noch mitleidig zu
ihm hin, und er wußte nicht, warum. Aber er wußte
den Grund für sein Mitleid mit ihr. *Wilderness Canoe*,
es war so leicht für ihn, sich vorzustellen, wie sie drunter aussah. Es klappte immer mit dem Mitleid für sie,
wenn er sie sich nackt vorstellte, und das hatte er gerade getan. Sie ist ein schönes Mädchen, ein wenig vor-
derlastig die klassischen Zutaten, aber es klappt, dachte
er und sagte: Na, dann mach ich mich mal auf den
Weg. Und das Ei morgen, aber bitte, falls du es kochst,
nur drei Minuten. Okay?

Okay, sagte sie sanftmütig.

Es geht auch anders

Von welcher Gelegenheit stammt es eigentlich?

Du hast plötzlich die kleine Lilli von den Fischers gespielt. Die Erziehungsmethode der Mama Fischer, und wie dann Lilli sich abquälte.

Und sich schließlich dazu durchrang und es hinkriegte. Armes Kind.

Sie redete jetzt schneller. Das weiß ich ja auch noch, es war Lilli, die ich kopiert habe. Aber wann war das erste Mal? Die erste Gelegenheit?

Du hasts vielleicht am ersten Abend nach dem Besuch bei den Fischers schon ausprobiert.

Und wer hat es erfunden?

Lilli. Jetzt stöhnte er ein bißchen. Das hatten wir ja schon rausgefunden.

Ich meine, hast *du* es für uns erfunden oder ich? Hast du mit dem Es-geht-auch-anders-Spiel angefangen oder war ichs?

Er konnte sich so wenig erinnern wie sie und antwortete schließlich: Du mußt wohl wieder mal irgendwas vermasselt haben, und ich werde dich drauf hingewiesen haben ...

Ich werde *geschimpft* haben, solltest du besser sagen. Sie lachte, beide fühlten sich noch weit entfernt von Streit.

Ich werde im Recht gewesen sein, sagte er.

Wie immer, nicht wahr, sagte sie, zum Schein sanft.

Ich habs erwähnt, daß ich recht hatte, und du warst beleidigt wie gewöhnlich. So wirds gewesen sein. Er gedachte, sich mit dieser abschließenden Bemerkung zurückzuziehen.

Und auch sie hielt es für besser, das Thema fallen zu lassen. Das Es-geht-auch-anders-Spiel machte nur Spaß, wenn nichts ernsthaft Grimmiges zwischen ihnen los war. Wir nähern uns aber der Situation, in der es entsteht. In der das Es-geht-auch-anders-Spiel so bald wie möglich, ja: so lang es noch möglich ist, angewendet werden muß. Beide empfanden es, aber die Dinge nahmen ihren Lauf, und anstatt sich *Stop* zu befehlen, mußte sie einfach sagen, es liege am Ton, in dem einer den anderen kritisiere. Oder auf einen kleinen Fehler hinweise. Und wann kritisiere jemals ich dich?

Ich mache ja auch keine kleinen Fehler. Kleine Fehler! Deine sind alle klein, aus deiner Perspektive, fast sinds ja keine Fehler. Er lachte mit einem von seiner Partei, einem, der nicht da war, dem er sich aber zuwandte, von ihr weg.

Der Ton macht die Musik, sagte sie. Und was glaubst du, wie viel ich runterschlucke. Mir gefällt bei weitem auch nicht alles, was ich bei dir bemerke und was Anlaß zur Kritik gäbe. Aber ich schlucks runter. Aus Liebe zum Frieden. Harmonie, ah! Sie seufzte tief auf, atmete ziemlich theatralisch aus und ein.

Er äffte Seufzer und bühnenreifes Atmen nach. Dann: Aus Liebe zum Frieden, ha! Dann hättest du besser jetzt den Mund gehalten.

Man ist eben manchmal nicht vorsichtig genug. Die Pferde brennen durch. Ich liebe außerdem die Gerechtigkeit. Das Letzte brach wieder sehr hochdramatisch aus ihr heraus.

Du mußt dich mal dazu entschließen, ein erwachsener Mensch zu werden. Fehler sieht ein erwachsener Mensch ein, Kritik, sie freut den erwachsenen Menschen sogar, denn aus ihr kann er lernen und damit weiterkommen. Und dann sagt er, der erwachsene Mensch: Entschuldige bitte. Ich war im Unrecht. Und so weiter und so weiter. Er vollführte mit seiner rechten Hand, in der er seine Brille hielt, ein paar Kreiselbewegungen.

Sie fand keines seiner Wörter ermutigend, sie fand sie allesamt selbstgerecht und wußte, daß die Zeit überschritten war für das liebe wohlige Es-geht-auch-anders-Spiel.

Vergebung ist nicht deine Sache, sagte sie. Aber meine auch nicht, dachte sie, und diese Einsicht, immer wieder beim Vergeben zu scheitern, knickte sie, doch leider vermischte ihre Trauer über diese Untalentiertheit sich mit Zorn, und deshalb konnte sie, immer noch nicht sanftmütig, jetzt schnell die kleine Lilli sein.

Anscheinend hatte er von nun an vor zu schweigen. Das bedeutete: Er hielt sich für den, dem Unrecht geschah. Er war der mit dem Recht aufs Beleidigtsein, und darauf, sie zu verurteilen, sie nicht leiden zu können, auf sie wütend zu sein, und vor allem bedeutete das für die nächsten gemeinsamen einsamen Stunden: Er wartete stumm ab, bis sie irgendwann ihren blöden Stolz überwunden hätte und angekrochen käme und um Versöhnung bettelte, denn schließlich war sie die mit der Harmoniesucht, abgesehen davon, daß sie die mit den sogenannten kleinen Fehlern war, ha, welche Verniedlichung.

Verdammt, man sieht den Wald vor Bäumen nicht, sagte sie, betrübt, weil sie so böse auf ihn war. Und auf sich, wenn auch um ein beträchtliches Quantum weniger.

Meinst du, ich hätte mir einen Spaziergang wie diesen gewünscht? gab er zurück, keine Spur freundlicher.

In Filmen sagten Frauen *oh Himmel ich bin unglück-*

lich, und dann schlangen die Männer ihre Arme um sie, oder sie zogen sie an sich heran, sie legten einen Arm um die Schulter der Unglücklichen, in schönen alten Filmen.

Aber das Wunder geschah ja, er *wurde* ja plötzlich ganz nett, er zeigte ihr, wie sich das Unterholz längst wieder über einen Kahlschlag hergemacht hatte, mit vielen neuen Trieben, viel Laub, alles ganz dicht, er redete davon, und trübe blickte sie in die Herbstverfärbung, und als er *erinnert an Indian Summer weißt du noch Amherst* sagte, knurrte sie zu ihrem Kummer bloß, den Indian Summer habe sie allerdings in sehr viel leuchtenderer Farbigkeit in Erinnerung als diesen matten Abglanz hier.

Die arme kleine Lilli, sie war damals auch überhaupt nicht in der Verfassung, ihr gekränktes Gesichtchen zu verziehen, doch sie hats hingekriegt, das Lächeln, wie lieb sie aussah, sogar zufrieden, es kann nicht nur deshalb gewesen sein, weil sie bestens gedrillt war, es muß ihr selber gutgetan haben, und sie muß es gewußt haben, daß es guttun wird.

Sie kam sich vor, als würde sie sich in der Kehle irgendwelche Knochen brechen, als sie sagte: Erwachsene Menschen, sagst du, sie akzeptieren Kritik.

Tun sie.

Aber wie paßt das zum Es-geht-auch-anders-Spiel! Der erwachsene Mensch! Ich spiele dann doch Kind!

Ein Kind, das etwas eingesehen hat.

Puh, machte sie.

Sie kehrten zum Parkplatz zurück, er startete den Motor, sie schaute auf die abgeernteten Felder und dann auf die Häuser des Vororts. Überall zanken sich Leute, und dann liegen sie sich wieder in den Armen. Menschen sind gräßlich.

Es muß damals, als wirs für uns erfanden, eine Lappalie gewesen sein, bei etwas Schwerwiegendem hätte es nicht geklappt, sagte sie.

Dann taugt das Spiel nicht viel, sagte er.

Sie waren zu Haus und tranken Bier, sie ging dabei zwischen Küche und Eßzimmer und Wohnzimmer hin und her. Er studierte das rote Heft mit den Bedienungsanleitungen für die Ricoh M 5, ihr Kopiergerät, das plötzlich streikte. Eigentlich war ihm wirklich nicht das mindeste vorzuwerfen. Sie hatten schließlich nur versucht, sich dran zu erinnern, wie das Es-geht-auch-anders-Spiel aufgekommen war. Und vermutlich wars tatsächlich so gewesen: eine Klage von ihr über eine beliebige Kleinigkeit aus dem Alltag, so was kam ja bei ihr öfter vor, sie stöhnte und schimpfte zuviel, schändliche Angewohnheit, während er die Dinge nahm, wie sie waren, und tat, was getan werden mußte, keine Worte drum herum machte. Und da wird er mir wohl *Es geht auch anders* zugerufen haben, muß kurz nach Lillis Präsentation gewesen sein, und ich werds gepackt haben, ein paar Muskeln im Gesicht zu bewegen, und dann bin ich dicht vor seinem Gesicht mit meinem Gesicht aufgetaucht, mit dem breit lächelnden Gesicht. Ich dachte, ich sähe wie die kleine Lilli aus. Ich *hatte* ein Kindergesicht, und seither jedesmal, wenn wirs gespielt haben und es immer erfolgreich war.

Doch in einem Ernstfall hatten sie es bisher noch nie ausprobiert. Für Lilli war es ein Ernstfall gewesen. Sie hatte ihr bekümmertes Gesicht verzogen, als wolle sie gleich weinen, und da sagte ihre Mutter: He Lilli! Ehe du dich mit diesen Krokodilstränen abquälst, was machen wir da? Na? Nun besinn dich mal drauf, was wir da immer machen! Das Kind war im Begriff, mit seinem Kummer wegzutrotten, aber die Mutter rief: Es geht auch anders! Komm, Lilli, es geht auch anders! Führs uns allen vor! Und da drehte Lilli sich wahrhaftig um, und zu aller Erstaunen: mit einem Lächeln! Das Lächeln sah noch etwas gequält und vorsichtig aus, aber ein Lächeln war es, beim schwer gekränkten Kind.

Ich bin eigentlich nicht schwer gekränkt, überlegte sie. Was war schon passiert? Ein Waldspaziergang war nicht so schön gewesen, wie er hätte sein müssen. Ein Defekt im Tag. Vergeudete Zeit. Andere Leute nahmen das auf die leichte Schulter. Aber für mich gehört das nun mal zu den Stilbrüchen, die mich anwidern: In einer neuen Aufwallung von Trotz deckte sie den Abendessenstisch mit lieblosem Lärm. In der Küche schnitt sie drei Beutel *Balinesisches Reisgemüse* auf und kippte den gefrorenen bunten Inhalt in die Pfanne. Die Packungen *Indonesisches Liebesmahl*, die sie ihm auf der Hinfahrt zum Wald schon für den Abend angekündigt hatte, verstaute sie wieder im Gefrierfach.

Da kam er in die Küche.

Was gibts? fragte sie, so obenhin und kühl, wie sie nur konnte.

Allerdings wußte sie, warum er aufgetaucht war. Ganz harmlos, er wollte nur sichergehen, daß sie nicht wieder das Essen eine halbe Stunde, bevor es auf den Tisch kam, fertigmachte.

Willst du mich kontrollieren? Sie fand sich verabscheuungswürdig und meilenweit vom Es-geht-auch-anders-Spiel entfernt. In ihrem ganzen Leben würde sie nicht wieder lächeln können, nicht einmal so zaghaft wie die kleine Lilli, und sie war doch erst vierunddreißig! Furchtbar. Wie du siehst, ich hab die Pfanne noch nicht erhitzt. Glück gehabt, triumphierte sie insgeheim, denn sie war kurz davor gewesen, die Herdplatte auf Drei zu stellen. Schließlich wollte sie genauso wie er die Abendnachrichten sehen und nicht zwischen Küche und Fernsehsessel hin- und herhetzen.

In der Zwischenzeit hatte er ganz ruhig erklärt, er wolle sie nicht kontrollieren, nur ganz bestimmt kein verkochtes Essen mit lauter rausgedampften Vitaminen mampfen. Und ausgesprochen freundlich, ja sanft, oder sogar zärtlich sagte er: Ich kümmere mich drum. Sieh du dir die Nachrichten an, ich kümmere mich drum. Zu gegebener Zeit. Mit diesen Worten verließ er die Küche. Die Tür blieb offen. Aus dem Wohnzimmer kam sein Zuruf, diesmal klang er gutmütig, wie für ein Kind, wie zur Krokodilstränenlilli: Handelt sich ja schließlich heut abend um unser *Liebesmahl.*

Oh Himmel, lieber Gott, zu Hilfe! Sie überlegte, wie sie den aus albernem Groll, aus hirnverbranntem, engherzigem Nachtragen geänderten Menüplan rückgängig machen könnte. Den unaufgetauten Bali-Reis in den Müllsack kippen? Das wäre eine sündhafte Verschwendung, andere Menschen verhungerten und so weiter und so weiter … sie beeilte sich mit dem Denken … aber ich liebe den Frieden, und Gott, der das auch tut, wird mir verzeihen … Sie war entschlossen, die vorgesehene Mahlzeit zu opfern, und mit der Pfanne über den Müllbeutel gebeugt stand sie, als er wieder eintrat.

Was geht denn da vor?

Ich fand, er riecht komisch.

Warum hast du mich nicht gerufen? Zeig mal her, laß michs testen.

Sie hielt ihm die Pfanne unter die Nase, und während er in seiner gewissenhaften Art von links nach rechts und diagonal die zusammengeklumpten bunten Brocken aus Reis, Wasserkastanien, Bohnen, roten undefinierbaren Schnipseln, Mais abschnupperte, hoffte sie inständig, er werde sie in diesem Zustand nicht identifizieren können. Tiefgefroren sahen die beiden Gerichte sich ähnlich genug.

Und er hatte nichts gemerkt, allerdings auch keinen verdächtigen Geruch festgestellt.

Es ist in Ordnung. Nun laß das ruhig auf der Pfanne, und später mache ich das Essen. Du hättest es noch nicht herausnehmen sollen. Wäre besser gewesen.

Wäre besser gewesen, karikierte sie ihn. Oh Lilli, wie hast du das bloß je hingekriegt! Jetzt rufen, ihm nachlaufen, ihm das Gesicht mit dem Lächeln präsentieren! Aber sie war aus Blei gegossen und blieb stehen, und später hockte sie bleiern vor dem Fernsehapparat und noch etwas später vor ihrem Teller am Tisch.

Es ist gut, es ist einwandfrei, sagte er beim Essen. Aber ich habs etwas anders in Erinnerung, das *Indonesische Liebesmahl.*

Die ändern die Rezepte vielleicht, sagte sie. Jetzt tat er ihr furchtbar leid. Er wußte nicht, was er aß.

Ist auch lang her, das letzte Mal, als wirs aßen, sagte er.

Aber gut ists, ich meine, auch so, mit diesem Rezept. Richtig gut, oder?

Nur anders. Gut schon, aber anders.

Herrgott, ja, anders! Wie langsam er aß, jeder Bissen ein Test!

Sie rief laut: Schau mich an! Was ist das? Hm? Was ists?

Eine Grimasse. Er blickte wieder weg, aß wie ein Vorkoster.

Es ist ein Lächeln.

Ach so. Er grinste auch, aber zu verstehen schien er nichts.

Schmeckt wirklich total anders. Sein Ausdruck war introvertiert und frei von jedem Verdacht.

Diesmal schrie sie: Es geht auch anders!

Gut so, braves Kind, lobte er.

Warnschuß

Ich komme ja kaum hinterher, hab den Kalender voller Termine, aber dieser hier, ich kanns dir nur immer wieder ans Herz legen, er ist sozusagen der ranghöchste. Es geht um *uns*, verstehst du? Wir Frauen müssen raus aus dem Schatten. Deshalb, vergiß mir bloß diesen Freitag nicht und tu das deine dazu.

Libbis Mutter seufzte voll Stolz auf ihre Intelligenz, und obwohl sie das fern am andern Ende der Leitung tat, fühlte Libbi sich wie von einem kleinen Windhauch telephonisch angeblasen, und sie roch sogar diesen lauwarmen und wie immer, wenn sie sich exaltierte, ein wenig säuerlichen Atem ihrer Mutter – hing wohl mit ihrem nervösen Magen zusammen. Und bestimmt lächelte sie jetzt ihr intolerantes Lächeln, als sie von neuem dazu ansetzte, auf ihre Tochter einzureden:

Also halt dich dran, mein Baby, glaub deiner Mutter. Du kommst mir in letzter Zeit schlapp vor. *Mein* Temperament hattest du nie, auch nicht meinen Durchblick. Die Mutter seufzte wieder. Du hast dich nicht drum bemüht, du kamst früh auf deinen Vater raus. Ich hab mich immer fit gehalten, nicht nur körperlich, vor allem geistig, ich sah immer drauf, die Zeichen der Zeit zu erkennen ... Hab ich dir erzählt, daß ich graue Haare kriege – bis jetzt siehts nicht übel aus, aber ich denke doch ernsthaft über eine Tönung nach. Was hältst du von Rot? Von einem Kupferton?

Libbi dachte, ihre Mutter müßte, wenn sie dreimal hintereinander ihre Haare nicht *färben* ließe – *Tönung*: die pure Heuchelei – längst völlig grau sein. Ihr Kopf sähe wie ein verlassenes, von der Witterung geschändetes Vogelnest aus.

Mittlerweile erlitt ihre Mutter einen Lachanfall, bei dem die Lustigkeit künstlich, die Häme echt war.

Dein Vater wird Augen machen! Weißt du eigentlich, was das einzige, das erste und letzte Nette war, das ich von ihm hörte?

Ja, Mami. Libbi log. Ihre Mutter wechselte mit diesem einzigen Netten bei ihrem Mann, Libbis Vater, je nach Stimmung und Phantasieleistung ab.

Es war in der Zeit vor unserer Ehe, Kind. Ich hatte mich bei der Wurzelresektion anscheinend tapferer als seine anderen Patienten benommen, und da sagte er was Nettes, wart mal, ich muß überlegen ... na egal, das würde dauern. Was jetzt zählt, ist der Frauentag. Er ist für uns verdammt wichtig. Weißt du, daß ich für diesen – ich nenn ihn mal Termin der Rebellion – andere Termine, die mir reichlich wichtig waren, habe sausen lassen?

Du meinst diesen Trekking-Kurs, sagte Libbi, die dachte: Sie überanstrengt mich, lang halt ichs nicht mehr aus, ich bin zum Umfallen müde.

Sprichst du von der Studienreise nach Nepal? Libbis Mutter klang streng und etwas gekränkt, fand aber rasch in ihr chronisches Engagement zurück für alles und jedes, das eine gehobene Ablenkung vom Alltagstrott versprach, sozusagen ein Überfliegen dieses Alltags. Ich hatte dazu noch die Alternative, bei der es drum ging, was wir dringend endlich vom Islam wissen sollten, eine Tagung, hätte mich wirklich sehr interessiert, und dies und das mehr, Termine über Termine, zum Glück brauch ich wegen *unserem*, Baby, vergiß nicht, es ist auch *deiner*, diesen neuen Gottesdienst nicht zu verpassen, nennt sich Rhythmus-Gottesdienst, und dein Vater hat natürlich abgewinkt, aber man könnte es ja mit dem Christentum noch mal versuchen, hab ich zu ihm gesagt, na, du kennst ihn ja, aber die Sache ist die Mühe wert, obwohl ich mich mehr und mehr zu den östlichen Religionen hingezogen fühle – wie gehts dir damit, Schatz?

Libbi überlegte und war froh, nicht antworten zu müssen, weil ihre Mutter weiterredete: Es geht um irgendwas mit Fallschirmen. Die Gruppe hält die Fallschirmseile fest, der Fallschirm fliegt nach oben, und man macht so was wie ein gemeinsames Hochschwingen, es soll schön aussehen, und dann sinkt der Fallschirm, unter ihm, wie unter einer Glocke, vereinen sich alle, und das Wichtigste dabei ist sozusagen Händchenhalten. Libbis Mutter kicherte, das kam selten vor, Kichern der Mutter, und Libbi fand sie ein bißchen albern. Anders albern als sonst, dachte sie und bekam einen kleinen schadenfrohen Schrecken. Der weckte sie zwar aus ihrer Benommenheit, aber dafür merkte sie, daß ihr eigentlich ziemlich übel war.

Also Schätzchen, du siehst, auf wie vieles deine Mutter verzichtet wegen dieses Termins. Wie nannte ich ihn vorhin doch gleich?

Irgendwas mit Rebellion, Mami, glaub ich.

Das meine ich im Augenblick nicht. Die Mutter hörte sich ungehalten an, wie die frühere Mutter aus Libbis Kindheit. *Libbi, du bist zu langsam. Das ist Denksport.* Den ranghöchsten Termin, so hab ich ihn genannt. Und das ist er. Ich geh sogar zum Pfeif- und Trillerkonzert auf dem Marktplatz, zur Krach-Demo. Sie lachte. Obwohl ich da als alte Schachtel nicht wirklich hinpassen werde, mit meinen paar grauen Strähnen. Sie lachte wieder und gefiel sich.

Libbi hielt den Hörer noch etwas weiter vom Ohr weg. Wenn ihre Mutter mit ihr telephonierte, spürte sie, wie ihre eigene Existenz schrumpfte und nur ein

Stück schlaffes Fleisch von ihr übrigblieb, und davon wie abgetrennt das glühende Ohr, das den Telephondienst ableistete.

Machs mit deinem Freddy so wie ich mit deinem Vater. Es ist Streik, werde ich ihm erklären, wenn er sich am Frühstückstisch hinplumpsen läßt und seine Zeitung nicht sieht und seine Cornflakes nicht und keinen Kaffee – ha! übrigens: Cornflakes. Mit dir zu telephonieren ist ungefähr so, als redete ich mit einer Cornflakes-Packung. Warum bist du so lahm, Baby, das darfst du nicht, du hältst dich aus allem raus. Ich weiß, es sind die Gene deines Vaters, aber kämpf dagegen an, mein Baby. Apropos Baby. Deins ist ein *männliches* Baby, und unser hochkarätiger Termin betrifft alles, was männlich ist. Libbis Mutter gluckste jetzt ein bißchen, faßte sich und erkundigte sich freundlich leger: Wie gehts ihm überhaupt?

Gut, danke. Libbi wurde jetzt traurig. Das Baby lächelte nie. Es sah aus wie das bosnische Baby neulich im Fernsehen. Seit sie es gesehen hatte, belästigte sie diese Ähnlichkeit. Und bei ihrem letzten hastigen Besuch zwischen Tür und Angel – das hieß: zwischen Termin und Termin, zuerst die Kosmetik, dann ein Vortrag über den Dalai Lama – hatte auch tatsächlich Libbis einfallsreiche Mutter festgestellt: Es erinnert mich an diesen albernen Krieg da unten. Ich nenns von jetzt an Sarajewo, euer Baby. Das Baby hatte ein gutes ernstes Gesicht, aber grau, als würde es mit altem Mehl gepudert. Sein winziger Hals hielt mit Mühe den ziemlich dicken Kopf, der nicht richtig rund war, mehr ein abgeplattetes Viereck wie die Gouda-Stücke aus dem Supermarkt, aber Gouda war wenigstens gelblich-golden und appetitlich.

Leider wirst du auch das Baby vernachlässigen müssen. Den kleinen Sarajewo. Libbis Mutter seufzte und

lachte: diesmal *ein* Vorgang. Er wird den einen Streik-
tag überstehen, der arme kleine Tropf. Seine realen
Leidensgenossen habens schlimmer. Und denk vor allem dran, deinen Mann mußt du behandeln, als wäre
er gewissermaßen Luft für dich. Ich fand schon immer,
Frauentag hin, Frauentag her, du verwöhnst Freddy,
das ist absolut 19. Jahrhundert, was du mit ihm machst.
Ich leg jetzt gleich auf, ich muß los, bin schon spät dran.
Libbi, du bist heute doch eher wie ein Plastikteller, bei
diesem Telephonat, Cornflakes würden wenigstens *ra-
scheln*. Und geh nicht mit ihm ins Bett, meine Kleine!
Tus nicht. Und wenn er noch so – du weißt schon, und
sag mir nichts, er wirds überleben, und selbst wenns
bei euch der Termin dafür ist, für Sex, meine ich, ich
las da kürzlich eine statistische Erhebung, und es ist oft
freitags, für Sex, am Samstag nehmen die Deutschen
ein Vollbad, ich rede jetzt von den ich weiß nicht mehr
wieviel Prozent der Bevölkerung, die das überhaupt
machen, baden … klar wird ers überleben, so wie dein
Vater, daß ich ihn nicht bewirte und all das, aber es geht
um ein symbolisches Verweigern, es ist noch nicht *Lysistrata*, noch nicht, kennst du übrigens *Lysistrata*,
wenn nicht –

Ja, Mami, doch. Ich weiß Bescheid. Es summte in
Libbis Kopf, der ihr wie ein Gewicht vorkam. Es war
gar kein Kopf, nicht ihrer, es war ein Fremdkörper.

Schätzchen, ich müßte längst unterwegs sein, aber
ich will, daß du kapierst. Sex und die Männer, da kennen sie nichts, ich meine: egal, daß Freddy den ganzen
Tag von dir nicht bedient wurde, Baby, du kannst sie
ächten, wie du willst, und Freddy die Hausbar zusper-
ren, und ich weiß, Fred fällt gern mal ins Glas, und es
wäre schwer für ihn ohne seine *drinks*, aber Sex, laut
neuster Erhebung, rangiert bei Männern noch vorm Alkohol, in Zahlen: 50 zu 37 Prozent. Demnach, wie im-

mer du ihn links liegen läßt, ganz egal, er wird garantiert drauf bestehen, auf Sex, glaub mir.

Fred ist sowieso vieles egal, sagte Libbi und bereute es sofort.

Was meinst du damit? Ihre Mutter war neugierig.

Schon gut. Libbi hatte genug. Von allem genug, rundum. Das plötzlich zu spüren, traf blitzartig in ihre Benommenheit, es war wie ein elektrischer Schlag. Libbi schloß kurz die Augen, als blende sie etwas.

Ihre Mutter nahm einen vertraulichen Kaffeeklatschton an, der zwischen ihr und ihren drei Freundinnen vom Montagabend-Bridge-Zirkel üblich war: Ich will jetzt nicht groß ausführen, was sich bei uns auf diesem Gebiet noch tut, bei deinem Vater und mir, was sich da noch abspielt, bloß soviel: Ich habe ihm irgendeinen Dichter oder wars ein Philosoph zitiert, etwas über intelligente und sogar intellektuell überlegene Frauen und wie schwer es für Männer ist, eigentlich peinlich, mit denen was Körperliches zu machen ... das Weitere kannst du dir denken. Erleichtertes Durchatmen von Libbis Mutter, die jetzt wieder, fern vom Bridgespiel, mit ihrer problematischen Tochter telephonierte: Mach keinen Rückzieher, warnte sie. Wach endlich auf.

Ein Tag Streik, das macht ihnen gar nichts, den schaffen sie alle, alle Männer, Mami. Libbi hatte sich dazu aufgerafft, ihrer Mutter als Disputantin zu imponieren.

Es soll ein Warnschuß sein, Baby, warum zwingst du mich dazu, mich mit Wiederholungen zu verausgaben. Ich müßte schon unterwegs sein, ein Kosmetiktermin beginnt auf die Sekunde genau. Warum sperrst du dich gegen Solidarität und so was. Libbis Mutter gab ein paar verärgerte *hm hm hm* von sich, die Libbi in *ist doch nicht zu fassen* und *ganz der Vater* übersetzte. Sie kam sich jetzt von Cornflakes auf Plastikteller zum Tiefkühlfach runtergestuft vor.

Schieß los, meine Kleine, was wir da gemeinsam abfeuern, ich sags noch mal, es ist ein Warnschuß. Triff ins Schwarze! Tschüßchen! Ciao! Libbis Mutter kriegte nie genug vom jeweils gängigen Umgangston jüngerer Leute.

Auf Wiedersehen, sagte Libbi. Ihre Mutter würde sie dafür verachten, daß sie nicht immerhin *Arrivederla* oder *Adieu* gesagt und ein *Paß auf dich auf* angefügt hatte.

Zumindest fand die Mutter ihre Tochter enttäuschend. Sie hörte sich streng an: Mach gleich dein Kreuzchen an den Freitag. Letzte Mahnung. Bye bye!

Okay okay, machte Libbi, aber die Mutter hatte schon aufgelegt: Klick. Ein Warnschuß. Freddy hatte längst vorher die Waffe benutzt. Peng peng! rief Libby in die tote Leitung. Dann legte auch sie auf. Täglich benutzte Freddy seine Munition und trank seinen zweiten Kaffee seit drei Wochen sowieso bei Susi Friedmann-Ehrlich, und dort bekäme er, ob Libbi termingerecht streikte oder nicht, liebend gern alles, was ein Mann so brauchte, dazu.

Am Ende einer geistesabwesenden Wanderung durch die Wohnung landete Libbi vor dem Bett vom Baby. Es war wieder vom Kissen runtergerutscht, sein dicker Kopf erinnerte Libbi diesmal an einen abgelutschten Vollmond, er lag platt auf der Matratze. Bist vom Himmel abgestürzt, hm? Libbi flüsterte mit dem Baby. War kein schöner Termin, das Runterfallen, und ausgerechnet hierhin. Das Baby blickte ernst, eigentlich wie immer. Aber heute, vom Warnschuß getroffen, blutete seine kleine stumpfe Nase.

Von Frau zu Frau

Nach Paulinas Reportage über die erfolgreiche und schöne Nicoline Berensen (die beiden Frauen hatten sich, verwunderlich genug in der kurzen Zeit, miteinander angefreundet) stand Sandra auf der Projekt-Liste. Paulina liebte die Abwechslung, und Sandra war der denkbar schärfste Kontrast zu Nicoline Berensen von allen Frauen, die sie in der nächsten Zeit interviewen würde.

Paulina fragte ihre neue Freundin: Willst du nicht dabei sein, wenn ich mir die kleine Sandra vorknöpfe? Einiges weiß ich schon über sie, und es könnte interessant für dich werden. Einblick in die Welt, von der du nichts ahnst, meilenweit von deiner entfernt.

Paulina arbeitete als freie Mitarbeiterin für eine Wochenzeitung, natürlich nahm sie gern auch andere Aufträge an, mit viel Glück ergab sich auch manchmal etwas Einträgliches beim Fernsehen. Ihre Personalities für die Wochenzeitung, drei Spalten Text und ein Kasten fürs jeweilige Photo, füllten die obere Seitenhälfte, auf der unteren fingen die Heiratsanzeigen an. Sie fanden Anklang bei den Lesern und deshalb auch bei der Redaktion. Paulina gestaltete ihre Interviews in kleine Geschichten um, ganz wie aus dem Mund der Befragten, und das machte sie so authentisch. Es schien so, als erzählten ihre Partnerinnen. Paulina vergaß man beim Lesen, und darauf war sie stolz. Dies war nicht der Ort, an dem sie sich selbst entfalten wollte, für ihre eigene Meinung zu Themen der Zeit hatte sie eine Rubrik in einer anderen Zeitung.

Stört das nicht? Wird deine Sandra nicht gehemmt sein, wenn jemand außer dir zuhört? Nicoline äußerte Bedenken.

Die und gehemmt! Paulina lachte. Die weiß nicht mal, was das ist, gehemmt.

Aber Nicoline machte nicht den Eindruck, als verlocke sie die Sitzung mit Sandra. Viel Zeit hatte sie außerdem nicht. Sie selber leitete als Redakteurin ein Fernsehmagazin, *Von Frau zu Frau*, worin sie vor allem die Promis präsentierte, Frauen, die sich hochgearbeitet und durchgesetzt hatten (wichtig: gegen Männer, innerhalb männlicher Hierarchien!); Nicoline hatte nicht nur die Redaktion unter sich, sie moderierte auch *Von Frau zu Frau* alle vierzehn Tage an einem günstigen Termin sonntagnachmittags. Ohne ihre Zuarbeiterinnen in der Redaktion wäre Nicoline, wie sie oft erwähnte, vor Streß in die Knie gegangen. Weil sie eine gute Stimme hatte, brauchte man sie auch im Hörfunk, und gelegentlich synchronisierte sie in amerikanischen Serien eine positiv besetzte Rolle.

Du störst überhaupt nicht, meine nächste Kandidatin ist total unbefangen. So eine wie Sandra mußt du unbedingt mal erleben. Nein, bestimmt nicht, du störst nicht die Bohne, versicherte Paulina.

Aber dann mußte sie einen jungen Epileptiker vorher drannehmen, und obwohl sie Nicoline beteuerte, beim Vorgespräch habe der junge Mann weder einen Anfall erlitten noch Deprimierendes geäußert, vielmehr sogar bekannt, er sei mit seinem Leben zufrieden (da war ich wirklich von den Socken, epileptisch und doch zufrieden, ich war geplättet, sagte Paulina) – mit dem jungen Epileptiker wollte Nicoline nichts zu tun haben und blieb gegen alle Verheißungen von *suspense* immun. Howald fand das in Ordnung. Sehr vernünftig, lobte er Nicoline. Howald war Anästhesist an der Uni-

Klinik und Dozent und der Mann, mit dem die schöne erfolgreiche Nicoline Berensen seit über drei Jahren zusammenlebte. Sie würden vielleicht heiraten, wenn bei Howald der Schock über seine verpatzte erste Ehe abklänge, wonach es bald mehr, in letzter Zeit aber wieder etwas weniger aussah, und falls, auf der anderen Seite ihrer Gemeinsamkeitsmedaille, Nicoline bereit dazu wäre, einen Schlußstrich unter ihre Ära der Unabhängigkeit zu ziehen – wozu sie längst bereit war, aber zu stolz, es Howald zu signalisieren.

Der warnte: Und geh auch nicht mit Paulina zu diesem Straßenmusikmädchen. Ich sage dir das als Arzt.

Wir gehen ja nicht zu ihr, sie kommt selbstverständlich zu Paulina, sie erzählt, und das Tonband läuft, unterrichtete Nicoline den zu ihrer Verwunderung ungewöhnlich engagierten Howald. Er mußte doch wissen, daß sie gute Nerven besaß. Gut, der Epileptiker könnte einen Anfall bekommen. Aber ein Straßenmusikmädchen könnte sie nicht umwerfen. Es war bloß nicht ihr Milieu.

Die Sache mag ja amüsant sein, fing Howald wieder an, und Nicoline verbesserte ihn: *Interessant* wird sie sein. Bekanntlich hab ich fürs Amüsante nicht genug Zeit übrig.

Na schön, interessant, räumte Howald ein. Aber du sagst es selbst, du hast schon viel zu viel am Hals. Die nächsten Monate sind dicht, du bist ziemlich ausgebucht, Liebes.

Er hatte recht, es mehrten sich die Rundfunksendungen, die Anfragen, und Nicoline sagte zu, aus Ehrgeiz und gern, wenngleich sie es jedesmal wie verlorene Liebesmühe empfand, in einem Tonträger-Studio zu sitzen, mit einem Mikrophon allein und zwischen schalldichten Wänden, wo durch die Glastrennscheibe ihre extreme Schönheit bloß von einem mehr oder weniger banausenhaften Tontechniker gesehen wurde, beim kurzen Aufblicken zweckbestimmt zum Zeichengeben, nüchterne Verständigung und eine veritable Vergeudung. Nicoline gehörte zur verschwindenden Minderheit der Menschen, deren ästhetische Eleganz der Mundpartie beim Sprechen unversehrt blieb. Nicolines Lippen fanden am Ende eines Satzes so sanft selbstverständlich zueinander wie Blütenblätter, die sich über dem Kelch schlossen, wie die Flügel eines Schmetterlings, der auf seiner auserwählten Pflanze zur Ruhe kam. Bei Nicoline, nah an der Kamera, sah das Aufeinanderlegen der Lippen etwas süßlich-schmerzlich-herb aus, nach Sehnsucht – aber wonach? Rätselhafte Sehnsucht blieb von ihr übrig, wenn sie aus dem Bild verschwand, und die brachte ihr haufenweise Fan-Post von Männern ein, die ausschließlich ihretwegen *Von Frau zu Frau* einschalteten.

Obwohl Howald nach längerem Disput beinah zornig geworden war, entschied Nicoline sich für Paulinas Vorschlag, Sandra kennenzulernen. Zornig kannte sie ihren stets so moderaten Freund gar nicht. Nicoline wurde etwas argwöhnisch, aber sie wußte nicht, in welche Richtung sie argwöhnisch sein sollte, eifersüchtig auf ihre neue Freundin konnte sie ihn sich wahrhaftig nicht vorstellen. Also wars Unsinn, gänzlich absurd, ihm zu mißtrauen. Eher sollte ich gerührt sein, beschloß sie. Er dringt darauf, daß meine paar freien Minuten freie Minuten bleiben oder ihm gehören. Und trotzdem, es geschah schließlich zum ersten Mal, solch ein Appell mit dem Tenor *schon dich, denk an deine Gesundheit* und dergleichen. Komisch: Nicoline bemühte sich vergeblich um eine weiche Gemütsverfassung. Ein aufgeregter Howald blieb für sie merkwürdig verdächtig.

Tut mir leid, Nicci (Paulina war am Telephon, sie

sprach ihren Kosenamen für die Freundin italienisch aus), aber mein Epileptiker bekam die Grippe, und deshalb mußte ich doch die kleine Sandra vorher drannehmen, ich habs versucht, dich telephonisch zu erreichen, aber dein Howald hat gesagt, er habe keinen Schimmer, wo du steckst. Paulina gönnte sich eine winzige Pause und redete schnell weiter: Hör dir unbedingt das Band an. Du und ich, wir arbeiten an zwei total verschiedenen Frauenfronten. Du mußt auch mal die gegenüberliegende Seite beschnuppern.

Paulina fand schon immer, Nicoline kümmere sich zu einseitig um die Sonnenseitenleute, und Nicoline, die sich damit wehren konnte, ihr Magazin sei nun einmal so und nicht anders angelegt, spürte doch jedesmal, wie recht Paulina hatte. Es lockte sie allerdings nie, daraus Konsequenzen zu ziehen. Auch die private Nicoline Berensen interessierte sich ausschließlich für das Schöne und erst recht für die Schönen; ihr Glück, daß sie nicht besonders darauf achten mußte, bei jedem ihrer Portraits als die Schönste im ganzen Land zu dominieren, denn die war sie nun einmal, todsicher unter denjenigen, die sie zu sich ins Fernsehstudio bat.

Und wenn Nicoline ihre neue Freundin Paulina in deren geradezu fahrlässig ungepflegter Ateliermansarde besuchte und dort im Chaos der herumliegenden Sachen – Papiere, Kleidungsstücke, unabgewaschene Tassen und Gläser und halbvolle Flaschen, Tonkassetten, aufgeschnittene und ungeöffnete Post und viel Krimskrams mehr – sich wie ein verirrter Smaragdvogel glitzernd niederließ, durchströmte sie der genießerische Gedanke an ihre mit Howald ordentlich geteilte Top-Penthouse-Apartment-Welt, *life-style* auf dem neuesten Stand, hier wurde nichts alt und war dann out, und Nicoline lächelte ihr duldsames, süßliches Schmerz-Sehnsuchtslächeln, saß inmitten von

Paulinas Kraut-und-Rüben-Wirtschaft als jenes Ausdrucksrätsel, das nach jeder *Von Frau zu Frau*-Sendung den männlichen Zuschauern zur Vision einer Erlöserfunktion verhalf. Nicoline bewegte die Lippen und schloß sie elegant, nicht schief oder breitmäulig oder sonstwie verkorkst wie die Majorität der Menschheit, sondern so schlüssig, wie ein Musikstück zu seinem Ende fand. Hättest du nur mich, du Schöne, ich wäre derjenige, der deine Sehnsucht stillen würde: So, vermutete Nicoline, dachten die Männer, die im wahrsten Wortsinn an ihren Lippen hingen. Sie gehörte zu den wenigen ihres Metiers, die sich zur Überprüfung regelmäßig Muster ansahen, und beim Schnitt war sie meistens dabei. Die Sendung war nicht live und die Maskenbildnerin beruhigend immer in ihrer Rufweite. So ab und zu und wenn es nicht zu lang dauerte, besuchte Nicoline ihre verwilderte Freundin gern. Es brachte sie dazu, Kontraste deutlicher und ihre Identität förmlich mit Haut und Haar wahrzunehmen. Natürlich suchte sie sich einen Platz, der einigermaßen glaubwürdig frei von Krümeln und möglichst auch von Katzenhaaren war. Zwar zog Nicoline sich ihre mehr legeren Sachen an *(meine ältesten gemütlichen Klamotten)*, aber selbst die schützte sie vor irgendwelchen Flecken.

Und die Tasse, aus der Paulina ihr den Kaffee kredenzte, wies Nicoline bei allem guten Willen plus Sinn für Bohème doch zurück. Könntest du mir eine bringen, die du zufällig in letzter Zeit mal gespült hast, Schätzchen?

Paulina konnte.

Tuts ein Becher? Er ist aus Andalusien.

Schon gut, obwohl ... aus Keramik soll man eigentlich nicht trinken.

Paulina kuschelte sich in ein Arrangement aus Matratze mit indianischen Decken und Kissen von C&A, nahm zwei Löffel Zucker aus einer aufgerissenen Tüte in ihren Kaffee und machte: Pssst! Jetzt hören wir zu.

Das Sandra-Band lief. Nicoline betrachtete Photos der für Paulinas nächsten Reportagekasten Erwählten. *Sandra X., Vom Morgen bis in die Nacht.* Sandra war nichts Besonderes, aber gewitzt sah sie aus. Das taten andere in ihrem Alter auch. Ihr langes dunkles Haar brauchte sie noch nicht zu pflegen, aber Nicoline durchschaute, daß sie mit Gel arbeitete, Büschel standen auf der Schädeldecke ab, ohne Gel würden sie sich niemals in der Höhe halten und auch nicht wie Lack glänzen. Sandras Mund war wie ihr Blick: schon mit den Widerwärtigkeiten der Welt vertraut und doch siegesgewiß. Sonst erkannte man nicht viel von ihr, weil sie sich in eine weite klebrige Lederjacke verpackt hatte, die Gitarre umgeschnallt. Wenn Nicoline lang hinblickte, fühlte sie sich mit Sandra vis à vis, und Sandra blinzelte sie ziemlich unverfroren an, mit einem Aha-so-eine-bist-du-also-Ausdruck.

Nicoline legte die Photos weg und hörte jetzt genauer zu, während sie Paulina zubilligen mußte: Bei aller Schlamperei, ihr Kaffee hats in sich.

Nein danke. Nicoline lehnte das stumme Angebot Paulinas ab, ihren selbstgedrehten dünnen Stengeln schenkte sie kein rechtes Vertrauen, und sie nahm lieber eine von ihren eigenen leichten Zigaretten. Sie wußte, Paulina kiffte ab und zu, besonders bei der Arbeit.

Sandras Stimme war etwas rauh, sicher vom vielen Draußensein bei jedem Wetter und vom Rauchen. Sie lachte viel, es klang offen und einnehmend, und gerade als Nicoline dachte, sie hört sich ganz sympathisch an und dumm ist sie auch nicht, sprach Paulina genau diese Gedanken aus: Klingt sie nicht gut? Sympathisch! Und

ein aufgewecktes Mädchen dazu. Nicolines Wertschät-
zung sank um ein paar Grad, warum – keine Ahnung.
Sie verstand ebensowenig, aus welchem Grund Paulina
sie aufmerksam beobachtete, gerade so, als müsse Nicoline ein Licht aufgehen. Wieso denn bloß? Diese Ton-
bandstimme gab doch bis jetzt nur Belanglosigkeiten
von sich. Jetzt gerade erzählte Sandra fröhlich, morgens
würde sie am liebsten gar nicht aufstehen, und wie schön
es im Bett sei. Und lachte sich dann selber aus: »Aber
dann bekäme ich nichts mehr auf die Reihe, also raus
aus den Federn, mal schon um neun oder, wenn ich lieb
zu mir bin, um zehn, jedenfalls um acht rasselt der
Wecker nur zu seinem Privatvergnügen.«

Na ja, sagte Nicoline, alles ganz nett, aber kommt
auch noch was drüber, wie sie sich das auf die Dauer
vorstellt? Kommt was über ihre Zukunft?

Hör doch einfach zu, sagte Paulina.

Schwer zu entscheiden, selbst für Nicoline, ob das
Gähnen oder Seufzen war, das ihren schlanken, aber
überhaupt nicht zu übersehenden Busen anhob (das
Band lief und man erfuhr, daß Sandra sich nicht die
Zähne putzte, »… und überhaupt, das ist Katzenwäsche
morgens …«), und Nicolines vollkommene hellhäutige
langfingrige Hand fächelte Paulina ein Zeichen zu:
Man kennt dieses Mädchen ziemlich bald, oder? Sollten nicht lieber wir zwei noch ein bißchen plaudern?

Geduld, du wirst dich vielleicht doch noch wundern.
Hör doch einfach zu, sagte Paulina.

»Ich steh auf, geh rüber zum Bäcker, hole Brötchen
und frühstücke mit meiner besten Freundin. Sie heißt
Claudia und wohnt nebenan, und wenn wir richtig ins
Quatschen kommen, finden wir oft kein Ende und sitzen bis zu drei Stunden zusammen.«

Und wir rackern uns ab. Nicoline dachte an ihren
Ehrgeiz und dessen berufliche Konsequenzen. Für ihre

Sendungen mußte sie nicht nur redaktionellen Aufwand treiben, der physiologisch-ästhetische hielt sie genauso auf Trab. Sie brauchte eine Menge Friseurbesuche und immer wieder neue Sachen zum Anziehen und Kosmetiktermine, Basisvoraussetzung für die Arbeit der beiden jungen Frauen in der Maske, die ihrer Schönheit den letzten Schliff und die paar Extras gaben, durch die sie dann vor der gnadenlosen Kamera makellos bestand. Sie hörte wieder dem Tonbandmonolog zu, jetzt fast ein wenig neidisch, aber gleichzeitig in Distanz zu dieser fremden sorglosen Lebensweise, die niemals ihre sein könnte. Wie ein Panzer umgab sie ihre Defensive, und das war schwer zu begreifen. Wer griff sie denn an? Niemand. Aber sie sagte: Howald hatte recht, ich sollte mich lieber ausruhen, wenn ich schon mal frei habe, anstatt einer kleinen Straßenmusikantin zuzuhören.

Erstaunlicherweise drückte diesmal Paulina die Stop-Taste (gerade als Sandra den Kühlschrank leer fand und ein bißchen einkaufen ging): Da, schau an! Howald wollte nicht, daß du die kleine Sandra erlebst. Sie schnalzte und wiegte den Kopf und grinste spionierend und wirklich komisch, nicht zu deuten. Sehr aufschlußreich. Machen wir weiter, jetzt gerade.

Sandra erzählte, sie räume sogar in der Wohnung auf, »... das Nötigste, und abwaschen tue ich nur alle drei Wochen oder so, dazu habe ich nämlich nie Lust, und es ist ja auch völlig unwichtig.« Für die Straßenmusik hatte sie eine andere Freundin. »Wir gehen gegen 14 Uhr los, Gabi und ich. Zur U-Bahn, Gitarren noch nicht umgeschnallt und in den Taschen die Mütze zum Geldsammeln und die bespielten Kassetten, und bis zum Zentrum sinds zwanzig Minuten. Wir drängeln uns durch diese coolen Konsumleute in die beste Fußgängerzone, Spitalerstraße, und rennen erst mal rauf und runter und schauen, ob ein Platz frei ist. Mehr als drei Konzerte können in der kurzen Straße nämlich nicht gleichzeitig stattfinden, klar, es ginge ja alles durcheinander, und Gabi und ich, genauso wie die meisten andern, wir wollen wirklich gehört werden, wir finden uns gut. Wir finden unsere Musik wichtig.«

Paulina nickte bedeutsam aufblickend und drückte die Stop-Taste: Diese Mädchen haben wirklich was vor mit der Musik. Geld fürs Studium ist nicht da, aber sie hoffen …

Doch nicht, von all diesen Leuten, die einkaufen, entdeckt zu werden? Nicoline klang spöttisch. Sie verstand nicht ganz, warum sie sich für Sandra interessierte, sie aber nicht wirklich mochte. Paulina sagte *weiter* und betätigte den Start-Knopf: »Wenn wir kein Glück haben und nicht gleich einen Platz finden, frage ich andere Musiker, wie lang sie noch machen, oder ob sich schon jemand nach ihnen angemeldet hat. Jeder darf eine halbe Stunde an einem Platz spielen, Anordnung vom Bezirksamt. Danach mußt du eine Pause machen oder einen anderen Standort suchen.«

Nicoline redete Sandra rein und bekundete ihr Mitgefühl für das Verkaufspersonal in den angrenzenden Geschäften: Ewig Gedudel, Geklimper, Singen aller Art, das muß doch unheimlich enervieren.

Weiß ich nicht, sagte Paulina kühl. Ich sags ja, du müßtest mal eine ganz andere Frauenauswahl als bisher in deine Sammlung reinbringen.

Und dann hörte sie wieder Sandra zu, so aufmerksam, als erfahre sie deren Tagesbericht zum ersten Mal: »Meist sind die andern Musiker sehr kollegial. Wir kennen uns alle untereinander. Aber manche sind auch recht nervig drauf. Letzt war einer da …« Nicoline stöhnte: Letzt! Nervig drauf! Ihre Sprache ist ja einfach grausig.

Es ist die Sprache der Jungen, dozierte Paulina.

Der nervige Typ hatte zuerst freundlich seinen Platz geräumt, Sandra und Gabi spielten ihr erstes Stück, dann waren die Saiten verzogen, ein typisches Wintermalheur. »Da quatscht der Typ mir von hinten ins Ohr: Ich will ja keinen Druck machen, aber legt jetzt los, meine Pause dauert nicht ewig.«

Sie sind die einzige Frauenband dort und außerdem die jüngste, erklärte Paulina. Gabi singt, obwohl auch sie Gitarre spielt, aber anscheinend kann Sandra das besser. Sie hat mir gesagt, Straßenmusik sei immer noch eine Männerdomäne, und deshalb kämen sie auch beim Publikum so gut an. Sie haben regelrechte Stammkunden. Hör mal hier rein. Paulina hatte den Vorlauf bedient und fand die gewünschte Stelle: »... bei gutem Wetter, und dann gibts so was wie Parties, die Leute tanzen und singen mit zu Songs von Bob Dylan und Cat Stevens und Police. Das sind so Höhepunkte, dann haben wir richtig Spaß. Völlig ekelhaft sind aber solche Typen, die einem nur deshalb Geld geben, weil man eine Frau ist. Mit schleimigen Blicken rücken die an und schmeißen fünfzig Pfennig in die Mütze. Und dann gibts sogar Typen, die sagen doch glatt, zieht euch lieber aus anstatt zu singen. Von hinten kommen noch welche, die uns anschnorren oder beklauen wollen. Da krieg ich manchmal echt die Krise. Trotzdem, ich muß eine gute Miene machen und den Leuten heile Welt vorspielen, sonst bleibt keiner stehen.«

Paulina pausierte, weil Nicoline aufgestanden war und im Zimmer hin und her ging.

Ich versteh nicht, warum dich das ungeduldig macht.

Schätzchen, das ist ganz einfach. Ich hab wenig Zeit, und das Mädchen hat zu viel Zeit.

Du magst sie nicht. Paulina machte wieder ihr

schwer zu deutendes Gesicht, als sie sagte: Man könnte meinen, du hättest so was wie Vorahnungen.

Was denn für *Vorahnungen*?

Ich machs nicht gern, aber du solltest schon noch ein bißchen zuhören. Es kommt später was, das dich nicht kalt lassen kann.

Achgottachgott! Nicoline lancierte einen Seufzer mit ironischer Prägung.

Wie die Kleine sich ihre Zukunft vorstellt, paß nur auf, Geduld!

Das Band lief wieder. Die Stadtmusikantinnen hatten nach einer halben Stunde circa 50 Mark in der Mütze, machten eine Teepause – *die Thermoskanne gehört zur Ausrüstung* – in einem Hauseingang, rauchten Zigaretten, amüsierten sich über die Blicke der Passanten, Blicke wie auf Bettlerinnen, und Nicoline stellte sich das alles furchtbar ungemütlich vor, sie fand es schrecklich. Sandra machte seit fast drei Jahren Straßenmusik, führte dieses Leben. »Damals wollte ich verreisen und hatte kein Geld. Da bin ich mit Gabi auf die Straße gegangen, wir haben Musik gemacht, das Geld für den Frankreichurlaub war schnell zusammen, und dann haben wir mit der Straßenmusik weitergemacht, das ist jetzt unser Beruf.«

Paulina ließ das Band wieder stehen. Sie hat Abitur gemacht.

Na schön. Aber überflüssig. Nicoline wußte wieder nicht, was sie bloß gegen Sandra hatte.

Sie arbeitete eine Zeitlang bei einer Versicherung, da, hör selbst: »Immer nur Zahlen und Computer den ganzen Tag, hat mich total krank gemacht. Da ist mir echt klargeworden, daß die Musik das Wahre für mich ist. Nach dem Straßenauftritt gehts am Abend oft weiter, dreimal in der Woche habe ich Probe. Ich singe nebenbei noch in einer Punk-Metall-Band, der *Brain*

Tabasco. Wir proben in einem großen feuchten Kellergewölbe, darin gibts achtzig Übungsräume. Jeder zweite Raum ist mit zwei Gruppen belegt. Rund 350 Musiker üben dort. Und für alle gibts nur eine Toilette.«

Wahnsinnig spannend, sagte Nicoline. Du, allmählich …

Es dauert nicht mehr lang. Paulina hörte gebannt zu, was Nicoline seltsam und irritierend fand, und sie machte mit der rechten Hand kleine Klopfbewegungen, als würde sie Takt schlagen.

Sandra lachte und erzählte: »Da es hauptsächlich Männer sind in den Probenkellern, riecht es auf der *einen* Toilette auch ganz vorzüglich.« Sandra lachte wieder, und Nicoline machte *ha ha ha*. »Vor elf komme ich aus dem Keller nie raus. Dann bin ich geschafft. Wieder U-Bahn, und dann krieche ich so schnell wie möglich unter meine Bettdecke, und das ganze Elend, das ich tagsüber so sehe, die Obdachlosen und die Drogenleute mittendrin in dieser Gesellschaft, die das alles cool hinnimmt, das stört mich schon manchmal beim Einschlafen.«

Gutes Kind, sagte Nicoline. Sie hat ein soziales Gewissen, sei du mal besser nicht ironisch. Paulina schlug sich mit der rechten Hand auf den Mund, als wolle sie dem das Reden verbieten. Aber warum sagte sie dann doch: Wirklich, ich tu dir das höchst ungern an, nur scheints mir für dich wichtig.

Ich verstehe kein Wort, sagte Nicoline mit dem todsicheren Instinkt dafür, daß es auch wünschenswert sei, kein Wort zu verstehen.

Warts ab. Paulina klang gutmütig, als sie hinzufügte, es tue ihr leid, aber nicht mehr lang, und der Freundin werde die Ironie vergehen.

Währenddessen beklagte Sandra sich noch ein

bißchen ausführlicher über die Brutalität der Gesellschaft, nichts Neues, dachte Nicoline, und mit dem Ausdruck gibt sie sich nicht die mindeste Mühe. Sie plappert alles so platt nach, wie es überall vorgesagt wird, sagte sie. Paulina-Schätzchen, sieh das ein, ich hab einfach nicht die Zeit übrig ...

Doch Paulina widersetzte sich: Nicci, gut, wir können was überspringen, aber was gegen Ende kommt, tut mir leid, das solltest du dir besser mal anhören.

Klingt geheimnisvoll. Ist Weihnachten oder was? Nicoline lächelte – wie trostlos, für keinen, verschwendet – und ihr war mulmig.

Paulina ließ abschnittweise das Band ein Stück vorlaufen, es schnurrte ab, und Sandras Stimme klang im Eiltempo albern piepsig, und dann testete Paulina wieder, wie weit sie gekommen war, offenbar immer noch nicht bis zur bewußten Passage, Sandra haspelte irgendwas über die Parties im Probenkeller runter ... Zu ihrer Zerstreuung – welch ein Glücksfall! – entdeckte Nicoline einen Druck hinter Glas schräg ihrem Sessel gegenüber, so spät beachtete sie das Bild, weil jetzt erst die Beleuchtungsverhältnisse in der Ateliermansarde eine Widerspiegelung ihres Gesichts aufs Glas zauberten. Sie war nicht so scharf wie in einem richtigen Spiegel, die sonnenbeschimmerte Reflektierung, aber gerade dadurch wunderschön mild verrätselt, und so langweilte Nicoline sich nicht mehr, und ihr Unbehagen wurde sie ebenfalls los, wie sie sich so vor sich hin an ihrem Widerschein freute.

Plötzlich gab es in ihrem Oberkörper einen kleinen Ruck. Irgendwo zwischen Herz und Magengrube. Sie schluckte an einem Kloß im Hals. Lästigerweise drückte Paulinas Blick, mit dem sie ihre Freundin fixierte, wie ein Gewicht auf sie. Das Band lief wieder im normalen Abspieltempo. Sandra lachte vergnügt:

»So gern ich das hier mache, aber an meine Zukunft muß ich ja wohl auch ab und an denken, oder wie, und der Mann, den ich eben erwähnt habe, ein richtiger Arzt, ein Herr, also, dieser Yuppie-Mann mit seinen guten Anzügen und den Moneten kommt gerade recht – übrigens ist er für einen Yuppie nicht mehr taufrisch genug, aber ich mag die Älteren, und der hier ist irgendwie seriös, natürlich außer, daß er was mit mir anfangen will, macht nichts, Männer sind Männer, und irgendwie müssen sie ja wohl zur Sache gehen, und dieser hier ist Arzt und außerdem an der Uniklinik noch was anderes, ich glaube, er hält Vorlesungen, neulich meinte er, ich solle mir mal eine anhören, mach ich wahrscheinlich wirklich.«

Paulina drückte die Stop-Taste, ihr dunkles Spionsgesicht schwieg mit wachsamem Ausdruck Nicoline an. Der ging es gar nicht gut, aber wäre sie nicht eine Frau, die sich unter Kontrolle hatte, würde sie dann *Von Frau zu Frau* gestalten von der Vorbereitung bis zur Moderation? Was soviel hieß wie: beherrschen.

Na, was meinst du so? Paulina war nun einmal die weniger Disziplinierte von ihnen beiden und einfach ungeduldig neugierig.

Was soll ich meinen? Nicoline tröstete sich im verschwommenen Reflex ihrer Schönheit, die hellen Pastelltöne verwandelten mit dem abziehenden Sonnenlicht ihr Antlitz – es *war* ein Antlitz – in eine Blume. Sie zeigte es Paulina. Ich sehe wie eine Orchidee aus, was meinst du?

Wie eine fleischfressende Pflanze. Paulina lachte. Wegen dem Mund. Aber sag schon, dieser etwas reifere Yuppie, von dem Sandra sich anscheinend einiges für die Zukunft erhofft, kommt dir der nicht bekannt vor?

Warum sollte er?

Uniklinik, Arzt, Vorlesungen und so weiter.

Weißt du, wie viele Ärzte an der Uniklinik sind? Und Dozenten? Sei nicht albern.

Aber Howald wollte nicht, daß ich mir dieses Band anhöre, dachte Nicoline.

»Wir waren jetzt schon dreimal miteinander aus«, erzählte Sandra. »Ich bring ihm sogar bei, Discos und Jazzschuppen gut zu finden, schon störts ihn nicht mehr, daß er in der Disco ein Opa ist, die Leute dort sind tolerant und alle mit sich beschäftigt, und außerdem hat er nur Augen für mich, wie es so schön heißt und sogar stimmt.«

In Sandras Lachen hinein sagte Paulina: Ich machs noch mal ein paar Sätze vorher, und ließ das Band zurückschnurren.

»Er ist in Ordnung, alle, die mich sonst anquatschen, kannst du vergessen. Er macht mir auch seit vorgestern richtig den Hof, wie in einem Liebesschmöker, wie bei *Pretty Woman*, und wir waren wie in *Pretty Woman* ein paar Sachen für mich kaufen, Klamotten mehr nach seinem Geschmack als nach meinem, aber irgendwann zieh ich ihm zuliebe so einen Fetzen an, er will mir mal seine Welt der Vier-Sterne-Restaurants zeigen.«

Nicoline stand auf. Sie tippte aufs Zifferblatt ihrer winzigen, glitzernden Armbanduhr (sie war mit Halbedelsteinen eingefaßt), und auch ihre Hände blitzten, sie war jetzt wieder der kühle smaragdene Fremdling in Paulinas dunklem (in jeder Hinsicht dunklem!) Chaos. Halt halt, sie ist doch sowieso gleich fertig. Nicci, nun kneif nicht, mahnte die Freundin, und bloß weil sie sich weich in den Knien fühlte, ließ Nicoline sich nochmals auf einem halbwegs vertrauenerweckenden Sessel nieder. Jetzt fühlte sie sich durchsichtig. Sie mußte an den gezackten spröden Bergkristall denken, der wie aus einem unaufgetauten

Tiefkühlfach herausgebrochen aussah: Howald hatte ihn ihr vor ein paar Tagen in einer kleinen Schachtel, darin auf Watte gebettet, überreicht und gesagt *er hat mich so sehr an dich erinnert, Liebling, ich mußte ihn einfach kaufen, als ich ihn im Schaufenster liegen sah.* Sie fühlte sich wie dieser Kristallzacken.

»Na ja, ich wart mal ab und sehe zu, was sich da entwickelt.« Sandra klang geschäftsmäßig. »Vorerst mach ich so weiter wie bisher, und ich würde Gabi nicht gern allein lassen, bis wir nicht eine neue Partnerin für sie aufgetrieben haben, ändert sich bei mir bestimmt nichts. Von Freundschaft halte ich sehr viel. Aber wenn dieser angenehme Typ sich von der Frau gelöst hat, mit der er seit ich glaub es sind drei Jahre oder so zusammenlebt, und genau das ist seine Absicht, mal sehen, was dann läuft. Diese Frau ist wirklich so tierisch schön, wie ers mir beschrieben hat, ich hab mir extra ihre Sendung angetan, um es zu überprüfen. Nichts für mich, wir kamen aus dem Stöhnen nicht raus, Claudia und Gabi und ich ... «

Nun reichts ja wohl, sagte Nicoline.

Ich tus nicht gern, aber dir zuliebe, sagte Paulina und drückte die Stop-Taste nicht.

» ... tierisch schön, nur vermutlich ein Eiskeller, und mein Grufti braucht noch Wärme, ehe es soweit ist, keine Eisgrotte, und ich glaub ... «

Stop, kommandierte Paulina. Du, Nicci, diese letzten Passagen nehm ich bestimmt nicht in die Geschichte rein, mach dir keine Sorgen. Und siehs mal positiv, was daran positiv zu sehen ist ... tierisch schön, das kannst nur du sein. Und über Howald aufgeklärt zu werden, aufs Ganze gesehen nützt es dir. Sieh es mal so. Paulina kauerte vor Nicoline, die auf der Sesselkante die Balance hielt.

Nicoline ging es nicht mehr schlecht. Sie hielt den

Atem an und überlegte. Um »tierisch schön« wäre es jammerschade. Sie schob Paulina ein Stück von ihren wundervollen Knien weg, um Platz zum Aufstehen zu haben.

Ich geb dir Bescheid, ich ruf dich an. Ich meine, vielleicht solltest du es doch drin lassen.

Aber jeder würde dich erkennen, rief Paulina. Wegen der Sendung und weil du so schön bist ... jeder mit ein bißchen Ahnung.

Ich ruf dich an. Nicoline klang bestimmt wie bei einer Entscheidung in der Redaktion. Und jetzt muß ich wirklich los. Howald sorgt sich, weil ich soviel Streß habe. Sie setzte mit der nur ihr eigenen Eleganz die schönen geschwungenen Lippen aufeinander, wodurch mit dem letzten Wort und bei leichtem Lächeln dieser männerfanposteinbringende Ausdruck einer süßlich-schmerzlich-herben Sehnsucht sich bildete, rätselhaft, wonach nur?

Stellen Sie sich vor, eine schöne Frau, die aber denkt!

Mach dir das mal klar, meine Liebe. Schön *und* intelligent! Frauen, die gut aussehen, gibts wie Sand am Meer, aber wehe dir, sie machen den Mund auf! Anwesende ausgenommen. Er packte seine Aktentasche, war schon eilig.

Deine Interregionale hat, soviel ich weiß, den Mund noch nicht aufgemacht, gab seine Kollegin gutmütig zu bedenken.

Er lachte nur, völlig unbesorgt ließ ihn der Vorbehalt. Sie hat was auf dem Kasten, das ist so sicher wie das Amen in der Kirche, rief er, denn er mußte jetzt wirklich los. Zwanzig Minuten bis zum Bahnhof. Er durfte diesen IR nicht verpassen, *ihren* Interregio, nach dem die Kollegin sie benannt hatte (gar nicht schlecht), und der, wenn es sich irgend machen ließ, auch *sein* Interregio geworden war.

Die Interregionale: Das paßte zu ihr, doch für ihn war sie außerdem Goldie. Er sah seine Blonde, seine eher doch Goldene nun beinahe regelmäßig, konnte meistens seinen Zeitplan mit ihrem in Einklang bringen. Dienstag nicht immer, aber am Freitag nahm sie den Siebzehnuhrvierunddreißiger, und zu Haus erzählte er, die Studenten dieses Seminars über Kants Unterscheidung der reinen oder produktiven von der reproduktiven Einbildungskraft rennen mir die Bude ein – er war vor der Goldie-Ära schon um halb drei zurückgekommen. Daran, ob er sie eines Tags wirklich kennenlernen wollte, verschwendete er beinah nie einen Gedanken.

Sie gehörte zu den wenigen Menschen, die lesen, wenn sie einen Zug benutzen. Aber heute war sie unkonzentriert. Zwar hatte sie wie immer Lektüre bei sich, wie immer angloamerikanische Literatur, das sah er den Einbänden an (und in seinen Phantasien war sie eine Engländerin, manchmal auch kanadisch oder aus den USA), aber sie las, hörte auf, blätterte zurück, hörte auf, blickte sogar aus dem Fenster (tat sie sonst nie!) und, oh Wunder, ein paar Mal ihn an, allerdings glaubte er nicht, daß sie ihn wahrnahm. Ihr goldenes Haar fiel in oben auf dem Kopf engen, nach unten hin offenen Locken über die Schultern, so geschnitten, als wolle ihr Friseur eine Schlüsselblume nachbilden; fleißige freundliche Bienen und verspielte Schmetterlinge stellte er sich vor, wie sie vom heute geröteten Gesicht verlockt umherzuckten und Goldies *Nektar* sammelten ... Die empfindlichen Blonden, Hellhäutigen vertrugen die Bruthitze dieses Extrem-Hochsommers schlecht, und er hätte sie bedauert (sie konnte sich jetzt gar nicht mehr auf ihr Buch konzentrieren), wenn sie nicht so wunderschön gewesen wäre. Ernsthaft und nachdenklich sah sie immer aus, heute jedoch sank sie tief in ihre Grübeleien ein, schien gar nicht wirklich in diesem Zugabteil zu sitzen, der Großraumvariante der Interregios, in der sie jedesmal den Eckplatz der letzten Reihe in Fahrtrichtung und er jedesmal den Eckplatz der letzten Reihe gegenüber einnahm, zwischen ihnen die Doppel-Reihe der beiden Zweiersitze. Meistens waren sie freitags nachmittags in diesem Teil des IR allein. Nun kramte sie in ihrer Tasche, und was sie hervorholte, war eine Zeitschrift (er beobachtete sie nicht unverfroren, sondern wie ein ausgebildeter Spion, geschickt über vorgetäuschtes Studium im Vorrat an Manuskripten und sonstigem Material hinweg); dem Aussehen nach handelte es sich bei dieser Zeitschrift um etwas Akademisch-Wissenschaftliches (an keinem Schauplatz der Universität hatte er sie jemals gesehen, und für eine Studentin hielt er sie nicht, jung war sie, aber doch nicht jung genug, besser, nicht *unfertig* genug), und wieder blickte sie auf: schön, schön versonnen. Ah, Frauen, die noch *denken*, die introvertiert sind und fern der üblichen Oberflächlichkeit! Oh nein, er mußte sie nicht kennenlernen, gelobt sei Kants reproduktive Einbildungskraft, er genoß sie einfach, er genoß sie von da nach dort.

Sie geriet in immer größere Schwierigkeiten. Ihre Vorderzähne des Oberkiefers bissen auf der Unterlippe herum. Das wurde zum Konflikt. Natürlich war das Hellblaue eine prima Idee, aber sie kam und kam nicht drauf, ob sie es nicht bei Hedis Party angehabt hatte. Also doch das Schwarze mit dem runden Ausschnitt? Es steht mir nicht jedesmal, das Merkwürdige am Schwarzen ist, daß ich mich nicht drauf verlassen kann, ich sehe manchmal *halslos* drin aus. Außerdem macht es einen Bauch. Dauernd dran zu denken, zieh den Bauch ein: wirklich nicht das Wahre. Sie war sicher, Gerda und Ingrid überlegten seit der Verabredung für morgen abend genau so wie sie hin und her und gingen ihre Kleiderschränke durch. Moment, was hängt bei mir rechts neben dem Hellblauen? Sie kam nicht drauf, Krepp war ziemlich out, aber Hellblau stand ihr immer. Ingrid wird was Dunkles anhaben wie immer und Gerda Jeans mit einem T-Shirt. Ich *hoffe*, ich bring sie dazu, ihre Bermudas anzuziehen. Sie ist zu mollig für die Bermudas. Zum ersten Mal fiel ihr jetzt Ingrids Mann ein, während sie an Gerdas Beine dachte. Obwohl sie selbstverständlich auch Ingrids Mann gefallen wollte, klarer Fall, wem nicht? Aber Männer *merken* nicht, was eine Frau anhat. Bei Männern blieb nur der Gesamteindruck hängen. Ihr Blick schweifte über ein

paar Zeilen *Hawthorne ... stream of Consciousness*
(zwei Seiten umgeblättert), dann über flache weiße Fabrikgebäude und die blau auf weißen Verputz gespritzten Buchstaben, die ihr Bewußtsein ohne Verstandeshilfe zu *Heidelberger Zement* zusammensetzte (sie kannte das alles auswendig) und über den meistens ziemlich nervösen Mitreisenden auf dem Eckplatz gegenüber im hinteren Wagenteil und war plötzlich beruhigt: Der Hosenanzug, dunkelbraun, er macht das Rennen. Sie sah an sich herunter. Sie trug diesen Hosenanzug *jetzt*, und auf ihn war Verlaß, na schön, ein bißchen zu warm fürs hitzige Wetter, aber irgendwie einfach todsicher. Oder war Braun ein wenig spießig? Nein, nicht *dieses* Braun. Es war ein ganz unbeschreibliches Braun und der Stoff einmalig seidig, fast glitschig ... Sie sah sich beim ersten Drink irgend jemandem zulächeln, sie lächelte vor sich hin und das beeindruckte Phantom an.

Jetzt aber muß ihr einer ihrer Gedankengänge Erleichterung verschafft und unerhört gut gefallen haben, sie hatte wohl so was wie eine Epiphanie! Rührend, rührend, sie lächelt mit ihrer Bewußtseinserhellung, mit ihrem lieben klugen *glimpse*, oh Geist, der sich mit der Schönheit verbindet, welch einzigartige Ästhetik! Gewiß spürte sie seine Observationen – aber sie machte sich nichts draus. Wo fand man noch eine solch wunderbare kühle Distanz zum schnöden Realen? Und noch mal rührend, richtig rührend und ergreifend: Fast vergaß Goldie auszusteigen! So versunken wie sie war. Er erkannte den Wink der Fügung: Nach dem Gesetz des Zufalls zu handeln würde ihn mitten in sein Geschick führen. Er müßte ihr auf die Schulter tippen, vielleicht dabei ihre Schlüsselblumenhaare berühren: Ich glaube, pardon, wenn ich Sie störe, aber ich glaube, Sie steigen hier auch aus ...

Ein dermaßen singulärer Hosenanzug wie dieser fällt dem zerstreutesten Professor auf! Klar, den zieh ich morgen an.

Er hatte sich doch lieber an Kants reine und reproduktive Einbildungskraft gehalten und Goldie nicht aus ihrer Welt der intellektuellen Träume geschreckt.

Sie war rechtzeitig aufgestanden, weil dieser ganz sympathische Mann, der ziemlich oft mitfuhr – sie sah nicht sehr gut, sie brauchte dringend neue Kontaktlinsen – auch immer an ihrer Station ausstieg und weil *er* aufgestanden war.

Stell dir vor, um ein Haar hätte ich sie letzten Freitag kennengelernt, erzählte er am Montag seiner Kollegin.

Wen denn? Ach so, du sprichst von der Interregionalen.

Etwas später wollte sie wissen, wie die Interregionale so angezogen sei. Stil, allgemeiner Geschmack, nun eben, das Outfit. Es sagt viel über Menschen aus, weißt du. Er antwortete, sie sei ziemlich elegant. Die Kollegin fragte: Was hatte sie an, als du sie *beinah kennengelernt* hast?

Moment, ich muß nachdenken. Irgendwas Helles, ziemlich hell, schwer zu sagen, etwas wie eine Wiese … mit Goldgeglitzer …

Toll. Du bist *die* Ausnahme. Kein Mann weiß sonst je, was eine Frau anhat, nicht mal bei größter Verehrung, lobte die Kollegin.

Als er um halb elf die ganz niedliche, vor Schüchternheit patzige Studentin Vicki Irgendwie (geschätzter IQ: 95) als Nummer drei in der Reihenfolge der Audienzen bei ihm, ihrem Doktorvater, so kurz wie möglich verarzten wollte – sie machte ihn zapplig mit ihren Mißverständnissen über den Glücksbegriff bei Schopenhauer, war nichts als ein verliebtes Weibchen, pappig und halbnackt in der Hitzewelle – rief er, plötzlich an seine interregionale Goldie erinnert, diesen anmutigen Geisteskontrast zu Vicki Irgendwies Gier nach Männerblicken und deren Konsequenzen, für die Kleine unmotiviert: Schon mal davon gehört, das solls geben: Frauen mit Köpfchen, und zwar mit sehr hübschen Köpfchen!

Die Verabredung war nichts Außergewöhnliches, was auf die Kleiderfrage keinen Einfluß hatte. Die war konstant außergewöhnlich wichtig. Ingrids Mann erschiene nur dann und wann bei den Frauen, und natürlich zogen Frauen sich für Frauen an. Aber wenn ein Mann ausnahmsweise mitkriegte, was man anhatte – gar nicht zu verachten. Und sie fiele Ingrids Mann diesmal auf. Sie dachte an den Sonderling im Siebzehnuhrvierunddreißiger freitags, der sonst nur durch sie hindurchsah, ja wenn selbst so einer aus seiner Wirklichkeitsferne auftauchte, um ein unwiederholbares Braun zu würdigen! Sie fühlte sich im Hosenanzug angemessen verpackt, obwohl sie schon beim Anziehen schwitzte.

Er mußte die vor lauter Examensangst und seiner stark reduzierten Umgänglichkeit kecke Vicki Irgendwie wahrscheinlich ein bißchen netter anpacken. Die Frage seiner Kollegin kam ihm in den Sinn (was hatte die Interregionale an?): Vicki hatte nicht viel mehr an als ein paar Träger obenrum und unten auch wenig (waren das Hosen oder wars ein winziger Rock?), und beim Versuch, gleichzeitig Vicki Irgendwie auf eine andere Themenwahl zu lenken (warum nicht reproduktive Einbildungskraft, Anschauung ohne Gegenwart, ach du grüne Neune, wie *unreif* sie war!) und sich daran zu erinnern, wie seine Goldie sich kleidete, sah er sie eindeutig hell schimmern, erleuchtet, sie trug ein Kleid wie eine Lichtung im Frühling, und wieder rief er: Ja, stellen Sie sich das ruhig mal vor, Vicki, es gibt, sehr selten, gibts trotzdem, dann und wann eine Frau, schön, die aber *denkt*!

Cheerio, du Süße!

I

Nachdem die zwei Freundinnen das Notwendigste aus-
gepackt und sich ein bißchen in dem hübschen Haus 148
West 18th Avenue eingerichtet hatten und, noch etwas
erledigt vom langen Flug Boston–Vancouver, bei einem
ersten Kaffee (Raffaela), einem ersten Blue Bird Cana-
dian Beer (Delphine) wohlig aufatmeten, fiel ihnen ein,
daß sie ihrem abwesenden Gastgeber und Hausherrn
versprochen hatten, ziemlich sofort seine Post zu sich-
ten und den erwarteten Brief von der UCLA an ihn wei-
terzuleiten, nach Amherst, seiner ersten Station bei
einem Freund. Hudson würde sich nach acht Tagen von
dort weitertummeln, Standort ungewiß, entschlossen,
sein Sabbatical zu genießen. He, Raffelchen, rief Delphine, die sich zu diesem Dienst aufgerappelt hatte,
stell dir vor, *sie* hat schon geschrieben! Sag selber, ist
das nicht einfach süß von ihr? Raffaela dachte genauso
wie Delphine, aber bei jeder sah es anders aus. Raffaela
leuchtete, von innen nach außen verströmte sie ein wei-
ches volles Licht, ihre braunen Augen und die Frucht-
fleischlippen geöffnet, sie hatte etwas Durchschim-
merndes, und Delphine fand es wunderschön. Sähen
Halloween-Kürbisse nicht so gespenstisch aus, Raffaelas Gesicht könnte einer sein. Delphines Strahlen hob
sich vom sanften Orange Raffaelas um mehrere Hellig-
keitsstufen ab. Blau glänzend lächelten ihre Augen, und
mit ihrer hellblonden wuschligen Frisur glich sie einem
Wiesenschaumkraut, während Raffaela mehr ins Reich
der Tropenpflanzen gehörte; Orchidee und nördliche
Blumenblüte, beide Blonden, diese Freundinnen.

Sie – das war die ältere Frau, von beiden ange-
schwärmt, auf C 4 (aber nicht nur deshalb ange-
schwärmt) und früher ihre Universitätslehrerin gewesen. Nicht immer leicht zu behandeln. Oft wars
schwierig rauszufinden, woran man bei ihr war. Aber
vielleicht ging es der älteren Freundin ebenso mit ihnen. Und manchmal bekundete sie in Briefen oder bei
(leider seltenen, alle drei: Workaholics!) Zusammen-
künften wundervolle Empfindungen: Ihr bringt mich
in einen Konflikt. Ich kann nicht sagen, welche von
euch mir die Liebste ist. Aus dem Konkurrenzstadium
waren sie raus.

Sie brauchten neue Getränke, ehe Delphine *ihren*
Brief vorlesen würde, und auch Raffaela wollte jetzt lieber Bier statt Kaffee. »Da wundert Ihr Euch: Ich bin
schon vor Euch da. Wie Ihr seht, habe ich Eure Einladung ernstgenommen. Wie beim Hasen und dem
Igel – nein, doch nicht, keine Angst, ich habe ja nicht
Oskar geschickt, der Igel schickte seine Frau, ich aber
nicht Oskar, bin selber da …« Oskar war ihr Mann, oft
ein Handicap und manchmal ein Problem in dieser
Frauenkonstellation.

Sie ist da? Raffaela bekam den Mund nicht mehr zu.
Ebenso erging es Delphine (im übertragenen Sinn, sie
biß, bei Fassungslosigkeit, auf der Unterlippe herum).
Lies weiter! Oder soll ich? Raffaela griff nach den hellblauen engbeschriebenen Seiten, doch schon fuhr Delphine fort: »Ich verstehe jetzt, warum Ihr Vancouver
für das Beste auf dem nordamerikanischen Kontinent
haltet. Das ist *mein* Klima, feucht und mild, dann die
Vegetation, Berge im Nebel, die Nähe des Meers, alles
mein Geschmack. Raffaela, ich war sogar in Deinem
Park mit den winzigen Eichhörnchen, in die Du verliebt bist, obwohl ich bei Deiner Schilderung dachte,
diese Eichhörnchen, die einem überall reinkrabbeln,

sind das zwingendste Argument gegen Vancouver. (Denk jetzt anders drüber!)«

Oh?! machte Raffaela, der sanft glühende Lampion, und Delphines helles Gesicht nahm unter der weiß-goldenen Schaumkrautfrisur Farbe an. Weiter! Lies!

»Am Burrard Inlet, gleich hinter den Second Narrows, wohne ich in einem Howard Johnson's; daß ich in die 148 West 18th Ave überwechsle, so schön das mit Euch wäre, bezweifle ich, aber so wie ich wollt ja auch Ihr vor allem arbeiten und in der Bibliothek forschen, Treffpunkt-Vorschlag demnach: Cafeteria dort, Donnerstag, 28.7., 3 p. m.«

Hier mußten die Freundinnen eine Denkpause einlegen. Der Donnerstag war schon mit einer Verabredung blockiert. Rückgängig machen? Aber wenn sie weder Mrs. Carlyle (die Verabredung) noch *sie* rechtzeitig erreichten? Und das Outfit? Sie wollten unbedingt T-Shirts mit farbig aufgedruckten Grizzlies haben und zum Friseur außerdem. Sorgen! Aber stimulierende …

Vor vierzehn Tagen hatte die C 4-Verehrte, als sie bei »1000 Grüßen« und »bis bald« und »see you« war, vieles gleichzeitig durch ihr Bewußtsein strömen lassen müssen: Verdammt flüchtig in puncto Kanada, Meyers Weltreise Band II, 2. Auflage 1912, verdammt veraltet, na, das Inlet wirds noch geben, ha! Betrachten liebevolle Adressatinnen, die das Brieflesen kaum erwarten können, beim ungeduldigen Aufreißen des Couverts Poststempel, Zeit, Ort … und: Vermutlich hab ich ziemlich schweren Narzißmus oder TB, soll ja wieder im Kommen sein – den Tuberkulösen fällt auch so viel und meist Überspanntes ein …

Raffaelas und Delphines Bierdosen klapperten gegeneinander: Cheerio, du Süße!

II

Am nächsten Morgen klingelte es zweimal, aber obwohl sie noch verschlafen waren, strahlte Raffaela halloween-preisverdächtig den Mann an. Zu Haus hätte ein Störenfried da vor der Tür gestanden, hier wars zunächst mal ein *Kanadier*, zweitens der Postbote. »When the Postman rings twice!« (Immer, wenn sie auf dem nordamerikanischen Kontinent war, fühlte sie sich so wirklich wie die Heldin in einem Film mit viel Alltag, zum Beispiel à la 148 West 18th Avenue in Professor Hudsons movie-home auf seinem typischen zaunlosen Grundstück und mit dem Pilaster-Portikus und der Küchenveranda).

Der Postmann sprach einen schwer verständlichen Dialekt und hielt Raffaela ein Stück Papier hin, dessen Sinn sie ebensowenig begriff. Delphi, rief sie ins Haus. Delphine war unter anderm Kanadistin, und sie kapierte sofort: *Ihr* Brief gestern, der war unterfrankiert, erklärte sie, während sie Kleingeld suchte. Oh, Strafporto, staunte Raffaela. Wo ist ihr Couvert?

Sie suchten es stumm, nicht gründlich, vergebens. Sie redeten nicht drüber, aber beiden setzte ein Gefühlsgemisch aus Wehmut und Ingrimm zu ... es hatte schon was von Abschied. Ein Stern sank, stardust, sunset, darin ihr Stern, ach, er blich aus. (Delphine trug ihren galaktischen Morgenmantel, daher die Himmelskörperassoziation der Freundinnen.)

Vor vierzehn Tagen hatte mit trockener kleiner Schadenfreude (sie war nur ein Kratzer in seiner Stimme) das Handicap seine C 4-Ehefrau gefragt: Sag mal, kostet eine Air Mail nach Kanada wirklich nur zwei Mark? Oh nein! dachte sie. Wie kotzmiserabel, wie saublöd! Also kostets mehr, und du solltest deine Lesebrille auf der Nase haben, wenn du Post machst, stellte das Handicap fest, trottete weg, und sie sah ihm nach, jetzt dem *Problem*, neben dem sie allerdings in diesem Moment noch mindestens zwei, wenn nicht drei andere Probleme erkennen mußte. Sie fühlte sich vernichtet und unattraktiv, ein gestaltloser Fleischklumpen. Über Dilettantismus hatten sie sich zu dritt oft lustig gemacht, sie straften ihn mit herablassender Verachtung. Falsch frankiert, *unter*frankiert (unterbelichtet!), und das Vancouver-ich-bin-schon-da-Spiel verkorkst: Oh wie demütigend, wie absolut unprofessionell! Geh an die Arbeit. Ciao, ihr zwei! Ich bin in meinem Asyl ... »Oliver Goldsmith wirkte auf die deutsche Literatur ein, vor allem durch seinen *Vikar of Wakefield*, besonders auf ...« Zweimal *auf*, was war bloß los mit ihr!

Soviel ich weiß, frankiert bei ihnen zu Haus immer Oskar die Post, sagte Raffaela. Könnte hinkommen. Delphine nickte, und das Wiesenschaumkraut schwappte sanft wie in einem Hauch von Sommerglut. Ich meine, es würde zu den beiden passen.

Nachdenklich löffelten die beiden Professor Hudsons nicht mehr ganz knusprige Cornflakes. Ob sie auch denkt: Aber Falschfrankieren paßt nicht zu Oskar? Raffaela dachte es auch und sagte: Er hats vielleicht mit Absicht gemacht. Als Scherz, fügte sie schnell hinzu, denn sie achtete Menschenwürde, Autonomie, liebte die Gerechtigkeit und verabscheute üble Nachrede, was wiederum Delphine an ihr liebte, die gleichwohl zu bedenken gab: Oder als Lehre. Das Unterfrankieren.

Plötzlich entdeckten beide die Konsequenz aus dieser Theorie: *Sie* war nicht in Vancouver. Sie hatte von zu Haus aus geschrieben. Ohne Absprache – beide wünschten nicht, sich darüber Klarheit zu verschaffen. Keine suchte nach dem Couvert, aber jede nach einem neuen Thema. Nicht schwer zu finden, schließlich umgab ringsum sie Vancouver, das Beste, wenn es um Städte ging.

Am 27.7., dem Tag vor dem Phantom-Treffen in der Bibliotheks-Cafeteria, rechnete das angeknackste C 4-Idol hin und her, subtrahierte sich mit der elf durch die Zahlen zwischen Null und vierundzwanzig. Um 1 p. m. werden sie sich ans Outfit machen, also: dreizehn minus elf ist gleich zwei, um 2 Uhr nachts müßte ich die 604/8743440 wählen. Was ist mit 9 a. m., breakfast-time? Was ist neun minus elf? Bin ich Einstein?

Bist du nicht. Das Problem schaute ihr über die Schulter und empfahl: 22 Uhr. Um 22 Uhr hier haben sie dort 9 am Morgen.

War er jetzt weder Problem noch Handicap? Oder: erst recht? Was immer er war, er kannte sie so gut wie ein Ultraschallgerät. Ich muß beruflich telephonieren, wenn überhaupt, mogelte sie geschickt, ich hab da ein Problem mit der sukzessiven und der simultanen Aufspaltung der Erzählinstanz …

Das sehe ich ganz genau so, sagte das Ultraschallgerät, ohne daß sie es auf sich angesetzt hatte. Oder etwa doch?

Die Freundinnen konnten noch einen Fenstertisch im *Empress* (42. Stock, Blick über die Strait of Georgia rüber auf die Insel) und zugleich den Sonnenuntergang ergattern. Es war der 28., und genau das riefen sie einander zu, verwundertes Duett ihrer Mezzosoprane: Der 28.! Die Cafeteria, das *date*, wir habens vergessen! Sie lächelten, und bei jeder von ihnen sah es anders aus. Melonenleuchtendes Orakel Raffaela, silbrig-sibyllinisch Delphine, und *Cheerio*, sagten sie, prosteten der Sonne zu, *see you!*

344

Religion

Sie hat x-mal wiederholt: Mach schon, probiers aus, machs mir zuliebe, und ich merkte, sie wollte den Beweis, und weil sie so mißhandelt aussah, richtig gekrümmt sah sie aus …

Das find ich komisch. Wie kann sie mißhandelt aussehen, und gekrümmt, ich meine, du redest doch von ihrem *Gesicht?*

Puh – wie lahm und wie unpoetisch! Irmy als Freundin war schon ganz in Ordnung, das meiste ging okay mit ihr, aber manchmal hakte es aus. Für das, was Alba bei sich *das Höhere* nannte, kam Irmy überhaupt nicht in Frage. So wie neulich, als sie *Goldie West* gesehen hatten und Irmy nicht kapierte, daß der Liebhaber, der nicht zum Zug kam *(der hat doch eine Klemme im Hirn und sonstwo tiefer unten erst recht)*, den Erfolgstyp weit hinter sich ließ, was Sex und Romantik betraf: Solche Feinheiten und eben *das Höhere* schnallte Irmy einfach nicht, nie im Leben.

Also erzähl schon weiter.

Die Freundinnen warteten auf ihren verspäteten Nahverkehrszug 13 Uhr 37 und knabberten Milky Way (Irmy) und Nuts-Vanilla (Alba). Alles wie an jedem Werktag, wenn es von der Schule die achtzehn Minuten Fahrt zurück nach Haus ging, nur kam es auch vor, daß sie mit ein paar anderen am Gleis 5a warteten oder näher bei den Haufen mit den Burschen stehen wollten, um gesehen zu werden; aber letzteres nicht mehr oft. Gleichaltrige Jungen fanden sie mittlerweile total lähmend.

Alba vergaß die Probleme, die Irmy mit dem *Höheren* hatte, und erzählte die Geschichte weiter, an deren Anfang sie ihre Mutter gestern zur Abfahrt des IC 500, 12 Uhr 18, am Gleis 3 getroffen und wegen dieses wichtigen Anlasses das Risiko auf sich genommen hatte, eine Schulstunde zu schwänzen, zum Glück Religion: Da könnte doch die Bestrafung eventuell durch irgendwas mit praktizierter Nächstenliebe abgefangen werden.

Meine arme Mama, weißt du, sie war auf hundertachtzig und reist ja auch außerdem sonst so gut wie nie, nie mit der Bahn, sie fährt Auto, auch selbst, ich meine, sie kann autofahren, sie ist nicht von gestern. Aber jetzt war ja diese gemeine Nachricht gekommen, und sie machte sich natürlich Sorgen, was mit ihrer Mutter los wäre und wie schlimm es vielleicht wäre, und deshalb war mein Vater auch nicht dafür, daß sie das Auto nimmt, sie war viel zu aufgeregt, und außerdem brauchte er das Auto.

Alba wiederholte nun die entscheidende Szene: Sie hat nicht drauf geachtet, daß da schon dieser Typ vor der Abfahrtstafel stand, und einfach den Kopf vorgestreckt, du mußt immer bedenken, daß sie schrecklich nervös war, und deshalb mußte sie sich vergewissern, ganz egal, ob ich ihr nun beistand und sagte, es ist bestimmt hier am Gleis 3, wo dein Zug abgeht, oder ob ich den Mund hielt, sie mußte einfach wieder auf der Abfahrtstafel nachsehen, und ich seufzte bloß noch und ließ sie, und da hat doch dieser widerliche Wichser in seinem schicken kurzen Mäntelchen zu ihr gesagt: Sie haben sich vor mich gedrängt, oder so was Ähnliches, ich war nicht nah genug dabei, ums genau mitzukriegen, und sie hat sich entschuldigt und alles, aber das war dem Mistkerl egal, und sie hat das ganz gräßlich mitgenommen. Ich dachte bloß: Alba, geh sofort hin und spuck ihm was in die Fresse.

Wie erwartet: Irmy begriff auch bei der zweiten und gründlicheren Schilderung den Ernst und das Gemeine des Vorfalls nicht, sie fand alles ziemlich normal.

Er hätte nie so mit ihr geredet, so verdammt unfreundlich, er hat ja nicht mal pro forma gelächelt oder so was, er hätte nie so mit *mir* geredet, sagte meine arme Mama zu mir, wenn ich beim Friseur gewesen wäre. Er sah meinen Hinterkopf mit all den kleinen Glatzen und deshalb hat ers gesagt und war so wie er war zu mir. Von dieser fixen Idee kam meine Mama nicht los, und weil der blöde Fiesling immer noch auf den blöden Fahrplan geglotzt hat, als hätte er ihn für sich allein gepachtet, also deshalb, weil er da noch rumstand, konnte ich meiner Mama ja den komischen Wunsch erfüllen und das Experiment machen.

Welches Experiment? Irmy ging mit dem zerknüllten Einwickelpapier ihres Riegels die paar Schritte zum Abfalleimer. Alba verlor die Lust an Nuts-Vanilla und knaupelte die Umhüllung um den Rest mit der Bißstelle und stopfte ihn in ihre Tasche.

Na ja, losgehen, zum Fahrplan, und *meinen* Kopf vor die Fischaugen von diesem feinen Pinkel stecken, Fahrplan studieren, ihm die Sicht versperren, mit *meinem* Kopf. Alba schüttelte *ihren* Kopf. In diesem Augenblick empfand sie Stolz auf das dichte Lockengewirr, über das sie da oben verfügte, und gleichzeitig hatte sie die reichlich armselige Ausstattung ihrer Mutter vor Augen.

Und? Hast dus gemacht?

Klar hab ichs gemacht. Meine Mama tat mir so höllisch leid, aber erst recht, als ichs gemacht hatte. Meine Haare sind hinten in Ordnung, und meine Mama behielt recht.

Irmy bekam einen hohlen, über ihre unerwartete Phantasieleistung wie fassungslos erstaunten Ausdruck und sagte schließlich: Der Kerl war nett zu dir, weil er vom Fahrplanlesen genug hatte. Es waren nicht deine Haare. Und es waren nicht die Haare vom Hinterkopf deiner Mutter. Sag ihr das. Vielleicht hatte er selber die Nervosität im Leib oder so was, du weißt schon, fährt sonst mit dem Auto, kennt sich nicht aus und all das. Sag das deiner Mama. Sogar wenns nicht stimmt, ihr wirds guttun.

Alba dachte: Wie man sich doch manchmal täuschen kann. Irmy ist besser als ihr Ruf bei mir. Ob sie recht hat oder nicht, ob sie dran glaubt oder nicht – wenn nicht, ists sogar mehr wert, dann ists Liebe, irgendsowas jedenfalls. Es hat was vom *Höheren*. Ich habe mehr Religionsstunden auf Bahnsteigen als bei Ihnen im Unterricht, könnte sie ihrem Lehrer sagen. Bloß leider, es war bis jetzt zu keinem Verweis gekommen, aber sie hatten ja auch heute nicht schon wieder Religion gehabt. Alba hoffte auf den Verweis.

Natürlich steht fest, daß es hilfreich ist, wenn man gut aussieht. Irmy war wieder Realistin.

Und Alba fiel kein Sterbenswörtchen ein, mit dem sie Irmys Feststellung korrigieren könnte. Irmy hatte recht. Arme Mama, trotz Religion, vorerst war das alles nichts weiter als Leben, mit zu wenig Haaren zum Beispiel.

Die Liebe unter der Lupe

Die 32 Geschichten von Gabriele Wohmann handeln von Treue und Untreue, von Glück und Eifersucht, von Männern und Frauen – von den Themen, bei denen die Autorin ihre erzählerische Meisterschaft am brillantesten zur Geltung zu bringen weiß. Wo es um die Liebe geht oder darum, was die Leute dafür halten, gibt es im deutschen Sprachraum wohl kaum einen Autor, der ähnlich genau beobachten, präzise beschreiben und souverän formulieren könnte.

PIPER

»Ich kenne keinen deutschsprachigen
Autor, der mit solcher Intensität
und so hochdifferenzierter Sprache
die Verhältnisse zwischen Mann und
Frau analysiert.« Otto F. Walter

Gabriele
Wohmann
»Das Salz,
bitte!«
Ehegeschichten

Serie Piper

In diesen 27 Alltags-
tragödien, bei denen
Lachen durchaus auch
einmal erlaubt ist, führt
uns Gabriele Wohmann
Ehe- und andere Paare
vor, für die das alles andere als Theater ist, was
da inszeniert wird –
sondern unmittelbarste
Wirklichkeit, und daher
bedrängender, verstö-
render und natürlich
viel banaler als alles,
was an raffiniert ausge-
heckten Verwicklungen
auf die staatlichen und
privaten Bühnen ge-
bracht wird.
297 Seiten.
Serie Piper 1935

PIPER

Ein Roman gegen das Verdrängen

Gabriele Wohmanns Roman handelt wieder von einem der großen Tabus unserer Gesellschaft: vom Sterben, genauer, vom Sterben an Krebs. Nike, die 55jährige Frau, die weiß, daß ihre Krankheit unheilbar ist, steht inmitten eines Kreises von nahen und weiteren Verwandten, Freunden, Nachbarn, die alle nicht mit dem Schicksal umzugehen wissen, dem Nike entgegensieht.

PIPER